처음 만난 『관무량수경觀無量壽經』

처음 만난

관무량수경

觀無量壽經

김호성 지음

동국대학교출판부

머리말

다행히 사람으로 태어났습니다. 더욱 다행인 것은 부처님 법을 만났습니다. 벌써 사십여 년의 세월이 흘러갔습니다. 은혜는 컸으나, 그 은혜를 갚는 보은報恩은 미약하였습니다. 미약뿐이겠습니까? 돌이켜 보면, 업·죄·방황·혼돈·오류도 적지 않았습니다.

공부를 한다고 해도, 이것저것 집적대기만 했습니다. 선禪불교로부터 대승大乘불교 관련 책들을 주로 읽었고 글을 썼습니다. 불교만이 아니라 인도철학도 함께 생각해 왔습니다. 그런 중에 일본불교를 만났고, 일본불교를 공부하는 과정에서 결국 정토淨土신앙을 만났습니다.

부처님께서 안배해 주신 것일까요? 이제 하나하나 회향廻向을 생각하고 준비해야 할 시간이 다가오는데, 학문적으로나 신앙적으로나 정토신앙으로 회향하고자 결정하였습니다. 이 결정은 필정必定이자 일정一定입니다.

그런데 사실 제가 이제부터 하려는 회향은 사실은 저의 회향이 아닙니다. 저는 불회향不廻向, 즉 회향할 수 없습니다. 그저 아미타부처님의 회향입니다. 아미타부처님께서 해 주시는 회향일 뿐입니다. 저는 그 회향을 받아서 중계해 주고 토스해 줄 뿐입니다.

감사와 은혜를 생각하면 이내 눈시울이 뜨거워집니다만, 우리 현실은 참으로 안타깝습니다. "나무아미타불." 소리가 쉽게 들리지 않고, 정토신앙을 말하는 선지식들의 목소리를 뵙기도 쉽지 않고, 아미타불阿彌陀佛을 증언하는 글들을 만나기도 어렵고, 정토신앙의 뿌리와 전개를 논의하는 토론 역시 만나기 쉽지 않기 때문입니다.

차마, 저라도 나서지 않을 수 없다는 판단으로 마침내 '출사표'를 던진 것이 재작년 봄의 일입니다. 10년 걸려서, 저를 정토신앙의 세계로 인도해 주신 스승 야나기 무네요시(柳宗悅, 1889~1961)의 『나무아미타불』(모과나무, 2017)을 번역 출판했고, 이어 "나무아미타불, 염불합시다."라는 '권진勸進의 길'에 나서려는 마음을 담은 정토 시집 『꿈속에서 처음으로 염불춤을 추었다』(모과나무, 2017)를 펴냈습니다.

그러나 그것만으로는 태부족입니다. 아미타부처님께서는 지금도 우리를 향해서 무량광無量光을 방광放光해 주고 계십니다. 그 빛이 부족해서가 아니라, 안타까운 것은, 그 빛을 다시 방방곡곡으로 중계해 줄 중계탑中繼塔이 부족해서입니다. 아직도 난시청難視聽 지역이 한둘이 아닌데……. 그렇습니다. 그래서 백방으로 노력해 오고 있습니다.

글도 쓰고, 편지도 쓰고, 시도 쓰고, 강의도 하고, 논문도 쓰고, 발표도 하고, 세미나도 열고, 독서회도 하고, 후학도 양성하고 있습니다. 그러나 아직 너무나 미약합니다. 이제 우리 정토문淨土門의 사람들에게는 겸손은 미덕이 아니라 악덕입니다. 권진은 겸손해서는 못 하기 때문입니다.

애당초 이 책의 제1부 '듣고 생각하는 『관무량수경』(觀經聞思錄)'은 2016년 1년 동안 『법보신문』 〈김호성의 관경문사록〉에 연재된 것입니다. 신문 연재 시 지면 관계상 간략하게 다룬 것 중에서 대폭 보완이 필요한 부분은 가필加筆하였습니다. 제2부 '편지로 읽는 『관무량수경』(觀經通信)'은 2017년 중반부터 2018년 상반까지 9개월 동안 『법보신문』 〈김호성의 정토행자 편지〉에 연재한 내용 중 『관무량수경』과 관련한 여덟 통의 편지를 모은 것입니다. 제1부가 경전의 말씀을 미시적微視的으로 해설한 에세이라고 한다면, 제2부는 경전의 사상을 거시적巨視的으로 논의해 본 편지글입니다. 제3부 '우리말『관무량수경』'은 제1부를 쓸 때 번역한 것을 집성集成한 것입니다. 번역과 관련한 안내문은 '일러두기'로 정리해 두었으니 참고 바랍니다.

이 자리를 빌려서 꼭 인사를 드려야 할 분들이 계십니다. 누구보다 먼저 감사드려야 할 분은『법보신문』의 남배현 대표와 이재형 기자입니다. 이분들의 관심과 성원이 없었다고 한다면, 이 글들은 애당초 쓰일 수도 없었습니다.

또 독자들에게 조금이라도 쉽게 소개하기 위하여 이현옥 선생님께서 좋은 글을 써 주셨습니다. 선생님은 일본 근대문학을 전공하신 분입니다만,『나무아미타불』의 번역불사에도 참여하였으며 지금은 '서래西來나무아미타불독서회'의 권진을 맡고 있기도 합니다.

어려운 여건 속에서도, 오랜만에 동국대학교출판부에서 책을 냅니다. 특히 심종섭 편집장님의 진두지휘로 좋은 책이 나왔습니다.

끝으로, 모든 분들에게 깊이 감사드립니다. 보이는 곳에서 안 보이는 곳에서 저의 정토권진淨土勸進을 응원해 주시는 길벗들, 독자 여러분들께도 고개 숙여 인사를 드립니다.

자축自祝 시詩,「우리 함께—처음 만난『관무량수경』출판에 부쳐」를 읽으면서 감사 인사로 갈음합니다.

함께 걷는 이 길 끝에
서 계시는
우리 님

눈 위에 손을 대시고
저 멀리
누가 오나

하마나 오나
하마나 오나
우리를 기다리시는
우리 님

오늘도 생각하며
앞으로 가네
앞으로 가네

우리 함께 다 같이
우리 함께 다 같이

나무아미타불
나무아미타불

모두 모두 고맙습니다. 극락에서 만나요. 함께 살아요. 나무아미타불.

2019년 6월
김호성 합장

차 례

제1부

듣고 생각하는 『관무량수경』

(觀 經 聞 思 錄)

1. 왜 정토신앙인가?

"나무아미타불." 염불을 외면서 춤을 추었습니다. '염불춤' 혹은 '춤염불'이라 해도 좋겠습니다. 원효元曉(617~686) 스님이 추었고, 일본의 쿠야(空也, 903~972) 스님이나 잇펜(一遍, 1239~1289) 스님이 추었던 춤입니다. 신심이 나서, 염불춤을 한바탕 추고 나서 주지 스님께 저의 신심을 고백하였습니다.

"스님, 저는 이제 학문적으로나 신앙적으로나 정토로 회향하려고 합니다."

주지 스님께서는 그 이유를 하문하셨습니다. 저의 대답은, 그 이유가 '정토삼부경淨土三部經'에 다 나와 있다는 것이었습니다.

꿈에서였습니다. 2015년 6월 19일 새벽녘의 꿈입니다.(이 꿈을 시로 쓴 것이 「꿈속에서 처음으로 염불춤을 추었다」입니다. 그 시를 제목으로 한 시집이 '모과나무'에서 2017년에 나왔습니다.) 꿈이긴 하지만, 여기에는 저의 현재 신심이 잘 드러난 것이라고 할 수 있습니다. 정토삼부경이 제시하는 이유에 대해서는, 이 '처음 만나는 『관무량수경』'을 통하여 약 3분의 1 정도는 이해할 수 있을 것으로 생각됩니다. 그러므로 그것은 잠시 미루어 두고, 여기에서는 제가 어떻게 정토신앙을 받아들이게 되었는지 간략히 말씀드리고자 합니다.

돌이켜 보면, 나름대로 불교를 바라보는 관점을 정립한 것은 보조 지눌普照知訥(1158~1210) 스님 덕분입니다. 1987년에 보조사상연구원이 창립될 때, 저는 간사로서 그 심부름을 하였습니다. 그 6년의 세월 동안 보조 스님을 읽고 또 읽어야 했습니다. 그것이 저의 일이었지만, 동시에 저의 공부이기도 했습니다. 이후 보조 스님의 가르침은 저에게 불교를 읽는 하나의 문법책이자, 사전과 같은 역할을 해 주었습니다.

보조 스님은 "언제나 정토이고, 언제나 부처님이 계신다."라고 말씀하십니다. 그런 분이기에, 다음 세상에 우리가 갈 수 있는 곳으로서 극락이 저 서쪽 어딘가에 있다고 하는 정토신앙에 대해서는 가능하면 인정하지 않으려고 합니다. 그러한 모습이 스님의 『정혜결사문定慧結社文』에 자세히 나와 있습니다. 저는 그 이야기를 가지고 1990년, 「보조의 정토수용에 대한 재고찰」이라는 논문을 쓴 일도 있습니다.(물론, 『염불요문念佛要門』이라는 저술이 보조 스님이 지은 것이라 말해지고 있지만, 스님의 진찬眞撰으로 보기 어렵다는 주장도 제기되어 있습니다.)

가능하면 이 세상에서 정토를 보고, 우리의 맑은 마음이 곧 '정토'라고 말하려고 우리 불교는 애써 왔지 않은가 싶습니다. 이는 보조 스님도 그렇지만, 고려 중후기 이후에 선종이 크게 떨치면서 자리한 현상이라고 봅니다. 저 역시도 그러했습니다.

그런데 말입니다. 저의 경우, 서서히 하나의 역전逆轉이 일어납니다. 그 계기는 일본불교를 공부하게 되었다는 데에서 주어집니다. 2002년 가을부터 2003년 여름까지 1년 동안, 교토(京都)의 '붓쿄(佛敎)대학'에서 공부할 기회가 주어졌습니다. 그때 이후 조금씩 조금씩 일본불교를 공부하게 되었습니다. 특별히 처음부터 정토신앙을 중심으로 해서 공부를 하게 된 것은 아닙니다. 모든 종파의 불교를 두루두루 살펴보고자 애썼습니다.

그러다가 결정적인 사건이 하나 일어납니다. 야나기 무네요시(柳宗悅, 1889~1961) 선생의 책 『나무아미타불』을 만난 것입니다. 2007년의 일입니다. 그 책을 저는 읽고 또 읽으면서 길벗들과 함께 번역했습니다. 몇 해 전에 『법보신문』의 도움으로 『나무아미타불』의 일부를 연재한 일이 있고, 마침내 2017년 '모과나무'에서 출판되었습니다.

『나무아미타불』은 일본 정토신앙의 주요한 세 종파를 세운, 호넨(法然, 1133~1212)·신란(親鸞, 1173~1262)·잇펜 등 세 분 조사 스님들의 가르침을 담고 있는 책입니다. 이 책을 8, 9년 읽고 또 읽어 오다 보니, 어느새 저도 모르게 아미타불阿彌陀佛의 가르침이 '쑥' 하고 들어왔습니다. 믿어지게 되었습니다.

정토신앙은 그렇게 해서 자라는 것 같습니다. 처음에는 정토신앙의 말씀을 듣고(聞法), 그 내용을 곰곰이 생각해 보는(思惟) 것입니다. 그러다 보면, 어느 순간 저절로 "나무아미타불."을 염하거나(念佛) 혹은 '아미타불이 본원本願(법장보살이었을 때 세우신 원)을 세우셨을 때 나의 구제는 결정되었구나.'라는 믿음(信心)이 생깁니다. 이제 그런 이야기를 여러분과 함께 나누고자 합니다. 나무아미타불.

2. 왜 『관무량수경』인가?

"'나무아미타불.' 염불하자. 그러면 극락에 갈 수 있다."

이렇게 말씀하는 것이 곧 정토신앙입니다. 이 이상 달리 더 없습니다. 그런데 이러한 이야기를 해 주시는 경전들이 있습니다. 매우 많습니다. 그중에 단 세 가지 경전만을 뽑아서, 흔히 '정토삼부경淨土三部經'이라 말합니다. 『무량수경無量壽經』, 『관무량수경觀無量壽經(=관경觀經)』 그리고 『아미타경阿彌陀經』입니다. 이 세 가지 경전을 뽑아서 '정토삼부경'이라 이름한 분은 호넨 스님입니다.

정토신앙의 근본이 되는 경전은 바로 이 정토삼부경입니다. 그래서 호넨 스님의 제자 신란 스님은 어느 때 발원을 했습니다.

"정토삼부경을 천 독 하겠습니다."

천 번 읽으려고 매일같이 읽었습니다. 수백 번 넘게 읽었는데, 그러던 어느 날 깨닫게 됩니다.

"아, 정토삼부경의 가르침이 결국 '나무아미타불.' 염불을 하라는 것 아닌가. '나무아미타불.'만 외면 될 것을, 왜 나는 정토삼부경만 읽고 있지?"

이렇게 회의를 하고서, 천 독을 그만둡니다. 그리고 "나무아미타불."만 외게 되셨다고 합니다.

이러한 이야기는 잇펜 스님에게서도 발견할 수 있습니다. 스님은 왕생하시기 7일 전에 평소 기록하셨던 모든 글들을 마당에 다 모아 놓고 불을 지릅니다. 그 안에는 편지글도 있었을 것이고, 어쩌면 정토삼부경이나 다른 정토문헌에 대한 스님의 저술들이 있었을지 모릅니다. 이 사건이 곧 '잇펜 스님의 분서焚書'입니다. 그래서 잇펜 스님의 저술은 현재 남아 있는 것이 별로 없습니다. 남아 있다고 해도, 후에 제자들이 다시 기억을 재생하여 "여시아문如是我聞(나는 이렇게 들었다)."이라 한 것들뿐입니다. 잇펜 스님은 왜 그렇게 했을까요? '나무아미타불'만 있으면 된다는 것을 보여 주고 싶었을지도 모릅니다.

그렇습니다. 이 '나무아미타불'의 무게는 팔만대장경 모두의 무게와 함께 달아 보더라도 결코 저울의 추가 올라가지 않습니다. 내려가면 내려가지……. 왜냐하면, '나무아미타불'만 있다면, 다른 경전들이 다 사라졌다고 하더라도 다시 되살릴 수 있기 때문입니다. 경전들은 부처님 말씀이 아닙니까. '나무아미타불'만 있으면 다시 부처님이 출현하실 것이고, 그 부처님이 다시 팔만대장경을 토해 놓으실 것입니다. 자, 이리하여 우리는 "나무아미타불."을 염하는 것이 가장 긴요한 일임을 알 수 있게 됩니다.

그런데 정토삼부경도 다 읽지 않고, 천 독의 독송을 그만두고서 염불하겠다고 했던 신란 스님은 50대 중반이 지나면서는 수십 년을 투자하여 대작(magnum opus) 『교행신증教行信證』을 씁니다. 정토삼부경만이 아니라 팔만대장경 전체에서 정토신앙을 뒷받침해 줄 말씀을 가려 뽑아서 모으고, 거기에 적절한 자기 생각을 덧보태고 있습니다. 총 여섯 권입니다.(현재 우리나라에서는 제2권 중간쯤까지 번역되어 『일본불교사 공부방』에 발표되었습니다.) 신란 스님은 왜 그랬을까요? '나무아미타불'만 있으면 되는데, 왜 굳이 그 고생을 해 가면서 『교행신증』을 지었을까요? 바로 다른 사람들에게 정토신앙을 전하기 위해서입니다. 정토신앙은 당나라 선도善導(613~

681) 스님 말씀처럼 "스스로 믿을 뿐만 아니라 남에게 믿게 하는 것(自信教人信)."이기 때문입니다.

제가 지금 여러분들에게 '관경문사록觀經聞思錄'을 말씀드리는 것도 같은 이유입니다. '나무아미타불'만 있으면 되는데……, '나무아미타불'만 믿으면 되는데……. 그렇지만 그런 마음을 불러일으키기 위해서는 정토 말씀들을 우선 많이 들으셔야 합니다. 그리고 깊이 들으셔야 합니다. 그것이 문법聞法입니다. 그 대상은 우선 정토삼부경이 되어야 합니다. 셋 중의 하나만 없어도, 정토신앙의 전모는 다 드러나지 않습니다.

삼부경 중에서 가장 간단한 것은 『아미타경』입니다. 그래서 우리나라에서 가장 많이 읽혔습니다. 하지만 너무 간단해서, — 소경小經이라 함 — 정토신앙의 역사까지 다 드러내기에는 좀 어렵습니다. 정토신앙의 입문서로는 약점이 없지 않습니다. 그 반면에, 대경大經이라 불리는 『무량수경』은 다소 방대합니다. 두 권 분량입니다. 그에 비하면, 『관경』은 한 권입니다. 양은 비교적 간명하지만, 내용은 정토신앙의 역사와 핵심을 다 아우르고 있습니다. 그래서 저는 『관경』 하나를 통하여 정토삼부경 전체, 정토신앙 전체를 말씀드리는 전략을 선택한 것입니다. 나무아미타불.

3. 극한의 고통 속에서

나는 이렇게 들었다. 어느 때 부처님께서는 왕사성王舍城의 기사굴산耆闍崛山(靈鷲山)에서 천이백오십 인의 비구 스님들과 함께 계셨으며, 문수사리 법왕자法王子를 비롯한 보살도 삼만 이천 명이나 (부처님과) 함께하시었다.

『관경』은 이렇게 시작됩니다. 경전을 이해할 때는 크게 세 부분으로 나누어서 이해하는 방식이 전통입니다. 이 부분은 '서분序分(서론 부분)'이라 합니다. 서분을 다시 둘로 나눌 수 있는데, 그중에 이 부분은 '증신서證信序'라고 합니다. 앞으로 전개되는 말씀들이 부처님으로부터 설해진 진실한 말씀임을 증명하는 부분이라는 뜻입니다.

그런데 경전의 서분에는 경전의 본론 부분에서 설하게 되는 내용을 불러일으키는 부분도 있습니다. 일종의 문제 제기라고도 할 수 있습니다만, 그 부분을 '발기서發起序'라고 합니다. 문제는 이 『관경』의 발기서 부분이 매우 특이하다는 점입니다. 보통 같으면, 부처님께 질문을 하나 정도 드리는 것으로 끝나고 말 것입니다.

하지만, 『관경』에서는 하나의 이야기가 서술됩니다. 요즘 말로 스토리

텔링storytelling입니다. 이 이야기는 한 가족의 비극을 묘사하고 있습니다. 아버지, 어머니 그리고 아들 세 식구가 살아가는 한 집안에서 일어나는 비극입니다. 가족은 당연히 누구보다도 서로를 깊이 사랑해야 할 사이인데, 그렇지 못할 때도 많습니다. 가장 가까이 있기에, 어떤 의미에서는 가장 위험(?)합니다. 서로에게 상처를 주고받기 쉽기 때문입니다. 가족 사이에 서로 죽이고 죽게 되는 일까지 벌어진다면, 그 이상 더 큰 비극이 없을 것입니다. 그 이야기를 『관경』은 이렇게 시작합니다.

> 그때 왕사성에는 아사세阿闍世(Ajātaśatru)라는 태자가 한 사람 있었다. 악인 조달調達(提婆達多, Devadatta)의 가르침에 따라서 아버지 빔비사라Bimbisāra(頻婆娑羅)왕을 체포하여 일곱 겹으로 둘러쳐진 감옥 속에 유폐하고서, 한 사람의 신하도 찾아가 뵙지 못하도록 하였다. 왕비는 이름이 위제희韋提希(Vaidehī)였는데, 왕을 염려하여 깨끗이 목욕을 하고서 소밀酥蜜(우유와 꿀을 섞은 것)을 온몸에 바르고 구슬 목걸이(瓔珞)에 포도즙을 넣어서 몰래 왕에게 올렸다.
>
> 그러자 왕은 소밀과 포도즙을 먹고 나서, 물을 달라고 하여 입을 헹구었다. 입을 다 헹구고 나서 공손히 합장하고서는 (부처님이 계신) 기사굴산을 바라보고 멀리서나마 세존께 예배를 드리면서 말하였다.
>
> "(세존이시여,) 대목건련大目犍連(Mahā-maudgalyāyana)은 제 친구입니다. 원하옵건대, 자비를 일으켜서 (대목건련으로 하여금) 저에게 팔계八戒를 주게 하소서."
>
> 그러자 대목건련은 왕이 있는 감옥으로 매처럼 날아가서, 날마다 팔계를 수여하였다. 세존께서는 또 부루나富樓那(Pūrṇa) 존자를 보내서 왕을 위하여 법을 설하게 하였다. 이렇게 하면서 21일이 지나자, 왕은 소밀을 먹고 법을 들은 까닭에 얼굴에 화색이 돌았다.

문제는 권력욕입니다. 권력욕 앞에는 부자도 없고, 모자도 없습니다. 형제는 더욱더 말할 나위 없습니다. 아버지가 아들을 죽이기도 하지만, 그것보다 더 많이 아들이 아버지를 죽입니다. 지금 그러한 처지에 놓인 아버지가 빔비사라왕이고, 어머니가 위제희 부인입니다. 그 아버지 빔비사라왕에게는 배고픈 것도 고통이었고, 자유를 잃은 것도 큰 고통이었을 것입니다. 하지만 그것들보다 더욱더 뼈아팠던 것은 자식이 패륜을 저지르게 되어서, 자식에 의해 갇히고 곧 죽임을 당하리라는 사실일 것입니다. 육체의 고통보다 마음의 고통이 더 컸을 것입니다.

요즘 하는 말로, 빔비사라왕이야말로 힐링이 필요한 상황입니다. 육체의 배고픔은 위제희 부인이 어느 정도 달래 주었습니다. 하지만, 부인으로서도 정신의 고통만은 달래 줄 수 없었습니다. 다행히 빔비사라왕은 평소 부처님께 깊이 귀의해 왔습니다. 아, 이제 그 평소의 신심이 빛을 발할 때입니다.

빔비사라왕은 고통의 극한 속에서 빛을 찾았습니다. 구원의 길을 찾고자 스스로 마음을 추스르고 있습니다. 부처님이 안 계셨더라면, 빔비사라왕은 어떻게 되었을까요? 아니, 빔비사라왕이 부처님께 법문을 청할 줄 몰랐다면 어떻게 되었을까요? 평소에 신심이 없었다면 어떻게 되었을까요? 극단적인 선택을 했을지도 모릅니다. 부처님이 계셨다는 것, 그 부처님께 가르침을 청할 수 있었다는 것, 그것은 그래도 그에게는 큰 다행이었습니다. 희망의 불빛이었습니다. 나무아미타불.

4. 절체절명의 위기

패륜아 아사세는 부왕을 가두어 놓고, 굶기면 죽을 줄 알았습니다. 그래서 '이제는 죽었겠지.' 했습니다.

그때 아사세왕은 감옥의 수문장에게 물어보았다.

"부왕이 아직 살아 있느냐?"

수문장이 아뢰었다.

"대왕이시여, 대부인(=위제희)께서 몸에 소밀을 바르시고 영락에는 포도즙을 담아서 부왕에게 올렸습니다. 그리고 사문沙門 목련 및 부루나 존자가 허공을 날아와서 부왕을 위해서 부처님의 가르침을 설해 주었는데, 차마 막을 수는 없었습니다."

아사세의 기대는 보기 좋게 어긋나고 말았습니다. "덕 있는 자는 외롭지 않다. 반드시 이웃이 있다."라고 했던 공자님 말씀처럼, 부왕에게는 헌신적인 아내인 왕비가 있었고, 믿고 의지하던 부처님이 계셨고, 평소 교분이 있었던 목련과 부루나 존자와 같은 좋은 선지식이 있었습니다. 그만큼 평소 덕을 쌓았던 것입니다. 그래서 아들로서는 더욱더 화가 났던 것입니다. 더욱 그는 진일보한 악행을 저지르기로 마음을 먹습니다.

그때 아사세는 이러한 이야기를 듣고 나서, 그 어머니의 행위에 대해서 화가 나서 말했다.
"우리 어머니가 내게는 도적이구나. 도적과 함께 작당했고, 사문 행세를 하는 악인들이 세상을 어지럽히는 주술을 써서는 이 악왕을 여러 날 동안이나 죽지 않게 살려 두었다니……."

전도몽상顚倒夢想의 전형적인 형태를 보여 줍니다. 우리가 볼 때, 진정한 도적(賊)은 아사세입니다. 하지만, 지금 아사세는 가치관이 전도되어 있습니다. 모든 것을 거꾸로 보고, 거꾸로 생각합니다. 그래서 사문들, 부처님의 제자들이 악인으로 보입니다. 진정한 악인은 다른 누구도 아닌 바로 그 자신인데 말입니다. 목련과 부루나 존자와 같은 부처님 제자들이 부왕에게 해 주신 말씀은 지극히 정상적인 진리의 말씀인데도 불구하고, 그의 눈에는 그것이 혹세무민하는 환술이나 주술로 보였던 것입니다. 이러한 전도몽상에서 벗어난다면, 그것이 바로 궁극의 열반이라고 『반야심경般若心經』은 말씀하시지 않았습니까. 정말 그렇습니다.

실로 전도몽상은 또 다른 악업을 꿈꾸게 합니다. 우리는 우리 눈으로 전도몽상의 극한, 또 다른 악업의 극한을 볼 위기에 처하게 됩니다. 모든 사실을 알게 된 아사세는 "날카로운 칼을 들고서 그의 어머니를 살해하려 합니다." 절체절명의 상황입니다. 어머니는 그 아들에게 죽을 위기에 처해 있고, 아들은 그 어머니를 죽이는 오역죄五逆罪를 범하려는 위기에 놓이게 됩니다. 그런데 말입니다. 불행 중 다행으로, 그 궁정에는 아직 부왕이 임명했던 몇몇 어진 신하들이 있습니다. 어질다는 것은 성격이 자비롭다는 것만을 의미하지 않습니다. 정직하고 충직하다는 것 역시 의미합니다. 대비심大悲心은 직심直心의 땅 위에 피어나는 꽃입니다. 두 명의 신하가 목숨을 걸고 직간直諫하였습니다.

그때 총명하고 지혜로운 월광月光이라는 신하와 기바耆婆(Jīvaka · Jīvika)가 왕에게 예를 올리고 나서 아뢰었다.
"신이 『베다Veda(고대 인도 바라문교의 성전)』의 가르침을 들어 보니, 이 세상이 만들어진 시초(劫初) 이래로 왕위를 탐하여 그 아버지를 살해한 악한 왕은 1만 8천이나 된다고 했습니다만, 아직 무도無道하게도 그 어머니를 살해한 왕의 이야기는 들어 보지 못했습니다."

지금 어머니를 해치고자 하는 아사세의 무도함을 멈추게 하려는 신하들의 전략은 오랜 역사와 전통의 힘으로써 왕을 말리려고 하는 것입니다. 『베다』는 고대 인도의 종교인 바라문교婆羅門敎(Brahmanism)의 가장 오래되고 가장 권위 있는 경전입니다. 부처님 당시에도 이 책이 갖는 권위는 막강하였음을 알 수 있습니다. 『베다』에서는 이 세상이 생겼다가 다시 사라졌다가 한다고 하였습니다. 그런데 그것은 자연의 일이 아니라, 인위의 일로 그렇게 된다는 것입니다. 사람들이 도리를 잘 지키면, 이 세상은 유지가 됩니다. 여기서 '도리'라는 말이나, '유지'라는 말이나 다 산스크리트(梵語)로는 '다르마dharma'입니다. 다르마는 '법法'으로 번역되는 말입니다. 그러므로 '무도하게'라고 할 때의 무도는 산스크리트로는 '아다르마adharma'입니다. 산스크리트에서 접두어 '아a'는 '아니다(無/不/非)'라는 의미가 있는 말입니다. '무도'는 곧 '무법'입니다.

정말 그렇습니다. 왕위를 탐내는 아들이 부왕을 죽인 사례는 우리 역사에서도 수없이 들었습니다만, 왕위를 뺏고자 그 어머니를 죽인 사례는 일찍이 저로서도 들어 본 일이 없습니다. 어머니가 권력을 가진 것은 아니었기 때문이고, 아버지와 어머니가 또 다르기 때문입니다. 아버지와 아들은 한 번도 한 몸인 적이 없지만, 어머니와 아들은 원래 한 몸이었기 때문입니다.

신하들의 간언은 더 이어집니다. 아사세의 마음을 확실히 돌리기 위해서입니다.

"왕이 지금 이렇게 반역의 마음으로 어머니를 살해하는 것은 크샤트리아 Kṣatriya(刹帝利, 왕족·무사) 계급을 더럽히는 일입니다. 그래서 신들로서도 차마 이러한 불가촉천민(Caṇḍāla, 旃陀羅)이나 하는 짓을 두고 볼 수 없습니다. 우리는 더는 이곳에 머물 수 없습니다."

신하들은 '결정적 한 방'을 내놓습니다. 인도는 카스트(계급) 사회입니다. 그 계급 안에서 '왕따'가 되면 안 됩니다. 지금 아사세 당신이 하는 일은 당신의 계급을 욕보이는 짓이다, 왕족·무사 계급은 얼마나 명예로운 계급인가, 그런데 지금 당신은 그 명예를 더럽히고 있다, 그리고 그것은 저 '불가촉천민'이나 하는 짓이다, 감히 그런 짓을 하는 당신을 우리는 더는 모실 수 없다. 이렇게 최후통첩을 한 것입니다. 신하들로서는 폭군 앞에 가히 목숨을 걸고서 간언한 것입니다.

이러한 충직한 사람들이 없었더라면, 위제희 부인은 죽었을 것이고 아사세는 만고의 역적이 되었을 것입니다. 왕위를 위해서 최초로 어머니를 살해했다는 불명예를 안고 말았을 것입니다.

이렇게 두 대신은 이러한 말을 다 하고 나서는 손으로 칼을 쥐고서는 물러났다.

아마도 두 대신은 갖고 있었던 칼을 쥐고서 물러났던 것으로 보입니다. 허리에 차고 있던 칼을 손으로 쥐고 물러남으로써, 더는 아사세와 함께하지 않을 각오를 보였던 것으로 생각됩니다. 이러한 충직한 두 신하의 직언이 위제희 부인을 살리게 됩니다. 불행 중 다행이 아닐 수 없습니다. 나무아미타불.

5. 마침내 어머니까지 갇히다

지금 우리는 『관경』 속에 나타난 한 가족의 비극적인 사건을 들여다보고 있습니다. 그런데 우리의 현실 역시 마찬가지입니다. 경전의 이야기보다 더하면 더하지 결코 못하지는 않으리라는 데 우리의 슬픔이 있습니다. 그러한 우리 현실을 생각할 때, 『관경』을 읽는 우리의 마음은 더욱더 무거워집니다.

그때 (두 신하의 충언을 들은) 아사세는 놀라고도 두려워하면서 기바에게 말하기를, "그대는 나를 위하여 충성을 다하지 않는가?"라고 하였다.

'충성'이라는 말은 번역하면서 제가 집어넣었습니다. 평소 자기를 위한다고 생각한 신하가 자기 뜻에 반하는 말을 하는 것을 보고서, 아사세도 다소 흔들립니다. 그 역시 약한 존재입니다. 고독을 두려워하는…….

(다소 누그러진 아사세의 말을 듣고서) 기바가 아뢰기를, "대왕이시여, 삼가 어머니를 해치지 않도록 하소서."라고 하자, 왕은 이 말을 듣고 참회하며 자신을 구제해 주기를 구하면서, 곧 칼을 버리고 어머니를 해치려던 일

을 그만두었다.

여기서 우리의 주의를 끄는 말이 나옵니다. 아사세 자신이 이제는 참회하고서 스스로 구제를 구하였다고 하는 말입니다. '참회懺悔'라는 말은 『관경』에도 그대로 나옵니다. '참회'는 뉘우친다는 말 아닙니까? 다시는 악행을 짓지 않겠다는 다짐 아닙니까? 과연 아사세는 그렇게 쉽게 자신의 행위를 뉘우칠 수 있었을까요? 정말로 그가 뉘우쳤다고 한다면, 그로서 당장에 해야 할 일은 무엇이었을까요? 무엇보다 먼저 아버지를 풀어주고서, 아버지에게 용서를 빌어야 하는 것 아니겠습니까. 그런 과정을 통해서, 그가 새롭게 태어난다고 한다면 그에게는 구원의 길이 열릴지도 모를 일입니다.

그런데 말입니다. 사람은 참으로 쉽게 바뀌는 존재는 아닌 듯합니다. 악업의 힘이 그렇게 끈질깁니다.

내관內官(내시)에게 명령하기를, "깊은 궁궐 속에 연금하여 다시 나올 수 없게 하라."라고 하였다.

이것은 역주행의 모습입니다. 여기서 '깊은 궁궐'은 어디일까요? 감옥일 수도 있고, 조금은 긍정적으로 생각해 준다면, 아버지는 감옥에 가두었지만 어머니는 그보다는 좀 나은 곳에 연금했을 수도 있는 것 아닐까 합니다. 하지만, 그러한 차이가 있다고 하더라도 그것은 결국 정도의 차이일 뿐, 질적으로는 아버지나 어머니나 다 가둔 것입니다. 말이 안 되는 일입니다.

그러므로 이제 우리는 알겠습니다. 비록 『관경』에서 아사세가 '참회'를 했다고 하지만, 그것은 진정한 의미의 참회가 아님을 알 수 있습니다. 그러므로 왕은 기바를 비롯한 두 명의 신하한테서 반대의견을 들은 사실에 대해서 다소 불편한 마음이 들었을 것이고, 그러한 불편한 마음을 해소받는 차원에서 두 신하의 양해를 구했던 것이 아닌가 생각됩니다. 그런 정도의 일을 가지고서 경전은 '참회'라거나 '구제를 구했다(求救)'고 좋게 말했던 것입니다. 역설적으로 말입니다. 이러한 저의 해석은 바로 아사세가 아버지를 석방하지 않고서 오히려 어머니마저 가둔 역주행을 계속했다는 사실에 근거를 둡니다.

위제희의 마음은 어떻겠습니까? 남편은 아들에 의해서 갇혀 있습니다. 남편의 안위와 건강이 못내 걱정스러운 처지이고, 그러한 짓을 아들이 범하고 있음을 목도하면서도 달리 해결책을 제시하지 못하고 있는데, 이제는 그 아들이 자기마저 죽이려 했습니다. 다행히 갇혔을 뿐 생명은 건졌지만, 어쩌면 어머니로서는 차라리 죽었더라면 더 좋았다고 생각했을지도 모릅니다. '생지옥'이라는 말이 그래서 있는 것 아니겠습니까.

그때 위제희 부인은 유폐되고 나서는 걱정하고 근심하면서 초췌해져 갔다.

이제 할 수 있는 일이라고는, 남편이 그랬듯이 부처님께 의지하는 일밖에 없습니다. 한계 상황에 부딪혔을 때, 종교의 역할이 비로소 시작됩니다.

멀리 기사굴산(영취산)을 향해서 부처님께 예불을 드리고서는 (말하였다).
"여래이시여, 세존께서는 옛날에는 항상 아난阿難을 보내셔서 저를 위로해 주셨습니다. 이제 저는 근심 걱정에 휩싸여 있습니다. 세존께서는 너무나 존엄하신 분이라서 뵈올 길이 없사옵니다만, 원하옵건대 목련 존자와 아난 존자를 보내 주셔서 제가 뵈올 수 있게 해 주십시오."

이러한 말씀을 하고서는, 비가 내리듯이 눈물을 흘리면서 멀리 부처님을 향해서 예배를 드리는데 머리를 들지 못하였다.

엎드려 울고 있습니다. 어머니가 울고 있습니다. 나무아미타불.

6. 예토를 싫어하고 정토를 구하다

그때 세존께서는 기사굴산에 계셨는데, 위제희가 마음속으로 품은 생각을 아시고서는 목건련과 아난에게 허공을 날아가서 (위제희를 위로하러) 가도록 하셨다. 부처님께서도 기사굴산에서 사라지신 뒤 왕궁에 출현하셨다. 그때 위제희는 예배를 드리고 머리를 들어서 보았다. 세존 석가모니께서 자금색紫金色의 몸으로 백 가지 보배로 찬란한 연꽃 위에 앉아 계시고, 왼쪽에는 목련이 오른쪽에는 아난이 시립侍立하고 있으며, 제석천帝釋天과 범천梵天을 비롯하여 이 세상을 보호하는 여러 신중(天)들이 허공에서 두루 하늘꽃을 내리면서 공양하고 있음을 (보았다).

여러분, 기억하십니까? 애당초 위제희 부인의 소원이 무엇이었습니까? "부처님께서 저를 찾아 주십시오."라고 한 것은 아니었습니다. "부처님 제자인 목건련과 아난을 좀 보내 주십시오."라고 했던 것 아닙니까. 그런데 부처님은 어떻게 하십니까? 목건련과 아난을 보내 주시는 것은 물론, 그것으로 끝나지 않았습니다. 당신께서 직접 왕궁에 출현하셨습니다. 원하는 것보다 더 크게 주셨습니다. 이것이 자비입니다. 가히 청하지 않았으나, 찾아와 벗이 되어 주신 것(不請之友)입니다.

이렇게 찾아 주신 부처님 앞에서, 이제 위제희 부인이 드리는 말씀은 무엇일까요? 사랑하는 아들에 의해 남편이 갇혀서 언제 죽을지 모릅니다. 어머니 위제희 부인 역시 겨우 죽음에서 벗어났지만, 감옥에 갇혔습니다. 살고 싶을까요? 정말 살고 싶지 않다는 절망을 느끼지 않았을까요? 그렇습니다. 그러나 다행인 것은 절망이 절망으로 끝나지 않았다는 것입니다. 절망이 깊어질수록 희망에 대한 염원이 샘솟을 수 있습니다.

그때 위제희는 부처님 세존을 뵙고서는 스스로 (자기가 차고 있던) 영락을 풀어 버리고 (부처님께 공양하고서) 온몸을 땅에 던져서 (예배를) 하고서는, 울면서 부처님께 사뢰었다.
"세존이시여, 저는 전생에 무슨 죄를 지었기에 이러한 악한 아들(惡子)을 낳았으며, 세존께서는 또한 무슨 인연으로 제바달다提婆達多와 친족이 되셨습니까?"

이 마음을 우리는 이해할 수 있습니다. 오죽하면, 내가 전생에 무슨 업을 지었기에 이런 과보를 받고 있는가 하고 한탄하겠습니까. 그런데 가만히 생각하면, 위제희 부인 자신만 그런 것은 아닙니다. 부처님도 적지 않은 고뇌가 있었을 것입니다. 부처님에게도 감히 부처님을 해치려는 제바달다 같은 악연이 있었습니다. 그것도 가족으로, 친족으로 만난 악연이 아닙니까.

물론, 그럴 수 있습니다. 전생까지 들먹이면서 신세 한탄을 할 수 있습니다. 그렇지만, 거기서 멈추어 설 수는 없습니다. 새로운 희망을 찾아야 합니다.

"세존이시여, 오직 원하옵니다. 저를 위해서 고뇌가 없는 세상을 자세히 설해 주소서. 저는 마땅히 (그곳으로) 왕생往生하고자 합니다. 이 염부제閻浮提의 탁악濁惡한 세상은 좋아하지 않습니다. 이 탁악한 세상에는 지옥 아귀餓鬼 축생이 가득 차 있어서 불선不善이 너무 많습니다. 원하옵건대, 저는 미래에는 악한 소리를 듣지 않고 악인을 만나고 싶지 않습니다. 이제 세존께 오체투지五體投地의 예배를 드리고, 연민을 구하면서 참회하나이다."

정토신앙의 출발과 시작이 바로 이 말씀에 있습니다. 물론, 정토신앙은 법장法藏보살(아미타불의 전신)이 마흔여덟 가지 서원을 세움으로써 시작됩니다. 바로 『무량수경』에서 설해지고 있습니다. 그런데 그것은 아미타불의 입장에서 정토신앙의 출발을 찾을 때의 이야기입니다. 우리 중생들의 입장에서 정토신앙의 출발을 찾으려면, 어디에서 찾을 수 있을까요? 바로 『관경』의 이 장면에서 찾을 수 있습니다. 위제희 부인의 절망에서, 또 희망에서 찾아집니다. 그래서 이 『관경』이 중요한 것입니다. 그 자리를 알려 주기 때문입니다.

이를 겐신(源信, 942~1017) 스님은 그의 저서 『왕생요집往生要集』에서 간명하게 정리해 주십니다. "예토를 싫어하고 정토를 구하다(厭離穢土, 欣求淨土)."라고 말입니다. 이번 장에서 우리는 바로 그 장면을 확인하게 됩니다. 예토를 싫어해서 떠나려는 마음이 없다면, 정토를 흔쾌히 구하려는 마음 역시 일어나지 않을 것입니다. 역으로 예토에 대한 절망이 깊으면 깊을수록 정토를 구하려는 마음 역시 간절해집니다. 이 예토가 좋다고 한다면, 정토를 기꺼이 구하려 하지는 않을 것입니다. 우리의 경우는 어떨까요? 기꺼이 정토를 구하지 않을 정도로, 바로 지금 이 자리에서 정토를 살고 있는 것일까요? 아니면, 예토를 살고 있으면서, 싫어하는 마음으로 떠나려 하고 있을까요?

위제희 부인은 예토에 염증을 냅니다. 그래서 그녀는 "오직 바라옵니다. 부처님의 빛이 비쳐서 청정한 업으로 만들어진 세상을 관찰할 수 있게 하소서."라고 청할 뿐입니다. 극락이 청정한 업으로 만들어졌다고 하는 것은, 두말할 것도 없이 법장보살의 마흔여덟 가지 서원이 청정한 업이기 때문입니다.

여기서 하나 주의할 것이 있습니다. 우리가 이 이야기를 다만 '위제희의 일'로만 받아들여서는 안 된다는 것입니다. 그러면 우리의 마음속에 위제희와 같이 정토로 가고 싶은 마음이 생기지 않게 됩니다. 우리 스스로 곧 위제희가 되어야 합니다. '위제희'라는 고유명사를 지우고, 바로 그 자리에 우리 자신의 이름을 써넣으면서 읽어야 우리 자신의 이야기가 됩니다. 부처님과 우리 자신 하나하나 1 vs 1의 대면對面 없이 가피加被는 없습니다. 가피는 선분線分 위에서, 직선直線 위에, 직접直接 주어지기 때문입니다. 나무아미타불.

7. 위제희 부인의 선택

이 세상 너머 '섬'이 있습니다. 바로 그 '섬'에 가고 싶습니다. 이 위제희 부인의 희구希求에 부처님께서는 응하지 않을 수 없었습니다. 부처님의 응답 방식은 일단 방광放光입니다. 빛을 놓아서, 응답의 소식을 먼저 전해옵니다.

> 그때 세존께서는 미간眉間에서 금색의 빛을 놓으셔서 시방十方의 한량없는 세계를 두루 비추시고, 다시 부처님의 정수리에 (빛을 모아서) 머물러 있게 했다가 마치 수미산須彌山과 같은 금색 봉우리(臺)가 되게 하셨다. 그 (금색 대) 안에 시방 모든 부처님의 청정하고도 아름다운 국토가 나타났으니, 어떤 국토는 칠보로 이루어졌고, 또 어떤 국토는 순전히 연꽃으로 이루어졌으며, 또 어떤 국토는 마치 (욕계 6천의 하나인) 타화자재천他化自在天의 궁전과 같았고, 또 어떤 국토는 수정(頗梨) 거울과 같았는데, 시방세계의 모든 국토가 그 안에 다 나타났다. 이렇게 무량한 모든 부처님의 국토가 아름답게 나타났으니, (위제희가) 다 볼 수 있었다.

정토는 예토가 아닙니다. 따라서 예토의 모습과는 다른 모습일 것입니다. 예토나 정토나 똑같이 흙으로 이루어져 있다고 한다면, 차별이 없을 것입니다. 금·은 등의 칠보, 연꽃 그리고 수정 거울로 뒤덮여 있습니다. 아름다운 곳입니다. 그 아름다움은, 우리에게 그 세상에 태어나기만 한다면 고통 없이, 위제희 부인이 겪는 것과 같은 고통은 없이 살 수 있으리라 믿게 합니다. 그래서 그곳은 청정한 업으로 이룩된 곳입니다.

이것이 불교입니다. 불교가 지금 우리가 볼 수 있고, 만질 수 있으며, 그 위에 서 있는 땅만을 말한다면 불교일 수 없다고 저는 생각합니다. 그렇게 되어서는 결코 그 땅 위에 사는 사람들을 제도할 수 없습니다. 그 땅으로부터 사람들을 들어 올려서 허공으로, 허虛하고 공空한 곳으로 올려서, 그 속에서 노니는 바로 그런 경지에서 이 땅의 일을 하면서 살아가게 하는 것, 그것이 저는 불교라고 생각합니다. 그런 불교를 가장 잘 드러내 주고 있는 것이 바로 위 인용문에 보이는, 극락정토에 대한 묘사입니다.

부처님은 이렇게 시방세계의 모든 불국토를 다 보여 주었습니다. 모델하우스를 보여 주는 것과 같습니다. 자, 보라. 이렇게 아름다운 곳이 많다. 그런데 그대는 어디로 갈 것인가? 선택해 보라는 뜻일 것입니다.

그때 위제희가 부처님께 사뢰었다.

"세존이시여, 이러한 모든 불국토가 비록 다 청정하며 모두 광명으로 가득 차 있으나, 저는 이제 기꺼이 아미타불이 계신 극락세계에 가서 태어나고자 합니다."

이것이 위제희 부인의 선택입니다. 다른 모든 국토 중에서 서방정토西方淨土 극락세계極樂世界를 선택합니다. 아미타불이 계신 곳으로 가겠다는 것입니다.

믿음은 선택입니다. 선택을 통해서 이루어집니다. 주의할 것은, 다른 불국토가 아름답지 않다거나 청정하지 않다거나 해서가 아닙니다. 다른 불국토가 서방정토보다 더 못해서도 아닙니다. 다른 부처님들이 아미타불보다 덜 자비롭기 때문도 아닙니다. 그럼, 왜 위제희 부인은 오직 서방정토를 선택하고 있을까요?

저로서는 그것이 인연이라고 생각합니다. 인연은 끌어당기는 힘입니다. 뭔가 서쪽에서 끌어당기는 힘을 더 느낀 것입니다. 굳이 다른 이유를 추정한다면, 사실 위제희 부인은 이미 벌써 그날 이전에 부처님한테서, 혹은 스님들한테서 서방정토 극락세계의 이야기를 들은 적이 있었는지도 모릅니다. 우리가 널리 법을 설하고 법을 말해야 하는 이유이기도 합니다. 어쩌면 이미 그것이 석가모니부처님의 뜻임을 위제희 부인께서 간파했기 때문인지도 모릅니다. 실제 신란(親鸞) 스님 같은 분은, 석가모니부처님께서 그렇게 선택하도록 했다고 이해하기도 합니다.『교행신증』서문에서 그런 관점을 내보입니다.

이제 선택은 끝났습니다. 먼저 선택한 뒤에 수행합니다. 이것이 믿음입니다.

> "오직 원합니다. 세존이시여, 저에게 (극락과 아미타불에 대해서) 사유思惟하는 법을 가르쳐 주시고, 저에게 (극락과 아미타불을) 올바로 명상(正受)하는 법을 가르쳐 주소서."

사유와 정수는 다 일종의 명상이라고 볼 수 있습니다. 옛 주석가들 중에는 뒤에서 설해질 산선散善('삼복三福' + '제14~16관')은 사유의 대상이고, 정선定善(제1~13관)은 정수의 대상이라고 말하는 분도 있었습니다. 저로서는 '사유'나 '정수'는 둘 다 명상, 즉 관찰이라는 의미가 아닐까 합니다.

> 그때 부처님께서는 곧 미소를 지으시고는 입에서 다섯 가지 색의 빛을 방광하셨는데, 하나하나의 빛이 빔비사라왕의 정수리를 비추었다.

부처님의 미소, 그 뜻은 무엇이었을까요? 우선, 그럼 그렇지. 그대가 서방정토를 선택할 것을 나는 알고 있었네. 이런 미소일 수도 있습니다. 그러면서 동시에 가피를 나타내기도 합니다. 위제희 부인만이 아니라, 그녀의 남편(대왕)에게까지 빛을 비추어 줍니다.

> 그때 대왕은 비록 갇혀 있었지만, 마음의 눈(心眼)에는 걸림이 없어서 멀리 세존을 뵈올 수 있었다. 머리를 (땅에 대고) 예배하자, 저절로 (수행의 힘이) 자라서 아나함阿那含(anāgāmin, 不還, 다시는 욕망의 세계로 돌아오지 않는 경지)을 이루었다.

대왕은 공간을 뛰어넘어 어디든지 볼 수 있는 천안통天眼通이 열리고, 욕망의 세계에서 겪게 되는 모든 번뇌가 다 끊어지는 불환不還의 경지에 이릅니다. 아나함은 아라한阿羅漢(無學, arhat) 바로 밑의 경지입니다. 세속의 정치인으로서는 상당히 높은 경지까지 간 것입니다. 그 덕분에 빔비사라왕은, 그 나름으로 구제된 것 같은 느낌을 받게 되었습니다.

여기서, 우리는 다시 위제희 부인의 질문을 상기해 볼 필요가 있습니다. 왜 부처님은 제바달다와 인연이 되었고, 왜 위제희 스스로는 패륜아 아사세를 낳았는가 여쭈었던 것입니다. 그런데 부처님께서는 이 질문에 대해서 무엇이라고 말씀하셨습니까? 아무런 대답도 하시지 않았습니다. 그 대신 빛을 비추어 주셨지요. 이유, 원인이 그렇게 중요한 것일까요? 흔히 우리는 안 좋은 일이 생기면, 그 이유와 원인을 궁금해하면서 거기에서 헤어나지 못합니다. 집착합니다. 마음을 스스로 어둡게 만듭니다. 중요한 것은 이유나 원인이 아니라, 그 극복에 있습니다. 부처님의 빛으로 마음을 밝게 하는 것, 그것이 급선무가 아니겠습니까. 부처님의 자비와 교묘한 방편(善巧方便)이 거기서 빛을 더했습니다. 이 점 역시 우리는 기억해야 하겠습니다. 나무아미타불.

8. 권진勸進, 권진하시는지요?

위제희 부인은 기꺼이 아미타부처님의 극락세계에 태어나고 싶다고 발원했습니다. 그 간절한 발원에 석가모니부처님께서 호응하십니다. 그 정도로 간절한 사람에게 어찌 아미타불의 국토인들 멀리 있다고 하겠습니까.

> 그때 세존께서 위제희 부인에게 말씀하셨다.
> "그대는 아는가? 아미타불(의 국토)은 여기서 멀지 않다. 그대는 마땅히 생각을 모아서 그 나라를 관찰하여 정토에 태어날 업(淨業)을 이루어야 한다."

아미타불과 우리 사이에 존재하는 거리에 대해서, 『관경』은 멀지 않다고 말씀하십니다. 위제희 부인처럼, 간절한 염원을 갖고 희구한다면 멀지 않은 것은 사실일 터입니다.

이 인용문 속에서 저로서는 그보다 더욱 주목하고 싶은 것이 '정업淨業'이라는 말입니다. 이 말을 글자 그대로 풀이하면, '청정한 행위'가 됩니다. 하지만, 정토신앙의 맥락에서는 '정토에 태어날 수 있는 행위'를 말합니다. 부처님의 뜻은, 아미타불이 멀지 않은 곳에 계신다, 그러므로 마음을 모아서 그 나라를 관찰하여 정업을 성취하라는 것입니다.

마음을 모아서 그 나라를 관찰하는 것, 이것이 바로 '관무량수觀無量壽' 내지 '관무량수불觀無量壽佛'의 의미입니다. 아미타불과 그 국토를 관찰하는 것입니다. 이렇게 관찰하는 것이 정토왕생의 원인이 되기 때문입니다. 열여섯 가지 관법觀法이 말해집니다. 마음속 관찰, 요즘 말로 하면 '이미지 메이킹image making'이라 할 수 있을 것입니다. 이미지로 떠올리는 것입니다.

세존께서는 또 말씀하십니다.

"나는 이제 그대를 위하여 널리 비유들을 설할 것이며, 또한 미래의 모든 범부들이 정업을 닦아서 서방의 극락국토에 태어나게 할 것이다."

극락국토에 태어날 수 있는 정업을 무엇이라 하셨지요? 바로 '관찰'이라고 했습니다. 하지만, 미래의 모든 범부에게는 그것 말고 다른 방법을 제시해 주십니다. 그 이유는 범부이기 때문일 것입니다. 저는 범부입니다. 부처님께는 우리 모두 다 범부입니다. 선한 일을 좀 했고, 수행을 좀 했다고 범부가 아닐까요? 『교행신증』 제2권에 보면, 「정신염불게正信念佛偈」(약칭, 「정신게」)라는 게송이 있습니다만, 그 게송 중에 "일체선악범부인一切善惡凡夫人."이라 말한 것도 그러한 사실을 드러내기 위해서일 것입니다. 선인이든 악인이든 모두 다 범부라고 하는 이야기입니다.

정토의 길은 범부에게 주어진 것입니다. 1차적인 목적은 범부 구제입니다. 오래도록 원효 스님의 책으로 알려진 『유심안락도遊心安樂道』에서도 그렇게 언급됩니다. 부처님께서는 우리와 같은 범부에게는 관찰이라는 정업이 행하기 어려운 것이라고 느끼셨는지, 또 다른 정업을 제시합니다.

그것이 여기서는 삼복三福이고, 뒤에 가면 제14관에서 제16관까지입니다. 이 둘을 합하여 '산선散善'이라 하고, 관찰의 정업, 즉 제1관에서 제13관까지를 '정선定善'이라 말합니다.

> "저 나라에 태어나고자 하는 자는 마땅히 세 가지 복을 닦아야 한다. 첫째는 부모님을 효도로써 봉양하고 스승을 받들어 모시며, 자비로운 마음으로 살생하지 않고, 열 가지 선업善業을 다 닦는 것이다. 둘째는 삼귀의三歸依를 받아 지니고 많은 계율을 다 갖추며, (팔만 가지나 되는) 행동거지의 규범(威儀)을 범하지 않는 것이다. 셋째는 깨달음을 얻으려는 마음(菩提心)을 발하고서 인과因果를 깊이 믿고 대승경전을 독송하며, (극락을 향해 가고 있는 다른) 수행자를 권진하는 것이다(勸進行者). 이러한 세 가지 일을 '정토에 태어날 업(淨業)'이라 한다."

삼복을 각기 '세복世福', '계복戒福', '행복行福'이라 합니다. '세복'은 세간에서의 도리를 잘 지키는 것을 말하고, '계복'은 출세간의 계율을 잘 지키는 것을 말하며, '행복'은 대승大乘불교의 수행을 말합니다.

'세복'과 '계복'에 관한 이야기는 대개 다른 경전을 통해서도 많이 들으셨을 것으로 생각됩니다. 하지만, 세 번째 '행복'에서 언급되는 '권진'이라는 말은 한국불교에서는 안 씁니다. 일본불교에서는 대단히 많이 쓰는 말인데, 일본에서 만들어진 말이 아님을 알 수 있습니다. 바로 『관경』에서 유래하는 말입니다. '권진'의 의미는 문맥을 통해서 보면, '정진을 격려하다'라는 정도가 됩니다.

그런데 일본불교에서는 다양한 의미로 쓰였습니다. 첫째, 민중들 사이에 다니면서 '나무아미타불'을 권유하고 다니는 스님을 '권진'이라 합니다. 저잣거리에 내려오신 성인이라는 뜻의 '성聖'을 붙여서 '권진성勸進聖(かん

じんひじり)'이라고 부르기도 합니다. 둘째는 어떤 불사의 책임자를 '권진'이라 부릅니다. 특히 불사는 돈이 있어야 합니다. 그래서 시주를 권유하고 거두러 다니는 것을 '권진'이라 합니다. 그러니까 우리나라 불교에서 '도감都監 + 화주化主'를 일본불교에서는 '권진'이라 하는 것입니다. 심지어 절의 휴게소 이름을 '권진소勸進所'라고도 그러고, 어떤 행사의 주최나 후원을 '권진'이라고도 그럽니다. 저는 개인적으로 '일본불교사독서회'를 운영하고 있습니다만, 저를 '회장'이라 하지 않고 '권진'이라 부릅니다.

그런데 최초의 권진은 누구일까요? 석가모니부처님이 권진입니다. 누구에게 권진하고 있지요? 바로 위제희 부인에게 아미타불을 권진하고 있으며, 정업을 권진하고 있습니다. 아미타불 역시 권진입니다. 사십팔원願이 다 권진의 내용이지만, 특히 제18원은 우리 중생들에게 "나무아미타불." 염불을 권진하는 메시지가 아닙니까. 그래서 저는 제18원의 이름을 '권진염불원勸進念佛願'이라 부릅니다. '아미타불께서 우리가 염불하도록 우리에게 권진해 주신 원'이라는 의미에서입니다. 그뿐만 아니라, 범부인 우리도 다른 범부들에게 겸손한 자세로 권진해야 합니다. 극락에 갔다 온 사람이 아니라도, 권진은 할 수 있습니다. 우리가 백두산이나 한라산에 안 가 보았지만, 이번에 처음 가 보지만, 이웃들에게 "함께 가자."라고 권유할 수 있는 것과 마찬가지입니다. 그런 뜻에서 아미타불의 제18원은 '권진염불원'일 뿐만 아니라, 범부도 권진할 수 있고, 권진해야 한다는 의미의 '범부권진원凡夫勸進願'이라고도 부를 수 있다고 저는 생각합니다.

우리 불교는 너무나 권진을 하지 않습니다. '포교'나 '전도'·'전법', 이런 말들이 다 '권진'과 동의어입니다. 이웃 종교를 믿는 사람들을 보면, 아침에 믿기 시작하면 아침에 권진할 수 있습니다. 알고 보면, 우리 불교야말로 '권진의 종교'입니다. 근래 『관경소觀經疏에서 배우다』(法藏館)라는 책을 읽었는데, 무서운 말씀을 만났습니다. 오타니(大谷)대학 교수를 지낸 히로

세 다카시(廣瀨杲, 1924~2011)라는 선생의 저술인데, 신심에는 두 가지가 있다고 합니다. "공적公的 신심이 있고, 사적私的 신심이 있다. 권진을 못하는 것은, 우리의 신심이 사적이기 때문이다."라고 말하는 것 아니겠습니까.

이제 우리는 『무량수경』도 새롭게 읽어야 합니다. 사십팔원은 누구의 원입니까? 법장보살의 원입니까? 그렇습니다. 하지만, 아닙니다. 바로 우리 자신의 원이어야 합니다. 우리 자신의 원일 수 있을 때, 신심이 있다고 말할 수 있습니다. 그 원이 우리 자신의 원일 수 있을 때, 우리는 다른 이웃들에게 "나무아미타불." 염불을 권진하게 됩니다. 신심 있는 사람은 권진하는 사람이며, 권진하는 사람이 신심 있는 사람입니다. 내가 구원받은 것 같은 기쁨으로 가득 차 있다면, 어찌 권진하지 못하겠습니까. 내가 부처님의 은혜를 느낀다면, 어찌 권진하지 않을 수 있을까요? 정토교淨土敎는 '보은교報恩敎'인데, 보은은 권진을 통해서 비로소 구현됩니다. 그런 의미에서 다시 정토교는 또 '권진교勸進敎'라고도 할 수 있을 것입니다.

정토를 가고자 하는 사람은 모든 범부에게 권진하는 사람입니다. 왜냐하면 정토는 홀로 가는 곳이 아니라, 다 함께 가는 곳이기 때문입니다. 선도 대사는 『관무량수경소觀無量壽經疏』(약칭, 『관경소觀經疏』)에서 다음과 같이 말씀하십니다. '소疏'는 주석서라는 뜻입니다.

원이차공덕願以此功德	원하옵건대, 이러한 (관상의/염불의) 공덕을
평등시일체平等施一切	골고루 모든 중생들에게 다 나누고자 하오니
동발보리심同發菩提心	다 함께 보리심을 일으켜서
왕생안락국往生安樂國	안락의 나라에 가서 나게 하소서

권진은 아무리 강조해도 지나칠 수 없습니다.

부처님께서 말씀하셨다.

"그대는 이제 알겠는가? 이러한 세 가지 행위는 과거 미래 현재의 모든 부처님께서 (닦으신) '정토에 태어날 업(淨業)'이자 '(정토왕생의) 직접적인 원인(正因)'이다."

그렇습니다. 그중에서도 우리는 권진을 통해서 왕생해야 합니다. 조선 후기에 염불을 크게 권진하신, 『염불보권문念佛普勸文』의 저자 명연明衍(?~?) 스님은 그 서문에서 "다른 사람들이 염불하도록 권한다면, 곧 스스로 염불하지 않더라도 함께 극락에 태어난다."라고 하셨습니다.

9. 거울 속의 얼굴처럼

부처님께서 아난과 위제희에게 말씀하셨다.

"잘 들어라. 잘 듣고 나서 잘 생각해 보라. 여래는 이제 미래의 모든 중생들이 다 번뇌라는 이름의 도적들로부터 침해를 당하게 되므로 청정한 업을 설하고자 한다. 훌륭하도다, 위제희여. 청정한 업에 대해서 잘 물어 주었다. 아난이여, 그대는 마땅히 잘 받아 지녀서(受持) 널리 대중들을 위하여 여래의 말을 설해야 할 것이다."

청정한 업, 즉 정업淨業은 정토에 태어나게 하는 업입니다. 이 정업을 지금 부처님께서는 위제희와 미래에 올 모든 중생들을 위해서 설해 주십니다. 그 미래의 중생들에게 이 정업의 내용을 잘 전달해야 할 의무는 아난에게 위임됩니다. 아난이 앞으로는 이 내용의 말씀을 권진勸進해야 할 것입니다.

"여래는 이제 위제희 및 미래의 모든 중생들이 서방 극락세계를 관찰하도록 할 것이다."

'관찰'은 『관경』의 핵심적인 말입니다. 경전 이름에 이미 '관觀'이라는 말이 들어 있습니다. 이 '관'은, 위파사나vipaśyanā(毘婆舍那)와는 다릅니다. 위파사나도 '관'의 의미가 있는 말이기는 합니다. 하지만, 위파사나는 번뇌 망상이 일어나는 그 순간, 아 바로 이것이 번뇌로구나 하면서 알아차리는 것을 뜻합니다.

그런데 『관경』의 '관'은 그런 것이 아닙니다. 위파사나라고 할 때의 '관'은 부정적인 것을 그 대상으로 합니다. 하지만, 여기 『관경』의 '관'은 긍정적인 것을 그 대상으로 합니다. 부정적인 것은 알아차려서 없애야 할 것이지만, 긍정적인 것은 떠올려서 그 생각을 하나의 형체로 만들어야 합니다. 이미지 메이킹이라 할 수 있겠습니다.

여기서 우리가 알 수 있는 것은, 위제희 부인이 결코 믿지 못해서 눈앞에 증거를 내놓으라는 뜻에서 서방 극락세계를 보자고 하는 것이 아니라는 점입니다. 그 반대입니다. 믿습니다. 믿기 때문에 다시금 보자는 것입니다. 그것이 지금 우리 현대인(과학교육을 받은 사람)들과 위제희 부인 사이의 거리인지도 모르겠습니다.

그렇게 해서 서방 극락세계를 관찰하는 것에 관하여, "부처님의 위신력威神力으로 인하여 장차 저 청정한 국토를 보게 된다."라고 합니다. 어떻게 볼까요? 서방정토 극락세계는 어떻게 보일까요? 이 물음에 대한 대답이, 저로서는 정토사상의 핵심이라고 봅니다.

"맑은 거울을 들고서 스스로 (그 거울에 비친) 얼굴 모습을 보는 것과 같이, 저 국토의 지극히 아름답고도 즐거운 일을 본다."

옛날 사람들은 그렇지 않았습니다만, 현대인들은 극락에 대해서 믿음을 갖기가 쉽지 않습니다. 저 역시 마찬가지였습니다. 만약 이러한 말씀이 없었더라면, 지금도 저는 아무런 정처定處도 없이 그저 앞만 보고 열심히 달리고 있었을 것입니다. 하지만, 얼마나 다행한 일인지요. 이러한 말씀 덕분으로, 지금은 정토의 말씀들에 기뻐하고 있습니다. 정히 복음으로 여기고 있는 것입니다. 이 장면에서, 극락은 거울 속에 비친 영상影像과 같은 것이라는 말씀이 제시되어 있습니다. 거울 속 영상은 있는 것입니까? 없는 것입니까? "있습니까?"라고 묻는다면 부처님께서는 없다고 하실지 모릅니다. "없습니까?"라고 물으면 부처님께서는 있는 것이라 답하실지도 모릅니다. 그것이 중도中道이기 때문입니다.

그런데 또 어쩌면 부처님께서는 이렇게 반문하실지 모릅니다. 지금 그렇게 질문하고 있는 그대, 극락의 존재 여부에 대해서 의심이 많은 그대는 있는 것인가? 없는 것인가? 이 질문에 대해서 우리는 무엇이라 대답해야 할까요? 있다고 말하면, 불교를 아는 것이 아닙니다. 없다고 말하려니, 쉽게 이해가 되지 않습니다. 지금 여기 존재하는데 어떻게 없다고 말할 수 있겠는가? 바로 그렇습니다. 그 자리가 부처님과 중생이 갈라지는 자리입니다. 있다고 우리가 생각하는 것을 부처님은 없다고 말씀하십니다. 있는 것이 사실은 없는 것임을 깨치신 분이 바로 부처님입니다.

혹시 '우리는 있다.'라고 생각하고 살기 때문에, '우리는 살아 있다.'라고 생각하면서 살기 때문에 저 서방정토 극락세계나 아미타불이나 다 받아들이기 어려운 것은 아닐까요? 있다고 생각했을 때, 있음을 받아들이기 어려웠던 저 정토세계가 사실은 우리가 존재하는 것이 아님을, 우리가 살아 있는 것이 아니라 이미 죽어 있는 것임을, 죽음 위에서 살고 있음을 알게 되는 순간, 아, 저 서방정토 극락세계야말로 있을 수 있는 것임을 깨달을 수 있지 않을까요?

사실, 고백하면 저는 이러한 사유를 통해서 정토신앙을 받아들이게 되었습니다. 그런데 제가 우치몽매하여 스스로 그러한 이치를 유추하지는 못했습니다. 누군가 저에게 가르쳐 주셨습니다. 야나기 무네요시 선생이 바로 그분이고, 『나무아미타불』이라는 책을 통해서였습니다. 그 책의 「사문沙門 법장法藏」에 그런 이야기가 힌트로서 주어져 있습니다. "세간은 헛되고 오직 부처님만이 참되다(世間虛假, 唯佛是眞)."라는 말씀이 나옵니다. '세간'은 우리가 사는 세계이고, '부처님'은 부처님 세계까지 포괄하는 말입니다. 세간과 부처님은 정반대입니다. 세간이 있으면 부처님 세계는 없고, 세간이 없으면 부처님 세계는 오히려 존재합니다. 지난 10여 년 세월 동안, 이 『나무아미타불』을 통해서 저는 정토법문을 배워 왔습니다. 그런 행운아가 또 어디 있겠습니까. 그 행운을 깊이 느끼기에, 저는 오늘도 이 책 『나무아미타불』을 권진하고 있습니다. 정토의 문에 들어와서 제일 먼저 읽어야 할 책은 바로 『나무아미타불』이라 생각하기 때문입니다.

부처님께서는 마치 맑은 거울로 자신의 얼굴을 비춰 보는 것처럼 저 극락세계를 보게 된다면, "마음이 환희에 가득 차기에 곧바로 다시는 태어나지 않는 이치(無生法忍)를 얻게 되리라."라고 말씀하셨습니다. '무생법인'은 곧 보살이 걸어갈 열 가지 단계(十地) 중에서 제8지입니다. 정토에 태어나는 것도 제8지의 경지를 말합니다. '태어나지 않는다'는 것은 태어남도 소멸도 없다는 것입니다. 생과 멸의 분별이나 대립이 없습니다. 그런 분별이나 대립이 있다는 생각, 즉 망상이 없는 경지에 안주하는 것을 '무생법인'이라고 합니다. 제8지를 '부동지不動地', 또는 '불퇴전지不退轉地'라고 합니다. 『아미타경』에서는 산스크리트 'avivartika'를 소리 나는 대로 적어서 '아비발치阿鞞跋致'라고 하였습니다. 제8지에 이르게 되면, 성불成佛까지는 시간문제이지 더 이상 후퇴는 없습니다.

부처님께서 위제희에게 말씀하셨다.

"너는 범부라서 생각하는 것이 하열下劣하고 아직 천안天眼을 얻지 못하여,

멀리 볼 수 없다. (그렇지만) 모든 부처님 여래는 특별한 방편이 있으므로, 네가 멀리 볼 수 있게 하겠노라."

그리하여 위제희는 서방 극락세계를 볼 수 있게 됩니다. 여기서 부처님께서는 정곡을 찔러 주십니다. "너는 범부이다(汝是凡夫)." 그렇습니다. 저는 범부입니다(我是凡夫).

여기에 역설이 있습니다. 바로 그렇기에 정토세계가 눈앞에 제시되는 행운을 얻었습니다. 타력他力이기에 그것이 가능합니다. 만약 자력自力의 길이라면, 범부는 희망이 아직 저 멀리 있을 것입니다. 멀어서 잘 보이지도 않는……. 그래서 우리는 다 스스로 범부의 자각을 통해서 극락으로 가야 합니다. 호넨 스님께서 "어리석은 자로 돌아가서 왕생한다."라고 말씀하신 것도 그런 이유에서일 것입니다. 나무아미타불.

10. 제1 일상관日想觀

그때 위제희가 부처님께 사뢰었다.

"세존이시여, 지금 저 같은 경우는 부처님의 힘(佛力) 덕분으로 저 국토를 봅니다만, 만약 부처님께서 열반하신 뒤 모든 중생은 (시대는) 탁하고 (사람들은) 악하고 선하지 않아서 다섯 가지 고통에 핍박받을 터인데, 어떻게 장차 아미타불과 극락세계를 볼 수 있겠습니까?"

고마운 일입니다. 위제희는 자신만 생각하지 않았습니다. 이것이 자비입니다. 우리와 같은 말세의 중생들, 시대는 혼탁하고 사람들은 선을 행하기보다는 나쁜 일을 하고서라도 자신의 삶만을 생각하는 그런 상황을 염려해 주고 있습니다. 정토의 가르침은 이렇게 시대는 탁하고, 사람들은 악한 시대에 최적화된 가르침으로 제시되어 왔습니다. 이러한 시대에는 다섯 가지 고통이 사람들을 핍박합니다. 다섯 가지 고통은 생生·노老·병病·사死의 네 가지 고통에, 사랑하면서도 헤어지는 고통(愛別離苦)을 더한 것입니다.

당나라 선도善導 대사의 해석에 따르면, 여기까지가 서분序分입니다. 이 뒤부터는 이 경전의 본론 부분인 정종분正宗分이라 판단하였습니다.

질문은 서분에 집어넣고, 그에 대한 대답은 정종분에 집어넣는 것은 다소 이상합니다. 어쩌면 그 물음에 대한 대답이 정종분 전체, 적어도 제13관까지의 정선定善에 다 해당한다고 생각해서인지도 모릅니다. 아무튼, 우선은 선도 대사의 과목科目 나누기를 따르고자 합니다. '과목'은 전체를 부분적으로 나누어 가면서, 그 부분들이 전체와 관련해서 갖는 의미를 생각하는, 경전 해석의 한 방식입니다.

위제희 부인의 질문에서 문제는 "아미타불과 극락세계를 어떻게 볼 수 있는가?" 하는 점입니다. 원문에는, '아미타불극락세계阿彌陀佛極樂世界'라고 되어 있습니다. 이는 두 가지 방식으로 해석할 수 있습니다. '아미타불의 극락세계'로 볼 수도 있고, '아미타불과 극락세계'로 볼 수도 있습니다. 전자와 같이 번역하시는 분도 없지는 않은 것 같습니다만, 저는 후자로 옮겼습니다. 그 이유는, 뒤의 대답에서 제시되는 관찰의 대상이 극락세계라는 국토 하나만이 아니라, 아미타불과 극락세계 둘이기 때문입니다. 아미타불은 정보正報이고, 극락세계는 그 정보가 의지하여 살아가는 환경인 의보依報입니다. 16관 중에서, 제1관부터 제13관까지는 의보와 정보가 둘 다 설해지고 있습니다.

자, 이제 이 위제희 부인이 제기한 물음에 대해서 부처님께서는 어떻게 설하시는지 살펴보기로 하겠습니다.

부처님께서 위제희에게 말씀하셨다.

"그대와 (내가 열반한 뒤에 살아갈) 중생들은 마땅히 마음을 오롯이 해서 하나의 대상(一處)에 생각을 매어서 서방西方을 생각하라. 어떻게 생각해야 할까? 대저, 생각한다는 것은 (다음과 같이 하는 것이다). 모든 중생들이 스스로 태어나면서부터 앞을 못 보는 장애인이 아니고 눈이 있다고 한다면, 모두 해가 지는 것을 볼 수 있을 것이다. (그때,) 마땅히 (극락세계의 모습을) 떠올리는 것이다."

선도 대사의 과목 나누기에 따르면, 이 말씀부터 정종분입니다. 『관경』의 본론이라는 것입니다. 그 정종분의 내용은 앞의 위제희 부인의 질문에 대한 대답으로 제시됩니다. 그 질문은 어떻게 해야 저 아미타불과 극락세계를 볼 수 있는지였지요? 그중에 먼저, 첫 번째로 서쪽으로 떨어지는 해를 보면서 극락세계를 떠올리는 관찰법(=관법)이 제시됩니다. 이른바 '일상관日想觀'입니다. '일상관'이라는 말은 구체적인 대상이 해(가 떨어지는 것)이기에 그렇게 이름한 것입니다.

하지만 여기서 정말 중요한 것은, 『관경』의 '관찰'이 곧 하나의 대상에 생각(=마음의 작용)을 붙들어 매는 것을 말한다는 것입니다. 이 관찰의 방법은, 앞서 제8·9장에서도 말씀드린 바와 같이 이미지를 떠올리는 것입니다. 극락은 지금 볼 수 없는 것 아닙니까. 바로 볼 수는 없습니다. 그런데, 그럼에도 불구하고 관찰을 해 보려는 것입니다. 어떤 방법이 있을 수 있을까요? 어떤 하나의 대상을 매개로 해서 생각해 볼 수 있을 것입니다. 이는 간접적인 방법이지만, 그 방법밖에는 없습니다.

"서쪽을 향해서 정좌正坐하고 해가 지는 것을 관찰하되, 마음을 굳건히 지니고 생각을 오롯이 해서 (다른 대상으로) 옮기지 말고, 해가 지려고 할 때 마치 (허공에) 걸린 북과 같음을 보아라. 그렇게 해를 보고서는 눈을 감았을 때나 눈을 떴을 때나 (그 해의 모습이) 분명해지는 것이 '일상(관)'이니, '첫 번째 관찰(初觀)'이라 이름한다. 이렇게 관찰하는 것은 '올바른 관찰(正觀)'이며, 만약 이와 다르게 관찰한다면 '삿된 관찰(邪觀)'이라고 한다."

서쪽으로 해가 떨어집니다. 극락은 해가 지는 서쪽에 있습니다. 그러므로 서쪽으로 해가 떨어지는 것을 정좌하고 바라보면서, 그 해가 허공에 걸린 북과 같은 모습임을 매개로 해서 서방에 있는 극락세계를 마음에 떠올리라는 것입니다. 이러한 관찰은 일종의 명상입니다. 마음을 굳게 지닌다거나, 생각을 오롯이 해서 (다른 대상으로) 옮기지 않는 것은 일종의 선정禪定 수행입니다. 그러므로 『관경』의 '관'은 아미타불과 극락세계에 대한 명상이라고 할 수 있습니다.

이러한 관찰, 명상의 수행법은 『관경』 이전부터 있었습니다. 대표적으로 『반주삼매경般舟三昧經』에서 제시되는 방법입니다. '반주삼매'는 부처님께서 내 눈앞에 나타나는 삼매라는 뜻입니다. "나무아미타불."이라는 구칭口稱의 염불, 즉 칭명稱名염불이 있기 전에 먼저 이러한 관상염불이 있었습니다. 그때는 그러한 관상을 '염불'이라 불렀습니다. 그러니까 『관경』의 등장 이유나 존재 이유의 하나에는 바로 이 두 가지 수행, 즉 관상(=관상염불)과 칭명(=구칭염불)을 둘 다 종합적으로 제시해 보려는 생각이 있었던 것으로 여겨집니다. 중국·한국·일본 등 동아시아불교사에서 '염불'이 '칭명염불'로 완전히 굳어진 뒤에는, '염불'이라 하면 곧 "나무아미타불."이라고 소리 내서 부르는 것을 가리키게 되고, '관상염불'은 그저 '관상'·'관념' 혹은 '관법'이라고만 하게 됩니다. 이러한 역사적 흐름도 이해해 둘 필요가 있으리라 봅니다. 나무아미타불.

11. 제2 수상관水想觀

부처님께서 아난과 위제희에게 말씀하셨다.

"첫 번째 관이 이루어졌으므로, 그다음은 수상(관)을 지어야 한다. (수상관은) 서방 (극락정토를) 생각해 보되, 모든 것이 큰 물이라고 생각하고, 그 물이 맑고 분명하여서 (그 물에 관한 생각 이외에) 다른 생각이 없는 것을 (말한다)."

이 말씀에는 이해하기 쉽지 않은 부분이 있습니다. '모든 것이 큰 물'이라고 생각하라는 부분입니다. 극락에서는 모든 것이 다 물인가? 이런 의혹이 일어날 수 있습니다. 그래서인지, 『신수대장경新修大藏經』에는 그 부분이 없는 유포본도 있다는 각주가 붙어 있습니다. 그러나 이 수상관의 내용을 생각해 보면, 물에 대한 관찰이 얼음에 대한 관찰로, 다시 유리로 덮인 땅에 대한 관찰로 나아가는 것을 볼 때 '모든 것'이 곧 '모든 땅'이라고 생각한다면, 그 부분이 있다고 해도 큰 문제는 아닌 것으로 생각됩니다.

지금 맥락은 극락에 있는 물을 매개로 해서 극락을 생각해 보려는 것입니다. 그런데 물을 관찰하는 것은, 물을 관찰하는 것만으로 그치지 않습니다. “이미 물을 보았다고 한다면, 얼음에 관한 생각을 일으켜야 한다.”라고 말씀하시기 때문입니다. 물은 얼면 얼음이 되기 때문에, 당연한 생각일지도 모릅니다. 그렇긴 하지만, 여기에는 물보다 얼음이 가진 이미지를 활용하려는 의도가 숨어 있습니다. 그것은 물보다 얼음이 더욱더 뚜렷이 비친다고 생각했던 것은 아닐까요? 원문에는 ‘영철映徹’이라 표현하였습니다. 물은 흐르고 있으므로 정지된 얼음보다는 비친다는 작용에서 볼 때 약점이 있다고 생각한 것 같습니다.

이러한 상상력은 자연스럽습니다. 하지만, 이제 비약이 시작됩니다. 물에서 얼음을 보고, “얼음이 뚜렷이 비침을 보고 나서는 (이제 얼음이) 유리와 같다고 생각해야 한다.”라는 것입니다. 유리는 얼음보다도 더욱 잘 비치겠지요. 얼음은 녹아 버리기도 해서, 아무래도 유리보다는 약점이 있습니다. 그래서 거울은 얼음이 아니라 유리로 만들어집니다. 물에서부터 얼음을 거쳐서 유리로 나아가는, “이러한 생각이 이루어진 뒤에는, 땅이 유리로 이루어져 있어서 안팎으로 두렷이 비치고 있음을 보아야 한다.”라고 하였습니다.

지금 극락세계의 물과 땅을 말하고 있습니다. 자연환경을 말하고 있는 것입니다.

> “(유리로 된 땅) 아래에는 다이아몬드(金剛)·칠보七寶·금으로 된 깃대(金幢)가 있어서 유리로 된 땅을 떠받치고 있으며, 그 깃대로 (인하여) 팔면과 팔각이 다 갖추어져 있다. (팔면의) 하나하나의 면마다 백 가지 보배가 갖추어져 있으며, 하나하나의 보배에는 천 개의 광명이 있고, 하나하나의 광명마다 팔만 사천 가지 색이 있어서 유리로 된 땅을 비추는 것이 마치 억천의 태양이 (비추고 있는 것과) 같아서 구체적으로 다 보이지도 않는다.”

극락의 모습이 장엄하게 묘사되어 있습니다. 환상의 세계입니다. 금과 칠보와 다이아몬드로 된 기둥 위에, 유리로 된 극락의 땅이 떠 있습니다. 지금 우리 사회에 '흙수저'니 '금수저'라는 말이 유행하고 있는 데서 볼 수 있는 것처럼, '금'과 '흙'은 대비되는 말입니다. 이 사바세계의 땅은 흙으로 된 것입니다. 그렇다면, 이상세계인 극락에 금이 등장하는 것은 자연스럽습니다. 『관경』의 비극은 자식이 부모를 해치는 것입니다만, 지금 우리 사회는 자식이 부모를 해치는 경우만이 아니라 부모도 자식을 해치는 경우가 종종 보도되고 있습니다. 예토를 싫어하고 정토를 희구해야 할 충분한 이유가 되지 않는지요?

> "유리로 된 땅 위에는 황금의 끈이 가로세로로 뒤섞여 있는데, 거기에는 칠보로 (장엄되어 있어서) 그 경계는 분명하게 알 수 있다. 하나하나의 보배 속에서는 오백 가지 색의 빛(이 나고 있으며), 그 빛들은 꽃과 같고, 또 별이나 달과 같이 허공에 매달려서 빛으로 된 봉우리(光明臺)를 이룬다. (봉우리의) 천만 개 누각은 백 가지 보배로 합성되어 있고, 봉우리의 양편으로는 각기 백억 개의 꽃으로 된 깃대(花幢)가 있는데 (거기에는) 한량없는 악기가 장엄되어 있다."

이 극락의 현실은 지금 우리에게는 가상으로 보입니다. 말하자면, 극락은 가상현실로 생각됩니다. 그런데 가상현실은 다만 가상일까요? 아니면, 가상현실도 현실일까요? 가상현실도 현실입니다. 여기서 다시 주의가 필요한 것은, 극락만이 가상현실이 아니라, 실제 우리가 그 점을 못 깨닫고 있지만, 그래서 우리는 모두 범부이지만, 우리의 사바세계도 가상현실입니다. 임시로 존재할 뿐 영원하지 않기 때문입니다. 부처님의 입장에서 본다면 그렇습니다. 사바세계 역시 가상현실이라 보는 데 불교의 극치가 있습니다. 우리가 믿든 못 믿든, 그것이 곧 불교임은 인정되어야 할 것입니다.

"여덟 가지 맑은 바람이 빛으로부터 불어와서 이러한 악기들을 쳐서 고苦, 공空, 무상無常, 무아無我의 말씀을 연설한다. 이것이 '수상(관)을 짓는 것'이니, '두 번째 관찰'이라 이름한다."

앞에서 가상현실이라 말씀드렸습니다만, 그 '가상'이라는 말을 가우타마 붓다Gautama Buddha는 고, 공, 무상, 무아라고 말씀하심으로써 특징짓습니다. 그것이 초기 불교의 핵심이라고, 법인法印이라고 배웠지 않습니까? 이 장면에서 우리는 대승경전의 특성을 명확히 볼 수 있게 됩니다. 초기 경전과 일음一音으로 통하고 있음을.

대승경전에서 설하는 내용(記意)은 가상, 즉 고·공·무상·무아입니다. 그런데 대승경전은 내용만이 아니라 형식(記標)까지도 가상임을, 즉 고·공·무상·무아임을 나타냅니다. 형식과 내용이 일치되는 것입니다. 극락이 가상현실 속에서 설해지는 것, 그 안에서 들리는 법문이 곧 고·공·무상·무아라는 것은 내용만 가상, 즉 고·공·무상·무아이고, 형식은 가상적이 아닌 것(초기 경전)보다 더욱더 철저한 것 아니겠습니까. 그런 점에서 정토경전은 대승 중의 꽃이고, 초기 경전을 보완하면서 더욱더 초기 경전을 완성하고 있는 것이라 말해도 좋을 것입니다.

대승불교의 이러한 특성을 이해하지 못하는 것은 불교의 절반, 아니 전부를 이해하지 못하는 일이 될 것입니다. 그것은 대단히 안타까운 일이 아닐 수 없습니다. 나무아미타불.

12. 제3 지상관地想觀

"이러한 관상觀想이 이루어졌을 때 하나하나 그것을 관찰하여 지극히 명료하게 하여, 눈을 감을 때나 눈을 뜰 때나 잃어버리지 않게 한다. 다만, 잠잘 때를 제외하고서는 항상 이 일을 기억한다. 이렇게 관찰하는 것은 '올바른 관찰'이고, 만약 이와 달리 관찰하는 것은 '삿된 관찰'이다."
부처님께서 아난과 위제희에게 말씀하시기를, "수상관이 이루어졌을 때는 거칠게나마 극락국토의 땅을 보았다고 할 수 있다. 만약 삼매를 얻는다면 저 나라의 땅을 보아서 분명하게 요달了達하리니, (그것을) 다 (말로) 설할 수는 없다. 이것이 '지상(관)'이니, '세 번째 관찰'이다."라고 하셨다.

이 제3 지상관에 관한 경문에는 몇 가지 다른 견해가 존재합니다. 우선, 〈"이렇게 관찰하는 것은 '올바른 관찰'이고, 만약 이와 달리 관찰하는 것은 '삿된 관찰'이다." 부처님께서 아난과 위제희에게 말씀하셨다. "수상관이 이루어졌을 때"(作此觀者, 名爲正觀, 若他觀者, 名爲邪觀. 佛告阿難, 及韋提希, 水想成已)〉라는 문장이 없는 사본 역시 존재한다는 것입니다.

지금 제가 저본으로 삼고 있는 『신수대장경』의 경우에는 다 있습니다만, 일본의 불교학자 나카무라 하지메(中村元, 1912~1999) 선생이 펴낸 『정토삼부경淨土三部經』(岩波書店)에서는 스물여덟 자의 한문은 없는 것이 옳다고 보고 있습니다. 그 대신에 "이와 같이 관상하는 것은(如此想者)"이라는 문장으로 대체되어 있습니다. "이와 같이 관상하는 것은 거칠게나마 극락국토의 땅을 보는 것이다."라고 되어 있는 것입니다.

한자 스물여덟 자를 네 자로 바꾼 것입니다. 원래 네 자였는데, 나중에 누군가가 스물여덟 자로 바꾸었다고 보기는 어려울 것입니다. 나카무라 선생이 처음으로 그렇게 한 것은 물론 아닙니다. 예전부터 그렇게 읽었던 사본이 있었기 때문입니다. 다만, 나카무라 선생 역시 그렇게 보는 것이 옳다고 본 것일 뿐입니다. 지금 우리가 생각해 보아야 할 것은, 왜 그렇게 보는 관점이 존재했느냐 하는 것일 터입니다.

그것은 지금 문제가 되는 이 부분의 말씀이 제3 지상관에 속하는 것인가, 아니면 제2 수상관에 속하는 것인가 하는 점에서 의견이 갈렸기 때문입니다. 『관경』에 주석을 단 해석자들 중에서도 정영사淨影寺 혜원慧遠(523~592) 스님은 제2 수상관에 속하는 부분이라 보고 있으며, 선도 대사는 제3 지상관에 해당하는 부분으로 보고 있습니다. 나카무라 선생과 같이, 문제가 되는 스물여덟 자를 삭제하고 그 대신 네 자를 새로 집어넣어서 보는 입장은 "이렇게 관찰하는 것은 (중략) '수상관이 이루어졌을 때'"라는 한자 스물여덟 자가 있어서는 그러한 혼돈이 생긴다고 보았기 때문입니다.

그러면 정말로 "이렇게 관찰하는 것은 (중략) '수상관이 이루어졌을 때'" 부분이 있다고 해서 정영사 혜원 스님처럼 제2 수상관에 속하는 것으로 보아야 할까요? 그렇지는 않습니다. 근래 타이완에서 『정토삼경淨土三經』(佛光山宗務委員會)을 펴낸 왕웨칭(王月淸) 선생은 "이러한 관상이 이루어졌을 때"를 분명하게 "두 번째 관찰이 완성된 후에"라고 하여서, 그 이후의 부분은 제3 지상관에 속하는 것으로 보고 있습니다.

이렇게 혼돈이 생기는 것은, 애당초 지상관의 성격 때문에 불가피하게 야기된 것인지도 모릅니다. 왜냐하면 앞의 수상관에서 이미 관찰의 대상이 되는 것이 처음에는 물이었지만, 얼음을 거쳐서, 마지막에는 '유리로 된 땅'으로 바뀌어 갔기 때문입니다. 결국, 극락의 물을 관찰하는 것과 땅을 관찰하는 것은 하나로 연결되어 있다고 볼 수 있습니다. "(두 번째 관찰인) 수상관이 이루어졌을 때는 (동시에) 거칠게나마 극락국토의 땅을 보았다고 할 수 있다."라고 한 것도 바로 그러한 이유에서입니다.

그러므로 "만약 삼매를 얻는다면 저 나라의 땅을 보아서 분명하게 요달"할 수 있다고 하신 말씀에서도, 그 '삼매'가 수상관의 삼매인지 지상관의 삼매인지가 문제 될 수 있습니다. 그러한 두 가지 가능성을 다 갖고 있다고 말씀드릴 수 있습니다. 결국, "이러한 관상이 이루어졌을 때"라는 말은 앞의 제2 수상관을 맺으면서 다시 뒤의 제3 지상관을 열어 주는 접속의 의미가 있는 것으로 생각됩니다. 나무아미타불.

13. 권진하라, 지상관

앞에서 두 번째 수상관과 세 번째 지상관 사이에 딱 부러지게 구분하는 선을 긋기가 어렵다는 말씀을 드렸습니다. 수상관이 이루어지고 나면, 벌써 그때는 이미 지상관 역시도 어느 정도는 이루어지는 것이라고 말씀하고 있기 때문입니다. 즉, "수상관이 이루어졌을 때는 거칠게나마 극락국토의 땅을 보았다고 할 수 있다."라고 했던 것이지요. 아주 미세하게 집중해서 관찰하지 않더라도, 대충 관찰하는 것만으로도 곧 삼매를 얻게 된다는 것입니다.

물론, 그보다 더 세밀하게 관찰하면 할수록 더욱더 쉽게 삼매를 얻을 수 있겠지요. 여기서, 우리는 '삼매'라는 단어에 주목해 보아야 합니다. 삼매는, 이미 우리가 다 알다시피, 선정 수행과 관련된 말입니다. 정토에 왕생하는 데는 염불하는 것이 무엇보다도 빠른 지름길일 터인데, 『무량수경』의 제18원에서는 그렇게 말하고 있는데, 여기 『관경』에서는 삼매를 말하고 있습니다. 아직 염불이 나오지 않습니다. 그 이유는 이미 말씀드렸습니다. 관찰, 즉 관상염불의 전통이 있었기 때문입니다. '관'이라는 말이나, '삼매'라는 말이나 다 선정과 관련됩니다.

극락국토의 땅을 관찰하는 것으로 삼매를 얻을 수 있습니다. 이때, 관찰은 삼매를 얻기 위한 원인입니다. 그러나 그 역도 성립합니다. 앞에서 "만약 삼매를 얻는다면 저 나라의 땅을 보아서 분명하게 요달了達하리라." 라고 하였기 때문입니다. 이때는 삼매를 얻는 것이 관찰의 원인이 됩니다. 관찰이 지혜라면, 삼매는 선정입니다. 지혜가 선정의 원인이 되고, 선정 역시 지혜의 원인이 됩니다. 그러한 이치를 하나하나 다 설명하기에는 지면이 모자랍니다. 그래서 "다 갖추어서 말할 수 없다."라고 한 것인지도 모릅니다.

이렇게 수상관에서 지상관으로 이어지는 맥락을 말씀하시고 나서, 부처님께서는 지상관을 널리 널리 권진하라는 부촉咐囑을 하십니다.

부처님께서는 아난에게 말씀하셨다.

"그대는 내 말을 잘 지녀서 괴로움에서 벗어나려는 미래의 모든 사람들을 위하여 이렇게 (극락의) 땅을 관찰하는 법을 설할지어다."

이것이 '권진선언勸進宣言'입니다. 설법은, 권진은 이렇게 하는 것임을 우리도 배워야 할 것 같습니다.

제 주변의 지인들 중에도, "김호성 선생이 말하는 '권진하라'는 것은, 기독교에서 하는 이야기 아닌가요? 그런 것은 아무래도 기독교지, 불교는 아닌 것 같습니다. 저는 불교에서 그런 이야기를 들어 본 적이 없습니다."라고 말씀(항의)하시는 분들이 없지 않습니다. 제가 워낙 '권진, 권진' 하면서, 권진을 강조하기 때문입니다.

이렇게 항의하는 분이, 우리 불교 안에서 오래도록 신앙생활을 해 오신 분이라면 크게 잘못된 것입니다. 그동안 우리의 지도자들이 어떻게 설법해 왔는지 반성해야 합니다. 그분에게, 바로 제가 증거로서 제시한 것이 바로 지금 이 구절입니다. 이 구절을 가리키면서 펼쳐서 읽어 드렸습니다. 부처님께서 아난에게 하신 말씀이라고, 혹시 그 부촉(당부·부탁)의 말씀은 나와 무관한 것이라 말씀하실 수 있겠습니까? 만약 그렇게 경전의 말씀을 읽고 받아들인다면, 그분은 부처님 제자라 할 수 없겠습니다. 여전히 3인칭 관찰자 시점視點을 유지하고 있으니까 말입니다. 앞에서, '위제희' 이름 대신에 우리 자신의 이름을 쓰고, 위제희의 입장이 되어서 부처님의 말씀을 들어야 한다고 말씀드린 바 있습니다. 지금 이 장면 역시 마찬가지입니다 '아난'이 되어서, '아난' 대신에 우리의 이름을 써넣고서, 부처님의 말씀을 들어야 할 것입니다.

만약 지금 우리 불교에서 설법하시는 모든 스님, 모든 법사님 들이 설법을 마치기 전에 바로 이 말씀을 청중들에게 한다면, 부처님께서 아난에게 하시는 것처럼 하신다면, 그래서 청법자가 설법자로 180도 바뀐다면, 우리 불교는 달라질 것입니다. 권진의 불교로 탈바꿈하게 될 것입니다.

아난은 지금 부처님을 향해서 서 있습니다. 부처님은 설법자이고, 아난은 청법자입니다. 그런데 부처님께서 원하시는 것은, 아난이 다만 청법자로 머무는 것이 아닙니다. 당신에게는 청법자이지만, 뒤로 돌아서기를 바랍니다. 180도 뒤로 돌아서서 미래의 모든 중생들을 향해서는 당신의 가르침을 전해 줄 설법자가 되기를 바라고 있습니다. 아난이 그렇게 할 수 있을 때, 비로소 아난은 권진이 될 수 있는 것입니다.

부처님 이후에는 다만 설법자이기만 한 사람도 없고, 다만 청법자이기만 한 사람도 없어야 합니다. 오직 청법자이자 동시에 설법자인 사람들만 있습니다. 이것이 정토불교입니다. 정토불교에서 유독 원효 스님이나 쿠야(空也) 스님, 또 잇펜(一遍) 스님과 같이 민중들 속으로 들어가서 노래하고 춤추면서 염불을 넓힌 사람들이 많이 나오는 것은, 바로 정토불교는 '괴로움에서 벗어나려는 미래의 모든 사람들을 위하는' 불교, 즉 권진불교이기 때문입니다. 한마디로 정토종은 권진종이고, 정토교는 권진교입니다.

'권진'이라는 말이나 이러한 '권진선언'이 『관경』에 등장하는 것도 범상한 일은 아닙니다.

"만약 (극락의) 땅을 관찰하는 자는 팔십억 겁 동안 생사를 거듭하는 죄를 제거하게 될 것이며, 몸을 버리고서는 다음 세상에서는 반드시 청정한 국토(淨國)에 태어날 것이니, 마음에 의심이 없어야 한다."

이 말씀은 권진해야 할 내용입니다. 물론, 굳이 지상관만의 일은 아니겠지요. 16관 전체 중 어떤 관이라도 수행하라고 전한다면 문제는 없을 것입니다.

생사를 거듭하는 것은 곧 윤회輪廻입니다. 극락의 땅을 관찰하는 힘으로 팔십억 겁이라는 한없는 세월 동안 우리를 윤회하게 할 원인이 되는 죄를 제거하게 된다는 말씀입니다. 관찰 수행은 빛입니다. 팔십억 겁의 생사를 거듭할 죄는 어둠입니다. 팔십억 겁의 오랜 어둠이라도, 그것이 밝아지는 데 걸리는 시간은 순간입니다. 그렇지 않습니까? 윤회하지 않으면, 왕생정토를 기약할 수 있습니다. 정토에 왕생할 수 있으면, 그러한 윤회는 거듭하지 않습니다.

지금 많은 불교도들은 궁금해합니다. 윤회에 대해서 궁금해합니다. 믿지 못하는 사람도 있고, 믿는 사람도 있습니다. 하지만 우리 정토불교에서는 윤회를 하느냐 하지 않느냐, 윤회를 믿느냐 믿지 않느냐, 윤회를 한다면 그 주체는 누구냐 하는 문제들은 문제가 되지 않습니다. 인도 사람들이 잘 쓰는 말로, "노 프라블럼No Problem."입니다. 그런 논의로 세월을 보낼 수 없다고 말합니다. 진정한 문제가 아니라고 봅니다. 왜일까요? 우리는 왕생할 것이기 때문입니다. 왕생의 길이 분명한데, 왜 윤회를 문제 삼아야 할까요? 윤회를 문제 삼지 말고, 관찰하라, 염불하라. 이렇게 정토불교에서는 말씀하십니다.

그러므로 "이와 같이 (극락의 국토를) 관찰하는 것은 '올바른 관찰'이라 말하고, 만약 이와 달리 관찰한다면 '삿된 관찰'이라 말한다."라고 말씀해 주시는 것입니다. 나무아미타불.

14. 제4 보수관寶樹觀

지금까지 우리는 해, 물, 땅을 매개로 해서 극락세계를 상상해 왔습니다. 그러한 상상을 곧 '관찰'이라 하였습니다. 이제 네 번째 매개는 나무입니다. 그 나무들이 다 보배 나무로 이루어져 있으므로 '보수관'이라 말하는 것입니다.

부처님께서 아난과 위제희에게 말씀하셨다.
"지상관이 이루어지고 난 뒤에는 그다음으로 보배 나무를 관찰하여야 한다. 보배 나무를 관찰한다는 것은, 그것을 하나하나 관찰하되 일곱 가지 보배로 이루어진 나무라고 생각하는 것이다."

보통의 나무가 아닙니다. 여기서 말하는 '일곱 가지 보배'에 대해서, 선도 대사의 『관경소觀經疏』에서는 "황금은 뿌리, 자금紫金은 줄기, 백은은 가지, 마노는 곁가지, 산호는 잎, 백옥은 꽃, 진주는 열매가 된다."라고 주석하였습니다.

그렇게 일곱 가지 보배로 이루어진 나무들은 "하나하나의 나무 높이가 팔천 유순由旬(yojana)이며, 그러한 모든 보배 나무는 일곱 가지 보배로 된

꽃과 잎을 갖추지 않은 것이 없다."라고 하였습니다. 유순은 옛날 인도의 거리 단위입니다만, 약 7마일(11.3킬로) 정도 된다고 합니다. 나무 하나의 높이로서는 어마어마합니다.

또 그 "하나하나의 꽃과 잎은 기이한 보배에서 나오는 색깔(의 빛)을 낸다. 유리의 색에서는 금색의 빛이 나고, 파리頗梨의 색에서는 홍색의 빛이 나며, 마노의 색에서는 자거磁磲의 빛이 나고, 자거의 색 중에서는 녹색의 진줏빛이 나며, 산호·호박 등 모든 갖가지 보배로써 장식되어 있다."라고 설명하고 있습니다. 나무 자체가 온통 다 보배로 이루어져 있는 데에서 그치는 것이 아니라, 그 보배들에서 기이한 빛까지 나오는 장면입니다. 이는 공연 같은 것을 할 때 보면, 갖가지 조명을 비추는 것과 유사한지도 모르겠습니다. 그러한 빛을 보배 나무가 발하고 있습니다.

그뿐만이 아닙니다.

"기묘한 진주 그물이 나무 위를 덮고 있으며, 하나하나의 나무 위에는 또한 일곱 겹의 그물이 덮고 있다. 하나하나의 그물 사이에는 오백억 개나 되는 아름다운 궁전이 있는 것이 마치, 범왕梵王(브라만 신)의 궁전과 같다."

범왕은 '범천왕梵天王'이라고도 합니다만, 색계色界의 첫 번째 하늘을 주재합니다. 나무 위에 덮여 있는 그물과 그물 사이의 간격이 그만큼 넓다는 이야기겠지요.

그 궁전에는 "모든 하늘세계의 동자들이 본래부터 그 안에 있고, 하나하나의 동자들은 다 오백억 개나 되는 석가비릉가마니보배를 영락瓔珞으로 삼고 있다."라고 합니다. 여기 나오는 '석가비릉가마니보배(śakrābhilagna-maṇi-ratna)'라는 말은 산스크리트를 소리로만 베낀 것입니다만, 그 뜻을 취하여 옮기자면 '능히 모든 것을 만들어 내는 여의주如意珠'라고 할 수 있습니다. 영락으로 삼고 있다는 것은 그 보배를 온몸에 걸치고 있다는 것입니다.

그러한 보배에서는 또 빛이 나오겠지요.

"그 보배에서 나오는 빛이 백 유순을 비추고 있는데 마치 백억 개나 되는 해와 달이 서로 화합하는 것과 같으니, 가히 (그 아름다움은) 다 말할 수도 없고, 모든 보배들(에서 나오는 빛들)이 서로 어우러져서 최고의 빛을 (만들어 낸다)."

현실 속에서는 경험할 수 없는 가상세계입니다. 컴퓨터 그래픽으로나 구현할 수 있을지 모릅니다. 그런 가상현실을 관찰의 대상으로 삼으라는 것입니다. '가상현실'이라는 말은 '가상'과 '현실'이 합쳐져서 생긴 말입니다. 가상과 현실의 관계는 어떻게 말할 수 있을까요? 가상은 단순히 가상에서 끝나지 않고 곧 현실입니다. 『반야심경』에서 말하는 "공이 곧 색이다(空卽是色)."라는 것과 뜻하는 바가 같습니다. 물론 그런 인식에 도달하기 위해서는 먼저, 현실이 가상이라는 단계를 거쳐야 합니다. "색이 곧 공이다(色卽是空)."라는 단계가 먼저 오는 것도 바로 그런 이유입니다.

우리가 진정으로 우리 사는 이 현실이 곧 가상임을 인식할 수 있다면, 지금 보배 나무들이 이루는 가상 역시 현실일 수 있음을 알게 될 것입니다. 그래서 저는 말합니다. 『관경』과 같은 정토부경전은 『반야심경』과 같은 반야부경전이 존재하기 때문에 자연적으로 이루어지게 된 것이라고 말입니다. 나무아미타불.

15. 극락과 현대인의 궁합 문제

일전에 독자 한 분에게서 질문을 받았습니다. "『관경』에서 제시되는 극락세계의 모습이 너무나 비현실적이고 환상적인데, 현대인들이 받아들이겠는가?", 또 "바로 그렇기에 정토신앙을 아무리 열심히 주장한들, 현대라는 시대에는 부적절한 것이 아닌가?" 이런 질문이었습니다. 지금 이 글을 읽으시는 여러분께서 이 질문을 받으신다면, 어떻게 답하실는지요? 어쩌면 여러분들 중에서도 이렇게 질문하신 분의 문제의식에 공감하는 분이 적지는 않을 것으로 생각됩니다.

먼저 극락세계가 어떤 모습인지, 그 네 번째 보수관寶樹觀을 통해서 그 일부나마 살펴보기로 하지요. 앞에서 서술한 바에 이어지는 부분입니다.

"(극락에 있는) 그러한 보배 나무들은 나란히 줄지어 있으며, 잎과 잎이 서로 이어져 있고, 모든 잎과 잎 사이에 아름다운 꽃이 피어 있으며, 꽃에는 저절로 과실이 열려 있는데 일곱 가지 보배로 된 것이었다. 하나하나의 나뭇잎은 세로 가로 똑같이 25유순이나 되고, 그 잎에는 천 가지 색깔이 있으니 마치 백 가지의 그림과 같으며 하늘의 영락과도 같다. 모든 아름다운 꽃은 염부단금閻浮檀金(염부나무 아래를 흐르는 물에서 나는 사금)의 색을 띠고, 불 바퀴(旋火輪, 깡통에 불을 담고 손으로 돌릴 때 생기는 바퀴 모양)와 같아서 잎 사이를 돌고 있으며, 모든 과실을 맺고, 제석천이 가진 병(帝釋甁)과 같이 큰 광명을 갖고 있는데, 그것이 변화하여 한량없이 많은 당번幢幡(깃발)과 보배 덮개(寶蓋)를 이룬다. 이 보배 덮개 속에 삼천대천세계三千大千世界의 모든 불사佛事가 비치는데, 그중에 시방세계의 부처님 국토들도 다 나타난다."

번역하기도 어렵습니다. 그런 모습을 한 번도 본 일이 없기 때문이고, 상상조차 잘 되지 않아서입니다. 그러니까 제게 질문을 주신 독자의 질문은 "이런 세계가 진짜 있느냐?"라는 것입니다. 진짜 있을 수는 없다는 것이고, 그렇기에 비현실적이다, 비현실적인 것은 현대인들에게는 받아들여지기 어려울 것이다, 그렇다면, 우리가 아무리 열심히 정토신앙을 설명해 보아야 현대인들은 정토신앙을 쉽게 받아들일 수 없을 것이다, 결국 정토신앙은 현대에는 부적절한 신앙이다, 뭐, 이런 이야기가 되겠습니다. 만약 그렇다고 한다면, 팔만대장경에서 정토를 말하는 경전은 다 의미 없는 옛이야기에 지나지 않게 될 것입니다.

이렇게 한번 해 보시지요. 합리적이지 않아서, 비현실적이어서 받아들일 수 없다고 생각되는 부분을 지우개로 하나하나 지워 보는 겁니다. 만약 그렇게 했을 때 『관경』에서 남는 부분은 하나도 없을까요? 아니면 그렇지는 않고, 남는 부분도 있을까요? 그래도 남는 것이 조금이라도 있다면, 그 부분을 붙들고 정토를 신앙해 갈 수 있는 것은 아닐까요? 앞의 수상관水想觀 부분에서 이미 한 번 나왔습니다만, '고苦·공空·무상無常·무아無我'는 지우지 못하겠지요?

그런데, 성능 좋은 지우개를 들고서 쓱쓱 지워 나가는 분에게 제가 다음과 같이 질문을 드린다면 어떻게 대답하실까요? 현실 속에서 존재하지 않는다고 해서 지우개로 지워 가고 있는데, 그럼 지우개 들고 지워 가는 분은 현재 존재하는 것인지요? 밖에 있는 것은 존재하지 않는다고 지우는데, 그렇게 지우는 자기는 지우지 않아도 되는가 하는 질문입니다. 만약 자기는 지우지 않아도 된다면, 이미 아유법공我有法空에 떨어져 있는 것입니다. 그것은 불교는 아닐 것입니다. 불교이냐 아니냐의 문제는 법(밖에 있는 대상)의 존재 여하가 아니라, 자신의 존재 여하에 달린 것이기 때문입니다.

정토신앙을 '타력문他力門'이라고도 말합니다. 타력문에서는 자력自力이 조금이라도 남으면 안 된다고 경계합니다. 자력에 무슨 문제가 있다는 뜻일까요? 자력의 '자自'를 '에고ego'로 보기 때문입니다. 그러므로 타력은 자력이 제로zero가 되는 지점이고, 에고가 제로가 되는 지점입니다. 에고가 제로가 되는 것, 그것은 무아잖아요? 그것이 불교 중의 불교 아닌지요?

『관경』의 말씀들이, 이러한 저의 설명으로 새롭게 받아들여진다면 좋겠습니다.

"이러한 나무를 보고서는 또한 마땅히 차례로 하나하나 관찰하되, 나무의 줄기·가지·잎·꽃·열매를 관찰한다면 모두 분명해질 것이다. 이를 '나무에 대한 관상觀想(樹想)'이라 말하며, '네 번째 관찰'이라 말한다. 이렇게 관찰하는 것은 '올바른 관찰'이고, 만약 이와 다르게 관찰한다면 그것은 '삿된 관찰'이다."

나무아미타불.

16. 제5 팔공덕수관八功德水觀

다섯 번째 관찰의 대상은 물입니다. 물을 관찰의 대상으로 삼은 것은 앞의 제2 수상관이 이미 있지만, 여기서는 연못의 물을 대상으로 합니다.

> 부처님께서 아난과 위제희에게 말씀하셨다.
> “(보배) 나무에 대한 관찰이 이루어진 뒤에는 다음으로 (연못의) 물을 생각해야 한다. (연못의) 물을 떠올려서 생각한다는 것은 (다음과 같다). 극락국의 땅에는 여덟 군데에 연못의 물이 있는데, 하나하나의 연못 물은 칠보로 이루어져 있다. 그 칠보는 부드러운데, 최고의 여의주에서 생긴 것이다.”

일본은 정원의 아름다움으로 유명합니다. 그 정원의 양식 중에 ‘정토정원’이라는 것이 있습니다. 대표적인 사찰로 교토(京都) 남부 우지(宇治)에 있는 뵤도인(平等院)을 들 수 있습니다. 10엔 동전에 새겨져 있을 정도입니다. ‘봉황당’이라는 이름의 법당은 봉황의 양 날개를 좌우 회랑回廊으로 구현해 냈습니다. 물론, 법당 안에는 아미타불이 모셔져 있습니다. 벽 위로는 비천 등이 구름을 타고 음악공양으로 극락을 찬탄하는 모습이 조각되어 있었습니다.(지금은 모두 박물관에 있습니다.) 그 법당 앞에 연못을 팠습니다. 그런 정원의 양식을 정토정원이라 한 것입니다. 그렇게 이 땅에 극락을 구현해 놓고, 극락의 이미지를 떠올리면서 극락왕생을 기원했습니다. 호넨(法然) 스님의 구칭口稱염불이 등장하기 전에는 그렇게 관상염불을 했습니다.

그렇게, 극락에는 연못이 꼭 있어야 했습니다.

"연못은 열네 개의 지류(로 물을 흘려보내는데), 하나하나의 지류의 (물은) 모두 칠보의 색을 띠고 있다. 도랑은 황금으로 이루어져 있고, 도랑 밑바닥은 모두 여러 가지 색이 뒤섞인 듯한(雜色) 다이아몬드로 된 모래로 이루어져 있다. 하나하나의 (연못) 물에는 모두 칠보로 된 연꽃이 육십억 송이나 피어 있는데, 그 하나하나의 연꽃은 둥그스름하고 그 지름은 꼭 12유순이나 된다."

연못에는 연꽃이 핍니다. 우리나라에도 절에는 연못이 많이 있습니다. 연꽃을 키우기 위해서입니다. 연못을 판 것은 그 절이 곧 극락임을 상징하기 위해서이고, 내세에는 연꽃이 피어나는 연못이 있는 극락으로 왕생하려는 마음을 표현하기 위해서입니다. 연꽃이 피는 여름이면, 연못이 있는 절에서는 연꽃축제를 하면서 사람들에게 환희심歡喜心을 심어 줍니다. 아름다운 일입니다.

극락에 있는 연못의 물은 칠보로 이루어져 있는데, 따라서 그 연못의 물은 보배 물이 아닐 수 없습니다.

"그 보배 물이 꽃 사이로 흘러가면서 나무의 아래위를 적시는데, 그 물소리가 미묘하여 고苦·공空·무상無常·무아無我 그리고 모든 바라밀波羅蜜을 연설한다. 또한, 모든 부처님의 상호相好(얼굴)를 찬탄하기도 한다."

앞의 제2 수상관에서는 백억 개나 되는 화당花幢(꽃으로 된 깃대)에 달려 있는 한량없이 많은 악기가 "고, 공, 무상, 무아의 말씀을 연설한다."라고 하였습니다.

『관경』에서는 악기나 물소리가 모두 부처님의 법을 연설하고 있습니다. 법문의 내용으로는 '바라밀'이 하나 더 추가되어 있습니다. 바라밀은 여섯 가지 바라밀을 가리키는데, 초기 대승경전인 반야부에서부터 역설되는 내용입니다. 그러므로 정토부경전과 반야부경전의 깊은 연관성을 내보이고 있는 것으로 볼 수 있습니다.

"(연못의 물을 이루는 칠보를 낳는) 최고의 여의주에서 금색의 아름다운 광명이 용솟음쳐 나오는데, 그 광명은 백 가지 보배로 이루어져 있는 새로 변하여 부드럽고도 단아한 목소리로 항상 염불念佛·염법念法·염승念僧(하라는 가르침)을 찬탄한다. 이러한 (연못의 물을 관찰하는 것이) '팔공덕수상八功德水想'이니, '다섯 번째 관찰'이다."

광명이 새가 되어 부처님의 법문을 연설해 주십니다. 이렇게 늘 부처님 말씀을 들을 수 있는 곳이 극락이니, 어찌 극락을 그리워하지 않을 수 있겠습니까. 부처님 말씀을 듣기 좋아하는 분이라면 말입니다.

이것이 다섯 번째 관찰입니다. '팔공덕수관'으로도 불립니다.

"이렇게 관찰하는 것은 '올바른 관찰'이라 말하며, 만약 이와 다르게 관찰하는 것은 '삿된 관찰'이라 말한다."

나무아미타불.

17. 제6 보루관寶樓觀

부처님께서 아난과 위제희에게 말씀하셨다.

"많은 보배로 장엄된 국토에는 하나하나의 경계마다 오백억 개의 보배 누각이 있다."

극락은 보배들의 나라였습니다. 칠보七寶, 다이아몬드 등 참으로 많은 보배들이 국토를 장식하고 있었습니다. 거기에 또 보배로 장식된 누각 역시 있습니다.

'하나하나의 경계'라고 하는 것은, 앞서 본 다섯 가지 관찰 대상 중에서 '보배 보寶' 자로 형용되는 땅·물 그리고 (연못에서 흘러나가는) 하나하나의 (지류의) 물 등을 가리킵니다. 그러한 보배 땅, 보배 물 그리고 보배 연못마다 오백억 개나 되는 많은 누각이 있다는 것입니다. 물론, 그 누각은 당연히 칠보나 다이아몬드·황금 등의 보배로 장식되어 있습니다.

"그 누각 중에는 한량없이 많은 천신天神들이 있어서 천상세계의 기악伎樂을 연주하고 있다. 또한 허공에는 악기들이 걸려 있는데, 마치 하늘의 보당寶幢과 같아서 (누가) 치지 않더라도 저절로 (음악소리를) 낸다."

극락은 보배의 나라일 뿐만 아니라, 음악의 나라이기도 합니다. 음악은 지금 우리도 수도 없이 접하고 있지요. 음악을 싫어할 사람이 있을까요? 그런데 이렇게 우리가 접하는 음악은 대개 즐거움의 음악입니다. 좋아하기 위한 음악이지요.

그런데 그렇게 좋아하는 대상인 음악, 감정과 감성의 흐름으로서의 음악, 이러한 음악에 대해서 부처님께서는 삼가라 하셨습니다. 사미나 사미니 스님들이 받는 계율(사미계, 사미니계, 10계)에는 '노래하고 춤추는 곳에 가서 듣거나 보는 것을 하지 말라'는 조항마저 있었습니다. 그것이 초기불교 당시의 분위기였습니다.

그렇지만 대승불교가 되면, 아니 대승불교를 가져온 중요한 하나의 특징은 바로 이렇게 음악을 인정하고 허용하고 수용하는 데 있다고도 말해집니다. 물론 이럴 때라도 즐김의 대상이 아니라 공양으로서의 음악이라는 점에서, 세속의 음악과는 차이가 없지 않습니다. 지금 극락에서 울리는 음악은 모두 공양입니다. 음악공양입니다.

다른 어떤 불교보다도 정토불교는 찬탄의 대상을 분명히 갖고 있습니다. 아미타불과 극락국토입니다. 그러므로 정토불교에 찬탄의 문학이나 찬탄의 음악이 많다는 것은 자연스러운 일입니다. 이를 '정토문화'라 해도 좋을 것입니다. 이 시대에 다시 정토신앙을 중흥하기 위해서는, 우리 시대가 만들어 내는 정토문화의 창조가 새롭게 이어져야 합니다.

'하늘의 보당'은 도솔천에 있는 보당신寶幢神의 악기를 말합니다. 그 악기가 저절로 울립니다. 누가 연주하지 않아도 울립니다. 이것이 타력他力입니다. 누가 연주하여서 울리는 음악은 자력自力의 음악입니다. 천신들이 연주하는 음악은 자력의 음악이고, 저절로 울리는 음악은 타력의 음악입니다.

> "이러한 많은 소리들은 다 염불念佛, 염법念法 그리고 염비구念比丘('염승念僧'과 같은 뜻) 하라고 설하고 있다."

여기서 '비구승'이라 하였지만, 좀 더 폭넓게 승보僧寶 전체를 의미하는 것입니다. 앞서 제16장에서는 그냥 '염승念僧'이라 하였기 때문입니다.

> "이러한 관상觀想이 이루어지고 나면, 극락세계의 보배 나무·보배 땅·보배 연못 들을 대략 볼 수 있게 된다. 이는 '총체적으로 (극락의 의보依報를) 관상하는 것'이니, '여섯 번째 관찰'이다."

이 구절에 근거하여, 앞에 나온 '하나하나의 경계'가 보배 땅·보배 물·보배 (연못에서 흘러나가는) 하나하나의 (지류의) 물 등을 다 가리키는 것이라 보았습니다. 누각은 그 위에 세워져 있기에, 누각을 보는 것이 곧 극락의 모습을 총체적으로 보는 것이 될 수밖에 없습니다. 그래서 여섯 번째 관찰을 '총관상總觀想'이라고도 하는 것입니다.

> "만약 이러한 (누각을) 보게 되면 무량한 억겁億劫 동안에 지어 온 극히 무거운 악업들도 다 사라지게 될 것이며, (이 세상에서의) 목숨이 끊어진 뒤에는 반드시 저 (극락)국토에 가서 (다시) 태어날 것이다."

관상으로 왕생극락할 수 있다, 그러기 위해 관상이라는 행법行法이 참회의 행법이 된다는 말씀입니다. 그래서 부처님께서는 "이렇게 관찰하는 것은 '올바른 관찰'이고, 만약 이와 다르게 관찰하는 것은 '삿된 관찰'이다."라고 하셨습니다. 나무아미타불.

18. 제7 화좌관華座觀

부처님께서 아난과 위제희에게 말씀하셨다.

"잘 듣고 잘 들은 뒤, 잘 생각해 보라."

불교 수행은 듣는 것에서 시작하지만, 들은 뒤에는 제힘으로 사유해 보아야 합니다. 여기까지가 문사聞思입니다.

"그대들을 위하여 고뇌에서 벗어나는 법을 분별하고 해설할 것이니, 그대들은 잘 기억하고 있다가 널리 대중들을 위하여 (그 법을) 분별하고 해설하여라."

권진勸進하라는 말씀입니다.

잘 듣고, 잘 생각하여 정리해서, 널리 대중들을 위하여 (부처님을 대신하여) 해설해 주라는 것입니다. 보통, '문→사→수修'라 말합니다. 문·사·수에서 '수'는 명상의 의미입니다. 정토불교는 명상의 불교가 아니므로, '수' 대신에 '염念'이나 '신信'을 넣을 수 있습니다. 즉, '문·사·염(문→사→염)' 혹은 '문·사·신(문→사→신)'입니다. 그에 더하여, '문·사·권

(문→사→권)'이라고도 할 수 있습니다. 듣고 사유하고 권진하는 구조를 우리는 바로 여기서 만날 수 있습니다.

(석가모니부처님께서) 이렇게 말씀하시자, 무량수불께서 허공중에 (나타나셔서) 머무셨는데, 관세음과 대세지 두 분의 보살님이 좌우에서 (무량수불을) 모시고 있었다.

아미타불阿彌陀佛을 '무량수불無量壽佛'이라고도 하고, '무량광불無量光佛'이라고도 합니다. 한량없는 생명의 부처님이자, 한량없는 광명의 부처님입니다.

저 멀리 서방정토 극락세계에 계시는 부처님께서 이 사바세계에 나타나신 것입니다. 간절히 극락을 그리워한 위제희 부인의 면전에 나타났습니다. 좌우에는 관세음보살과 대세지보살을 거느리시고 말입니다. 아미타불, 관음, 세지 이렇게 세 분을 '극락삼존極樂三尊' 혹은 '미타삼존彌陀三尊'이라 합니다. 정토미술에서 많이 등장하는 극락삼존의 불화나 불상 역시 그 전거는 『관경』의 바로 이 장면입니다. 이는 불교미술을 전공하는 학자들도 다 인정하는 바입니다. "『관경』이 정토미술의 고향이다."라고 말입니다.

불보살님께서 중생의 눈앞에 나타나는 것은 이 『관경』이 처음은 아닙니다. 정토신앙을 설하는 경전이 많습니다만, 그중에 『반주삼매경般舟三昧經』이 있습니다. '반주삼매'는 산스크리트를 소리로 옮긴 것이지만, 뜻으로 번역하면 '부처님께서 내 눈앞에 나타나는 삼매'라는 의미가 있습니다. 아미타불이 중생들 앞에 딱 나타나는 것입니다. 그런 현상은 오롯이 아미타불을 관상觀想하는 공덕으로 이루어집니다. 관상염불이라는 것이 바로 그것입니다.

『관경』에서는 위제희 부인이 간절히 극락세계와 아미타불을 그리워하기는 하지만, 아직 본격적으로 관찰한 것은 아닙니다. 지금까지 여섯 가지 관상법을 배웠지만, 그 안에는 직접 아미타불을 관상하는 것은 없었기 때문입니다. 그럼에도 불구하고, 무량수불, 즉 아미타불은 위제희 부인의 면전에 나타나셨습니다.

그러고서는 어떤 특별한 말씀도 없이, "(무량수불께서) 빛을 (발하시는데), 너무나 장엄하여서 다 쳐다볼 수도 없었고 백천百千의 염부단금閻浮檀金(염부나무 아래를 흐르는 물에서 나는 사금)의 색들은 감히 비할 수도 없었다."라고 합니다. 이런 까닭에 아미타불은 '무량광불'로도 불리는 것이겠지요. 이 빛을 단 한 번만이라도 받을 수 있다면, 우리 마음속 어둠은 모두 다 사라질 수 있을 것입니다.

> 그때 위제희는 무량수불을 뵙고 나서 (부처님) 발에 손을 대는 예를 하고 나서는, (석가모니)부처님께 아뢰었다.
> "세존이시여, 저는 지금 부처님의 힘 덕분으로 무량수불 및 두 분 보살님을 뵈올 수 있었습니다만, 미래의 중생들은 장차 어떻게 무량수불과 두 분 보살님을 관찰할 수 있겠습니까?"

발에 손을 대고 하는 예법은 옛날부터 지금까지 인도의 인사법 중 하나입니다.

위제희 부인이 발에 손을 대고서 인사를 드린 것은 무량수불입니다. 하지만, 미래 중생을 위하여 무량수불을 관찰하는 법을 여쭌 것은 석가모니부처님입니다. 위제희 부인 스스로는 석가모니부처님의 은덕으로 무량수불을 뵈올 수 있었습니다. 그 사실에 감사하면서, 동시에 미래 중생을 염려합니다. 바로 이것입니다. 우리의 감사는 중생들에게로 회향되어야 합니다.

위제희가 무량수불을 뵈올 때는 한자로 '견見'을 씁니다. 눈앞에 나타난 분을 뵙기 때문입니다. 하지만, 미래 중생들을 염려할 때는 '관觀'을 씁니다. 아직 부처님이 눈앞에 나타나시지 않았을 때는 관찰하고 관상할 수밖에 없기 때문입니다. 관찰, 즉 관상을 통해서라야 아미타불을 뵈올 수 있을 것이기 때문입니다. 나무아미타불.

19. 꽃의자

위제희 부인 앞에 아미타부처님이 나타났습니다. 좌우로 관세음보살과 대세지보살이 모시고 있었습니다. 감사한 일이고, 행복한 일입니다. 우리는 감사한 일, 행복한 일을 만날 때마다 이웃을 생각하게 됩니다. 앞으로 올 세대를 생각하게 됩니다. 모든 이웃과 모든 후손들이 다 우리처럼 감사하기를, 행복하기를 바랍니다.

위제희 부인도 그러했습니다. 그녀 자신은 이미 석가모니부처님의 가피력으로 아미타부처님을 뵈올 수 있었지만, 석가모니부처님이 열반하신 뒤에 올 중생들은 어떻게 아미타불을 뵈올 수 있겠는가? 걱정을 합니다.

그 자비로운 질문에 대해서 석가모니부처님께서 내놓으시는 대답이 제7 화좌관華座觀입니다. 아미타불이 앉으실 의자, 꽃으로 된 의자를 떠올리면서 생각하라는 것입니다.

부처님께서 위제희에게 말씀하셨다.

"저 (아미타)부처님을 관찰하고자 하는 자는 마땅히 (다음과 같이) 생각해야 할 것이다. (극락의) 칠보로 이루어진 땅 위에 연꽃이 있다고 생각하라."

물론, 이 연꽃이 우리 사바세계에서 보는 연꽃이라고 생각할 수는 없을 것입니다. 극락세계의 연꽃이므로 당연히 사바세계의 연꽃과는 다를 것입니다. 연꽃이 다르지 않다면, 극락은 극락일 수 없을 것입니다.

"그 연꽃의 하나하나의 잎은 백 가지 보배가 내는 빛을 띠고 있다."

하나하나의 잎마다 모두 백 가지 보배가 달려 있기 때문일 것입니다.

"(그 연꽃의 잎에는) 팔만 사천의 엽맥葉脈이 있는데, 마치 하늘에 그려진 그림과 같고, 하나하나의 엽맥에는 팔만 사천의 빛이 있어서 너무나 분명하게 모든 사람들이 다 볼 수 있게 하였다. 꽃의 잎이 작은 것은 가로세로 250유순이다."

연꽃의 잎 하나가 이렇다는 것입니다.

"이와 같은 연꽃에는 팔만 사천의 잎들이 있으며, 그 잎들 사이에는 백억 개의 보배 구슬이 장식되어 있다. (다시) 그 하나하나의 보배 구슬은 천 갈래의 광명을 발하고 있는데, 그 빛은 칠보로 합성된 하늘 덮개로 변해서 두루 땅 위를 덮고 있다. 능히 모든 것을 만들어 내는 여의주로써 (연꽃의) 봉우리(臺)로 삼고 있는데, 이 연꽃의 봉우리는 팔만 개의 킨슈카보배(kiṁśuka-ratna, 甄叔迦寶)·청정한 보배 구슬(梵摩尼寶)·아름다운 진주 그물로 장식하였다."

킨슈카는 인도에서 나는 나무인데, 이 나무의 꽃 색과 유사한 붉은색의 보배를 '킨슈카보배'라 합니다. '범梵'은 범천梵天(브라만 신)을 가리키기도 하지만, 형용사로서 '청정한'의 뜻이 있습니다. 그래서 '범마니보'를 청정한 보배 구슬이라 번역하였습니다.

"그 (연꽃의) 봉우리 위에는 저절로 보배로 된 깃대가 네 개 있는데, 하나하나의 깃대는 마치 백천 만억 개의 수미산과 같다."

수미산은 인도의 우주관에서는 이 세상의 중심을 이루는 산입니다.

"깃대 위에는 보배 비단이 있으니, 마치 야마천夜摩天의 궁전과 같다."

야마천궁은 욕계의 제3천에 있는 궁전입니다.

"(그런 깃대 위를) 오백억 개나 되는 미묘한 보배 구슬로써 장식하였으며, 그 하나하나의 보배 구슬에는 팔만 사천 갈래의 빛이 있고, 그 하나하나의 빛에는 팔만 사천의 또 다른 금색金色이 있으며, 하나하나의 금색은 (극락의) 보배로 덮인 땅을 덮고 있어서 곳곳마다 변화하며 기이한 모습을 연출하였으니, 혹은 다이아몬드로 된 봉우리와 같고, 혹은 진주 그물과도 같고, 혹은 갖가지 꽃과 같은 구름 모양을 만들기도 하였다. 시방十方으로 마음먹는 대로 변화하면서 불사佛事를 지었다. 이(러한 모습을 관상하는)것을 '화좌상華座想'이라 말하며, '일곱 번째 관찰'이라 말한다."

의자, 빈 의자가 있습니다. 아직 주인공은 나타나지 않았습니다. 우리 눈에는 그저 의자만이 보입니다. 나무의자도 아니고, 돌의자도 아닙니다. 꽃의자입니다. 보배로 된 꽃의자. 그 의자 안에 다시 온 우주가, 수미산까지 다 들어가 있습니다. 그리고 의자에서는 시방으로 빛을 냅니다. 주인이 없는 의자만 바라보아도, 우리는 압니다. 그 의자의 주인이 우리 임인 것을. 의자 위에 앉으실 우리 임의 얼굴, 우리 임의 이름, 우리는 다 알 수 있습니다. 그분이 앉으실 빈 의자를 생각하면서, 그분을 기다립니다.

오늘은 「꽃의자 —『관경』의 제7 화좌관華座觀」이라는 시를 한번 지어 보았습니다.

의자, 빈 의자가 있습니다.
아직 아무도 앉은 일 없는
의자,

우리 눈에는 그저 의자만 보일 뿐,
아무도 보이지 않습니다.

나무의자도 아니고, 돌의자도 아닙니다.
꽃으로 된 의자,
보배로 된 의자입니다.

그 의자 안에 다시 온 우주가, 수미산까지
다 들어가 있습니다.

꽃의자를 장식한 보배 의자에서는
온 시방세계 향하여 빛을
쏘아 댑니다.

그런 의자를 바라봅니다.

떠올려 봅니다.
생각합니다.
그것만으로 우리는 알게 됩니다.

그 의자에 앉으실 분
그 이름과 그 얼굴
그릴 수 있습니다. 볼 수도 있습니다.

나무아미타불.

20. 원력의 창조

부처님께서 아난에게 말씀하셨다.

"이렇게 묘한 꽃(으로 이루어진 의자)은 본래 법장法藏비구의 원력願力으로 이루어진 것이다."

그렇습니다. 그럴 수밖에 없습니다. 자연적으로 이루어진 꽃도 아니고, 우리가 일상에서 늘 볼 수 있는 꽃도 아닙니다. 아주 특별하고도 묘한 꽃입니다. 그런 특별하고도 묘한 꽃을 탄생시킨 것은 법장비구의 원력입니다.

법장비구는 바로 아미타불입니다. 원래 아미타불은 한 나라의 왕이었습니다만, 출가를 하셨습니다. 스님이 된 것입니다. 스님이 되었을 때의 이름이 바로 법장입니다. 법장비구가 아미타불이 된 것입니다. 왜 법장비구는 부처님이 될 수 있었을까요? 그 비결은 간단합니다. 바로 원력 덕분입니다.

'원력'은 원을 세움으로써 발생하는 힘이라는 말입니다. 원을 세우는 사람을 우리는 '보살'이라 부르고, 원을 세우지 않은 사람을 '중생'이라 합니다. 보살은 원을 세우고 수행하여 부처님이 됩니다. 그러므로 법장비구는 동시에 법장보살이기도 합니다.

원은 일단 큰 것입니다. 큰 원이라야 합니다. 우리가 일상적으로 가진 소원所願 같은 것과는 대조할 수도 없습니다. 소원은 소원小願입니다. 예를 들면, 군대에 있는 아들 녀석이 탈 없이 잘 있다가 제대했으면 하고 저는 바랍니다. 이는 소원입니다. 작습니다. 그러나 우리나라에 전쟁이 일어나지 않고 평화가 정착되고, 더 나아가서 이 세상에서 전쟁은 사라지기를 바라면 대원大願입니다. 자기의 범위를 벗어나는 원이라야 대원이고, 그것이 바로 보살의 원입니다.

법장보살의 원은 모두 마흔여덟 가지입니다. 하지만, 그중에 소원은 하나도 없습니다. 대원만이 있습니다. 어떤 것일까요? 한마디로 말하면, 온 중생이 다 부처를 이루고 행복하고도 평화롭게 살아갈 세계를 만드는 것입니다. 그리고 모든 중생을 다 그곳으로 인도하겠다는 꿈입니다.

그런 원의 힘으로 만들어진 세계가 서방정토 극락세계입니다. 그렇기에 우리는 알아야 합니다. 기기묘묘한 꽃이나 그런 꽃으로 된 의자만이 법장보살의 원력으로 이룬 것이 아니라, 극락 그 자체가 다 그렇다는 점을 말입니다.

"(서방 극락세계에 왕생하고자 해서) 만약 저 부처님을 염하고자 하는 사람은 마땅히 먼저 이렇게 기묘한 꽃의자를 생각해야 한다. 그러한 생각을 할 때는 잡스럽게 관찰해서는 아니 되며, 모두 하나하나 잘 관찰해야 한다. 하나하나의 잎, 하나하나의 구슬, 하나하나의 빛, 하나하나의 봉우리, 하나하나의 깃대를 (잘 관찰하면) 모두 분명하게 되리라."

관찰의 방법과 밀도密度를 말합니다.

그렇게 해야만 "마치 거울에 (비친) 얼굴을 스스로 볼 수 있는 것과 같이 될 것이다."라고 합니다. 거울 속에 비친 얼굴은 가상假像이지만 진짜 얼굴(眞像)과 아무런 차이가 없습니다. 아무런 차이가 없다는 것은 그만큼 분명하다는 것입니다. 그렇게 극락의 꽃의자도 볼 수 있어야 할 것이며, 볼 수 있을 것입니다.

> "이러한 생각이 이루어진다면 오백억 겁토록 생사(를 반복해 온) 죄를 소멸하게 될 것이며, 반드시(必定) 장차 극락세계에 태어날 것이다."

관찰 수행의 공덕은 두 가지입니다. 하나는 오백억이나 되는 오랜 세월을 윤회하게 했던 죄를 소멸하는 것이고, 다른 하나는 극락세계에 반드시 태어난다는 것입니다. 이러한 두 가지 공덕은 극락세계를 관찰하는 수행이 사실은 곧 전생의 죄업을 참회하는 일이 됨과 아울러 미래를 개척하는 일임을 말씀하고 있습니다.

여기서 '필정必定'이라는 말이 나옵니다. 부사로 번역되는 말입니다. '결정決定', '일정一定', '치정治定' 역시 같은 뜻입니다. 용수龍樹(Nāgārjuna)보살의 『십주비바사론十住毘婆娑論』「이행품易行品」에서도 이 말이 나옵니다. '필정'이라는 말 속에는 극락왕생에 대한 깊은 믿음, 결정적인 믿음이 담겨 있습니다. 자력의 선禪에서는 '견성見性'을 말하지만, 타력의 정토신앙에서는 '안심安心'을 말합니다. 정토에 태어나리라는 안심을 말합니다. 그럴 때 '안심결정'이라 할 수 있습니다.

> "이렇게 관찰하는 것은 '올바른 관찰'이라 말하는데, 만약 이와 달리 관찰하는 것은 '삿된 관찰'이라 말한다."

안심결정을 부르는 관찰이기에 '올바른 관찰', 즉 '정관正觀'이라 말하는 것입니다. 나무아미타불.

21. 제8 상관像觀

부처님께서는 아난과 위제희에게 말씀하셨다.

"(제7관에서 설한) 이러한 것들을 다 보고 나서는 그다음에 부처님을 생각해야 한다. 왜 그러냐 하면, 모든 부처님 여래는 온 누리 중생들을 몸으로 삼고 있는데, (중생들이 부처님을 생각할 때) 두루 모든 중생들의 마음속 생각 가운데 들어가시기 때문이다."

제가 '온 누리 중생들을 몸으로 삼고 있는'으로 옮긴 말은 원어가 '법계신法界身'입니다. '법계'는 모든 것들의 세계라는 뜻이고, '신'은 몸이라는 말입니다. '법계신'은 '법계'와 '신'의 두 명사가 복합된 단어인데, 소유복합어로 옮겨야 할 것으로 생각됩니다. 소유복합어는 해석할 때는 '소유'의 뜻이 드러나야 합니다. 그러므로 법계신은 '온 누리 중생들을 몸으로 삼은' 부처님으로 해석할 수 있습니다. 원효 스님도 그의 정토시淨土詩 「징성가澄性歌」에서, "법계신의 모습은 헤아리기 어렵네."라고 하면서, 아미타불의 모습을 노래하기도 했습니다. 그 '법계신'의 근거가 바로 여기 『관경』의 이 부분입니다.

모든 부처님 여래께서는 모든 중생들을 위해서 존재하시는 분들이기에, 중생들이 부처님을 생각할 때 우리 모든 중생들의 마음속 생각 가운데 이미 들어가 계시는 것입니다. 지금 우리 마음속에는 부처님이 들어와 계십니다. 왜냐하면, 앞에서 우리는 부처님이 사시는 국토에 대해서 생각해 왔기 때문입니다.

여기서 일본어의 '사랑한다'는 표현을 생각해 보게 됩니다. 우리말에서는 "철수는 영희를 사랑한다."라는 식으로 표현합니다. '영희'라는 인격체를 사랑한다는 표현입니다. 그런데, 일본어에서는 그렇게 표현하지 않습니다. 그들의 표현을 직역하면, "철수는 영희의 것을 사랑한다."라는 식입니다. '영희의 것'은 영희 자신, 영희라는 몸과 마음만을 의미하는 것이 아닙니다. 영희가 사는 동네, 집 그리고 영희가 좋아하는 것들을 다 사랑한다는 것입니다.(우리 속담에도 그런 말이 있지요. "색시가 고우면 처갓집 말뚝 보고도 절한다."라고 말입니다.)

『관경』의 관상은 일본어식입니다. 그래서 앞의 제7관까지는 의보依報를 설했던 것입니다. 극락을 통해서 극락에 계시는 부처님을 생각한 뒤, 정보正報인 부처님을 관찰하게 됩니다.

> "그러므로 그대들이 마음으로 부처님을 생각할 때, 그 마음이 곧 (부처님의) 서른두 가지 큰 특성(相)과 여든 개나 되는 소소한 특성(隨形好)을 다 갖춘 (부처님의 마음인) 것이다. 그러한 마음이 부처를 짓고(是心作佛), 그러한 마음이 곧 부처이다(是心是佛)."

'시심작불是心作佛', '시심시불是心是佛'이라는 저 유명한 말씀이 여기서 나오는 것입니다. 어떤 뜻일까요? 얼핏 보면, 대단히 선적禪的인 느낌이 나는 말씀입니다. 그래서 이 말씀을 그렇게 선적으로 해석하는 경우도 없지 않습니다. 그러나 그러한 해석은 이 문맥을 떠나서는 가능할지도 모르지만, 적어도 이 『관경』에서 의미하는 바와는 다른 것임을 분명히 인식해야 할 것입니다. 차분히 생각해 보기로 하겠습니다.

모든 중생은 본래 청정한 불성을 소유하고 있습니다. 그러한 마음(眞心)이야말로 바로 부처이고, 그러한 진심이야말로 바로 불국토라고 해석하는 경우도 없지 않습니다. 그러한 해석은 바로 유심정토唯心淨土설입니다. 오직 청정한 마음 외에는 따로 극락이 존재하지 않고, 아미타불 역시 존재하지 않는다는 것입니다. 이는 일심一心 위에서 정토를 보는 것입니다. 일심정토설이라 말할 수도 있겠지요.

우리나라의 경우, 이러한 유심정토설이 주류를 이루어 왔다고 해도 과언이 아닐 것입니다. 고려 중기 이후에 선불교나 화엄華嚴불교가 우리 불교의 중심을 이루어 왔습니다. 그런 사상적인 맥락 속에서 유심정토 내지 일심정토가 주류를 이루었다고 할 수 있을 것입니다. 그런데 문제는 그렇게 되면, '『관경』을 비롯한 정토삼부경에서 설하는 정토나 아미타불의 존재는 의미가 없어지는 것 아닌가?'라는 의문이 일게 됩니다. 유심정토나 일심정토는 선의 입장에서 정토를 포용해 버리는 논리이니, 정토문의 입장과는 다릅니다.

과연, 지금 『관경』의 이 문맥은 바로 그렇게 유심정토설의 관점에서 해석해야 할까요? 아니면, 달리 해석하는 것이 가능할까요? 문맥을 다시 살펴보아야 합니다. 바로 앞에 나온, '온 누리 중생들을 자신의 몸(존재)'으로 삼으신 모든 부처님 여래께서 모든 중생들의 마음속 생각에 들어가셨다는 전제를 주목해야 합니다. 본래 청정한 마음이 먼저 존재하는 것은 사실입니다. 그런데 그 청정한 마음이 현전現前하여, 작용作用하고 있다면 그것이 바로 부처님입니다. 그러나 대부분의 중생들은 그렇지 못합니다. 하늘에 태양이 없는 것은 아니지만, 구름이 가리고 나면 태양은 빛을 잃어버리는 것과 마찬가지입니다. 그럴 때, 태양이 원래 존재했다고 한들 무슨 의미가 있겠습니까. 그러므로 원래 존재하던 '태양'과 같은 청정한 마음이 부처를 만들고, 그것이 곧 부처라고 말하는 것은 지금 당장 '번뇌로 가득 차 있는 범부'인 우리에게는 너무 고원高遠한 말씀입니다. 저도 수십 년 그런 이야기를 말하고 설하고 전하고 했습니다. 하지만, 어느 순간 그것이 공허함을 알았습니다. 저 자신의 실존實存과는 거리가 있었기 때문입니다.

구름에 가려져 있으니, 이 구름을 벗겨 내야 합니다. 구름 밑에서라도 빛을 불러일으켜야 합니다. 그것이 곧 '부처님을 생각하는' 행위입니다. '부처님을 떠올리는' 행위입니다. 부처님을 생각하는 관상을 통해서, 우리 마음속에 다시 구름이 걷히고 태양과 같은 부처님이 자리합니다. 무량광불입니다. 그렇게 우리 스스로, 우리 마음이 부처님을 부르고 부처님을 생각함으로써 우리 자신을 부처님으로 만들어 갈 수 있게 됩니다. 바로 그때 동시에 우리 마음이 곧 부처라고 말할 수 있게 됩니다. 그러므로 여기서 "그대들이 마음으로 부처님을 생각할 때"라는 것은 작의作意(manasikāra)입니다. 이 작의가 곧 관상이며, 관찰입니다. 그러므로 이러한 "시심작불 시심시불."의 말씀을 그 문맥을 떠나서, 그 말만을 떼어 놓은 뒤 선적禪的으로 해석하는 것은 『관경』의 의미와는 다르게 된다는 점을 주의해야 합니다. 정토문의 해석은 그런 것이 아니라고 말씀드리지 않을 수 없습니다.

그래서 "모든 부처님의 깨달음의 바다는 (부처님이 들어와 있는) 중생들의 마음속 생각으로부터 일어난 것이다."라고 하게 된 것입니다. 이러한 『관경』의 관점을 저는 '정토일심淨土一心'이라 표현해 봅니다. 밖에 있는 정토에서 안의 일심으로 들어가는 것이기 때문입니다. 이것이 정토신앙의 정토관淨土觀이 아닐까 싶습니다. 선의 정토관과는 다른 관점입니다. 선의 정토관은 '일심정토'라고 할 수 있을 것입니다. 일심을 먼저 찾고 거기서 정토로 들어가기 때문입니다.

매우 선적인 정토사상을 제시한 것으로 평가받는 잇펜 스님도 사실은 일심정토를 설하지 않습니다. 이 점은 매우 미세해서 잘 살펴보아야 보입니다. "마음을 명호名號 속으로 집어넣는 것은 좋지만, 명호를 마음속으로 집어넣어서는 안 된다."라고 말씀하셨습니다. 그래서 저는 잇펜 스님의 정토사상은 '일명一名정토'라고 말합니다. 그리고 그렇게 명호에 우리 마음을 집어넣어서 염불하는 것, 그것이 정토문의 불교라고 보는 것입니다. 이 지점이 선과 정토가 갈라지는 자리입니다. 정토문의 정토는 일심에서 정토를 찾는 '일심정토'에 있지 않고, 정토를 통하여 일심으로 가는 '정토일심'에 있습니다. 이 차이는 선에서 마음을 말할 때는 본래 청정한 근본 자리의 마음(빛)을 말하지만, 정토에서 마음을 말할 때는 사실은 이미 구름에 가려져 버린 망념을 말합니다. 잇펜 스님이 그런 맥락입니다. 그런 망념을 버리게 하는 것이 명호입니다. 정토문은 애당초 자기 마음이 곧 부처라고 하는 사실을 깨닫지 못하는 사람들이 하는 수행입니다. 그러므로 명호에 집중할 수밖에 없습니다.

이 마음과 명호, 또 시심시불과 시심작불의 해석 문제는 대단히 어렵고 또 오해도 많은 문제입니다만, 곰곰이 생각해 보면 정토문의 입장을 잘 알 수 있을 것입니다. 선의 입장이 틀리다는 것이 아니라, 정토문에 들어온 저 같은 번뇌가 많은 중생에게는 감당이 안 되어서 정토문의 입장에 귀의할 수밖에 없다는 이야기입니다. 그래서 길게 말씀드렸습니다. 나무아미타불.

22. 마음의 눈으로

"그러므로 마땅히 일심으로 마음을 모아서 저 부처님 여래 아라한 정등각正等覺(위없이 높은 깨달음을 얻으신 분)을 관찰하여야 한다. 저 부처님을 생각한다는 것은 먼저 마땅히 그 상像을 생각하는 것이다. 눈을 감았을 때나 떴을 때나 보배로 이루어진 (부처님의) 상이 마치 염부단금閻浮檀金과 같은 색을 내면서, (제7관에서 말한) 저 꽃(의자) 위에 앉아 계심을 (생각하는 것이다)."

여기서 '저 꽃'은 앞의 제7 화좌관에서 말한, 보배로 이루어진 연꽃을 말합니다.

그러한 생각이 무르익게 되면 부처님의 모습을 떠올릴 수도 있을 것입니다.

"(부처님의) 상이 (연꽃 위에) 앉아 계심을 보게 되면(見像), 마음의 눈(心眼)이 열려서 너무나도 분명하게 극락국의 칠보七寶로 장엄된 보배 땅·보배 연못·줄지어 서 있는 보배 나무·모든 하늘의 보배로 장식된 비단이 나무 위를 덮고 있는 것·온갖 보배가 달린 그물이 허공에 펼쳐져 있는 것을 보게 된다."

자, 여기서 우리는 '관상觀想의 순환'을 보게 됩니다. 먼저 극락의 아미타불을 생각하면서 인위적으로 그 모습을 떠올리게 됩니다. 그렇게 하노라면, 어느 순간 마음의 눈(心眼)이 열리게 됩니다. 그다음부터는 극락과 사바세계 사이의 거리 같은 것은 문제가 되지 않겠지요. 그래서 "그러한 일들을 보는 것은 극히 명료하여 마치 손바닥을 보는 것과 같으리라."라고 할 수 있을 것입니다.

"이러한 것을 보고 나서는, 다시 마땅히 하나의 큰 연꽃이 부처님 왼쪽에 펴 있다고 생각하라. (그 연꽃은) 앞에서 말한 연꽃과 똑같아서 다름이 없는 것이다. 또 하나의 큰 연꽃이 부처님 오른쪽에 있다고 생각해라. 한 분의 관세음보살이 왼쪽 연꽃 위에 앉아 계시면서 앞에서 말한 것과 다름없는 빛을 놓고 있음을 생각하고, 한 분의 대세지보살이 오른쪽 연꽃 위에 앉아 계시면서 (앞에서 말한 것과 다름없는 빛을 놓고 있음을) 생각하라."

아미타불의 왼쪽에는 관세음보살이, 오른쪽에는 대세지보살이 모시고 앉아 있는 형상입니다.

"(그러한 형상을 떠올리는) 이러한 생각이 이루어졌을 때 (아미타)부처님과 (관세음과 대세지 두) 보살들은 모두 아름다운 빛을 놓고 있는데, 그 빛은 금색이며 모든 보배 나무를 비춘다. 하나하나의 보배 나무 아래에도 역시 세 송이 연꽃이 피어 있으며, 그 연꽃 위에 각기 한 분의 부처님과 두 분의 보살이 계시면서 두루 그 나라를 가득 채우고 있다."

환상적입니다. 수많은 보배 나무가 있고, 수많은 연꽃이 있고, 수많은 불보살님이 계십니다. 가히 극락을 '가득 채웠다(遍滿)'고 할 수 있습니다.

"(그렇게 가득 채워진 모습을 보는) 그러한 생각이 이루어졌을 때 (관상염불을 하는) 수행자는 장차 빛을 내며 흐르는 물·모든 보배 나무·기러기·오리·원앙 들이 모두 훌륭한 법을 설하는 것을 들을 수 있을 것이며, 선정에 들어 있을 때나 선정에서 나왔을 때도 항상 훌륭한 법을 들을 수 있을 것이다."

집중하여 관상 수행을 할 때는 말할 것도 없고, 일상생활로 돌아왔을 때조차도 항상 저 극락세계의 물·나무·새 들이 설하는 법을 늘 들을 수 있어야 한다는 것입니다.

"수행자는 들은 것을 선정에서 나왔더라도 기억하여 지녀야 하며 버려서는 아니 되니, (선정 속에서 들은 말씀과) 경전(修多羅, sūtra)의 말씀이 합치되어야 한다. 만약 합치되지 않는다면 (그것은) 망상이라 말해야 할 것이고, 합치된다면 거칠게나마 극락세계를 본 것이라 말할 수 있다. 이것이 바로 '상상想像'이며, '여덟 번째 관찰'이라 말한다."

관상을 하는 중에 어떤 소리를 듣거나 어떤 모습을 보게 됩니다. 그러나 그것이 망상인지 아닌지 어떻게 알 수 있을까요? 경전의 말씀과 부합하는 것만이 올바른 것입니다. 그렇지 않으면, 다 망상입니다. 이렇게 기준을 제시하여 주셨습니다.

"이렇게 관찰하는 것은 무량억겁토록 생사를 반복할 죄를 제거하는 것이며, 현재의 몸으로 염불삼매念佛三昧를 얻게 한다. 이렇게 관찰하는 것이 '올바른 관찰'이며, 만약 이와 다르게 관찰하는 것은 '삿된 관찰'이다."

여기서 '염불삼매'는 곧 관불觀佛삼매입니다. 부처님을 관상하는 것이 부처님을 염하는 것과 다를 수 없습니다. 나무아미타불.

23. 제9 편관일체색신관遍觀一切色身觀

지금까지도 그렇습니다만, 이번 장에서 공부할 『관경』의 말씀에서는 아미타불의 빛·아미타불의 광명에 대하여 본격적으로 말씀해 주고 있습니다. 저는 이 부분을 읽으면서, 아오키 신몬(青木新門)이라는 일본의 작가가 떠올랐습니다. 이미 여러 해 전에 「굿' 바이Good & Bye(送人)」라는 제목으로 우리나라에서 개봉된 영화가 있습니다.

우리로 말하면 시신에 염殮을 해 주는 직인職人을 일본에서는 '납관부納棺夫'라고 합니다. 아오키는 실제로 납관부의 경험을 근거로 해서 글을 썼고, 그것을 원전으로 해서 만든 영화가 「굿' 바이」입니다. 그해 아카데미 외국어영화상을 받았습니다. 저는 영화를 먼저 봤고, 나중에 그 원전인 『납관부 일기』를 구해 보았습니다. 이 책은 조양욱 옮김으로 문학세계사(2009)에서 같은 제목으로 번역되었습니다.

『납관부 일기』에 보면, 저자 아오키는 의문을 제기합니다. 왜 신란(親鸞) 스님은 『교행신증教行信證』 제1권에서 "진실한 가르침을 드러내는 것은 바로 『대무량수경』이다."라고 했는가 하는 의문입니다. 『교행신증』은 정토의 경론을 발췌하여 여섯 권으로 만든 책인데, 제1권은 왜 정토를 신앙할 때는 『무량수경』을 으뜸으로 삼아야 하는지를 밝히고 있습니다. 아오키는 이 의문에 대해서 수많은 『교행신증』 강의서를 찾아보았지만, 뚜렷한 답이 없었다고 합니다.

고민 끝에 그가 찾아낸 답은, 신란 스님이 『무량수경』을 정토신앙의 가장 중요한 텍스트라고 한 것은 부처님 얼굴에서 빛이 나고 있었기 때문이라고 말하였습니다. 실제로, 『교행신증』 제1권에 보면, 『무량수경』을 설하실 때 부처님 얼굴에서 빛이 난다는 이야기를 하고 있는 경문을 모아 놓고 있습니다. 『무량수경』에서는 부처님 얼굴을 '광안光顔'이라 하였습니다.

산스크리트 『무량수경』을 찾아보면, '광안'이라 번역한 것은 얼굴에 금빛이 나는 것과 같은 상태를 말하고 있음을 알게 됩니다. 바로 그 부분에 해당하는 말씀을 『관경』에서 찾아보면, 바로 이번 장에서 우리가 공부할 대목이 됩니다. 또 재미있는 것은, 산스크리트 『무량수경』에는 무량수불의 원어 '아미타유스amitāyus'도 물론 나옵니다만, 그보다 훨씬 더 자주, 더 대표적으로 쓰인 말이 무량광불의 원어인 '아미타바amitābhā'입니다. 무량광불의 원어로 '아미타프라바amitaprabhā'도 나옵니다. '아바ābhā'나 '프라바prabhā'나 모두 빛입니다. 그런데 현재 가장 널리 읽히는 『무량수경』 한역은 강승개康僧鎧 역본입니다. 두 권으로 되어 있기에, 원효 스님은 '『양권경兩卷經』'이라고도 불렀습니다. 그 『양권경』에서는 산스크리트본에서 'amitābhā'가 나오는 그 자리를, 반드시 '무량수불'로 옮기고 있습니다. 지금 존재하는 산스크리트본과 강승개가 번역 시 저본으로 삼은 산스크리트본이 다른 것으로 생각됩니다만, 아무튼 그렇게 되어 있습니다. 아미타불은 '무량수불'만이 아니라, '무량광불'이라는 점 역시 우리가 잊어서는 안 될 것입니다.

부처님께서 아난과 위제희에게 말씀하셨다.

"이러한 (여덟 번째) 관상이 이루어지고 나면 다음으로 마땅히 무량수불의 몸과 (몸에서 나는) 광명을 관찰해야 한다. 아난아, 마땅히 알아라. 무량수불의 몸은 백천 만억이나 되는 야마천夜摩天의 염부단금의 색과 같다. 부처님의 키는 육십만억 나유타那由他 항하사恒河沙 유순이다. 미간에 난 하얀 털은 오른쪽으로 감겨 있는데, (그 크기가) 다섯 수미산과 같다. 부처님의 눈은 청정한데, 마치 네 가지 큰 바다가 청백淸白하여 분명하게 (잘 비치는 것과 같다. 무량수불의) 몸의 모든 모공毛孔에서 광명이 나오는데, 마치 수미산과 같다.

저 부처님의 원광圓光은 백억의 삼천대천세계로 (뻗어 가는데), 원광 중에는 백만억 나유타 항하사만큼의 화불化佛이 있다. 그 하나하나의 화불은 다시 한없이 무수한 화보살化菩薩로부터 시봉侍奉(모심)을 받고 있다."

원광에서 나는 빛들 속에 바로 화불들이 존재합니다. 빛이 곧 부처님이기에, 빛으로 이루어지는 화불 역시 무량하고, 화보살 역시 무량합니다.

"무량수불은 팔만 사천의 큰 특징(相)이 있는데, 그 하나하나의 특징 중에 또한 팔만 사천 가지의 미세한 특징(隨形好)이 있으며, 그 하나하나의 미세한 특징에서는 다시 팔만 사천 갈래의 광명이 나오고, 그 하나하나의 광명은 시방세계를 두루 비추고 있으니 (무량수불을) 염불하는 중생들을 거두어 주시고 버리지 않는다."

그렇습니다. "나무아미타불." 염불을 하는 우리 중생들을 거두어 주시는 것은 바로 아미타불에게서 나오는 빛입니다. 광명입니다. 그분에게서 발해지는 광명이 우리를 어둠 속에서 구원해 주십니다.

"그렇게 (무량수불에게서 나오는) 빛과 상호相好와 화불에 대해서는 다 설할 수 없다. 다만, (그 모습을) 기억하고 생각함으로써 마음의 눈으로 볼 수 있게 하라."

밖으로 부처님을 생각함으로써, 안으로 염불하는 자의 마음의 눈(心眼)을 밝히자는 것입니다. 『관경』에서 관상염불을 통해서 의도하는 바가 여기 있습니다.

"이렇게 (무량수불의 빛과 상호와 화불을) 보는 자는 시방세계의 모든 부처님을 다 뵈올 수 있다. 모든 부처님을 다 뵙기 때문에 '염불삼매'라 이름한다."

이 문맥에서 보면, 관상이 곧 염불이고, 염불이 곧 관상이라 할 수 있습니다. 나무아미타불.

24. 몸에서 마음으로

부처님의 몸에서 나오는 한량없는 광명 속에 우리는 살아가고 있습니다. 그 무량광無量光이 "나무아미타불."이라 염불하는 우리 모든 중생을 섭취攝取하여 버리지 않습니다. '섭취'라는 말은 섭수攝受라는 말입니다. 다 거둬 주신다는 의미입니다. 그렇게 안심安心을 얻는 것, 그것이 염불삼매입니다.

"이렇게 관찰하는 것을 모든 부처님의 몸을 관찰한다고 말한다. 부처님의 몸을 관찰하기 때문에 또한 부처님의 마음을 관찰하게 된다. 모든 부처님의 마음이란 큰 자비심이 그것이니, 인연이 없음에도 불구하고 베풀어 주시는 자비심으로 모든 중생을 거두어 주신다."

부처님께서 우리를 섭수해 주시는 줄, 우리를 섭취해 주시는 줄 비록 우리가 알지 못한다고 하더라도, 부처님께서는 빛으로 우리를 비추어 주고 계십니다. 그래서 안심입니다. 알면, 안심입니다. 모르면, 빛 밖에서 놓여 있다고, 빛 밖으로 헤매고 다닐 것입니다. 안타까운 일입니다. 우리가 열심히 권진해야 할 이유입니다.

우리는 앞서 부처님의 몸을 관찰하는 것이 곧 부처님의 몸에서 쏟아내는 빛을 관찰하는 것임을 알았습니다. 무량수불 한 분의 몸만을 관찰하는 것이 아닙니다. 한 분의 부처님을 관찰하는 것이 곧 모든 부처님을 관찰하는 것이 되었습니다. 그리고 그것은 또한 빛의 관찰이기도 하였습니다.

빛은 어떤 성격을 띠는 것일까요? 바로 두루 비춘다는 것입니다. 보조普照입니다. '두루'라는 말은 연고주의를 넘어섭니다. 우리 사회의 지독한 고질병, 우리 사회의 민주주의 발전을 가로막는 가장 큰 장애는 무엇일까요? 저는 연고주의라고 봅니다. 혈연, 지연, 학연 그리고 교연敎緣 등이 그것입니다. 마지막에 든 교연은 바로 종교의 인연입니다. 선거 때면 늘 등장하는 것이 이러한 연고주의입니다. 선거 때만 그런 것은 아닙니다. 일상에서도 늘 그렇습니다. 우리는 그러한 인연 앞에 무너집니다. 그 인연의 벽을 넘어서지 못합니다.

하지만, 부처님은 바로 그 연고주의를 넘어서는 자비를 펼치십니다. 그러므로 우리 사회의 민주주의를 위해서는 불교의 무연자無緣慈에서 그 길을 찾아야 한다고 저는 생각합니다. 불자들이 연고주의를 떠날 수 있음을 먼저 보여 주어야 하는 까닭입니다. 부처님께서는 연고주의를 뛰어넘는 자비로써 모든 중생을 다 섭수해 주셨기 때문입니다.

> "이렇게 관찰하는 자는 몸을 버리고서 다음 세상에서는 부처님 앞에 태어나서 다시는 태어나지 않는 경지(無生法忍)를 얻게 된다."

왕생극락한다는 말입니다. 무생법인을 얻는다는 것은, 10지十地 중에서 제8지에 태어나는 것을 말합니다. 극락에 왕생하면 곧 제8지 부동지不動地(阿鞞跋致, avivartika)에 태어난다고 하는데, 그곳에서 바로 무생법인을 얻게 됩니다. 다시 물러나지 않는 경지이므로, 아미타불의 법문을 듣고서 성불하게 됩니다. 그런 뒤 다시 중생을 제도하기 위하여 이 세상으로 오십니다.

"그러므로 지혜로운 자는 마땅히 마음을 모아서 무량수불을 자세히 관찰해야 한다. 무량수불을 관찰할 때는 하나의 상호相好를 관찰하는 것부터 시작해야 하니, 다만 미간의 백호白毫를 관찰하여 지극히 분명하게 하라. 미간의 백호를 보게 되면, 곧 팔만 사천 가지 상호가 저절로 나타나게 될 것이다. (이렇게) 무량수불을 뵙는 것은 곧 시방의 한량없는 모든 부처님을 다 뵙는 것이다."

팔만 사천 가지의 특징들을 다 관찰하기는 쉽지 않습니다. 그래서 다만 하나, 미간의 백호만을 관찰하라는 것입니다. 하나를 관찰하면, 모든 것을 관찰하는 것과 같습니다. 화엄의 이치가 여기서도 그대로 통용됩니다. '융통관찰融通觀察'이라 할 만합니다.

"한량없이 많은 모든 부처님을 다 뵙게 되기에, 모든 부처님이 (그의) 앞에 나타나셔서 부처가 되리라고 수기授記하신다."

우리 입장에서는 부처님을 친견하는 것이지만, 부처님 입장에서는 우리 앞에 부처님이 모습을 내보이시는 것입니다. 관상觀想은 부처님께서 우리 앞에 나타나 주시는 것을 보고자 하는 수행입니다. 나타나셔서는 우리가 장차 부처가 되리라는 것을 일러 주십니다. 그것이 '수기'입니다.

"이것은 '두루 (부처님의) 모든 색신色身을 관상하는 것'이라 말하니, '아홉 번째 관찰'이다."

제9관의 이름을 이 부분에 의거하여 '편관일체색신관遍觀一切色身觀'이라 하는데, 당나라 선도 대사는 『관경소』에서 '진신관眞身觀'이라 불렀습니다.

"이렇게 관찰하는 것은 '올바른 관찰'이라 말하며, 만약 이와 다르게 관찰하는 것은 '삿된 관찰'이라 말한다."

나무아미타불.

25. 제10 관음관觀音觀

부처님께서 아난과 위제희에게 말씀하셨다.

"무량수불을 뚜렷하고도 분명하게 뵙고 나서는 마땅히 관세음보살을 관찰하여야 한다."

이렇게 제10 관음관이 시작됩니다. 자, 그럼 관세음보살은 어떤 모습일까요?

"이 보살은 키가 팔십억 나유타 항하사 유순인데, 몸은 자금색紫金色이고 정수리에는 육계肉髻가 있으며, 목에는 원광圓光이 있는데 방면마다 모두 백천 유순의 길이를 갖고 있다."

면面을 얼굴로 이해하는 경우도 있는데, 원광이 사방팔방으로 퍼져 나갈 때 얼마나 멀리까지 퍼지는지를 나타내는 것으로 보았습니다. 방향으로 본 것입니다.

"그 원광에는 마치 석가모니불과 같은 화불化佛이 오백 분이나 계시며, 그 하나하나의 화불은 오백의 보살과 한량없이 많은 천신들이 모시고 있다. 또한, 몸에서 나오는 빛 가운데에는 다섯 갈래(五道)의 중생과 일체 모든 것들이 그 가운데 다 나타난다."

다섯 갈래는 지옥, 아귀, 축생, 수라, 인간을 말합니다. 천상세계에 사는 천신들을 제외한 모든 중생들의 삶의 현실이 다 관세음보살님의 빛 속에 선명하게 드러나 있습니다. 그 장면을 손바닥 보듯 훤하게 보시고 있습니다.

"정수리 위에는 비릉가마니보배(능히 모든 것을 만들어 내는 여의주)로 된 천관天冠이 있고, 그 천관 가운데에는 화불 한 분이 서 계시는데, 키는 25유순이다. 관세음보살의 얼굴은 염부단금의 색과 같으며, 미간의 백호상白毫相은 일곱 가지 보배의 색들이 다 갖추어져 있는데, 팔만 사천 가지의 광명을 유출하고 있다. 그 하나하나의 광명에는 무량무수無量無數의 백천 화불이 있으며, 무수한 화보살化菩薩이 (각기 다) 하나하나의 화불을 모시고 있다."

관세음보살님의 보관寶冠, 즉 천관에 화불 한 분이 서 계신다는 것은 지금 우리가 관음상을 모실 때 꼭 그대로 지키고 있는 것입니다. 그 화불은 곧 아미타부처님입니다.

"(무수한 화보살들은 화현이기에 이미) 변화로 나타나는 것이 자유로워서 시방세계를 가득 채우고 있으니, 마치 붉은 연꽃의 색(이 그러한 것)과 같다. (또 화보살은) 이 팔십억의 광명으로 영락瓔珞을 삼는데, 그 영락 가운데에 두루 모든 장엄한 일들을 다 나타낸다. 손바닥으로 오백억의 갖가지 연꽃의 색을 만들고, 손의 열 손가락 끝에는 하나하나의 손가락 끝마다 팔만 사천의 그림이 있는데, 마치 무늬를 새긴 것과 같다. 하나하나의 그림에 다시 팔만 사천 가지 색깔이 있으며, 하나하나의 색깔에 팔만 사천 가지 빛이 있다."

부처님상은 소박합니다. 화려한 장식물이 없습니다. 고행 난행으로 수행하여 깨달음을 얻은 분이기 때문입니다. 하지만, 보살은 화려한 장식물을 많이 갖추고 있습니다. 몸에도 보배 구슬과 같은 것을 늘어뜨리고 있습니다. 이 보배 구슬이 영락입니다.

"그 빛은 부드럽게 널리 모든 것을 비추고 있다. 이러한 보배 손으로 중생을 맞이하고 있다. 발을 들면 발밑에 천 개의 수레바퀴 자국이 나는데 저절로 광명으로 이루어진 봉우리(光明臺) 오백억 개가 나타나고, 발을 놓으면 다이아몬드나 보배로 이루어진 꽃이 나와서 두루 모든 곳에 펴져서 가득 차지 않은 곳이 없게 된다."

'중생을 맞이하고 있다'는 말은 관세음보살이 중생들을 향해서 걸어오시면서 맞이해 주신다는 느낌으로 이해할 수 있습니다. 그렇게 중간까지 오셔서는 그 보배 손으로 우리 중생들의 손을 잡아서 이끌어 주십니다.

"그 나머지, 몸에 갖추어진 신체적 특징들도 부처님과 다름이 없다. 다만, 정수리 위의 육계와 무견정상無見頂相만이 세존에게 미치지 못한다. 이를 '관세음보살의 진실한 색신色身을 관상하는 것'이라 말하며, '열 번째 관찰'이라 말한다."

육계 안에 어느 누구도 볼 수 없는 정점頂點이 있는데, 이를 '무견정상'이라 합니다. 다른 것은 다 부처님과 차이가 없지만, 다만 육계와 무견정상만이 세존의 그것에 다소 미치지 못할 뿐입니다. 나무아미타불.

26. 또 하나의 관음신앙

우리나라 불자들은 관세음보살을 많이 신앙하고 있습니다. 저도 원래 관음신앙, 특히 『천수경千手經』을 중심으로 한 관음신앙을 갖고 있었습니다. 그 덕분에, 지금 '나무아미타불' 신앙 역시 받아들이게 된 것으로 생각하고 있습니다.

많은 경전에서 관세음보살을 말씀하고 있습니다. 예를 들면, 『관음경觀音經』(=『법화경法華經』「관세음보살 보문품觀世音普薩 普門品」)이 있습니다. "무량 백천 만억의 중생이 여러 가지 고뇌를 받고 있을 때 이 관세음보살(의 이름)을 듣고서는 일심一心으로 이름을 부른다면, 관세음보살은 즉시에 그 음성을 관찰하시고 모두 벗어나게(해탈하게) 하실 것이다."라고 하신 말씀입니다. 그러므로 우리는 이 가르침에 따라서, 늘 "관세음보살, 관세음보살 ……" 이렇게 염불을 합니다. 관세음보살님의 이름을 부르는 것입니다.

관세음보살을 신앙하는 방법에는 이렇게 이름을 부르는 것만 있는 것은 아닙니다. 관세음보살님께서 제시하신 다라니(주문)를 외는 것도 한 방법입니다. 『천수경』에서 제시되는 「신묘장구대다라니神妙章句大陀羅尼」나 「육자대명왕진언六字大明王眞言」(=육자진언)을 외는 것입니다. 다라니(주문)를 외는 것은, 앞에서 나온 관세음보살의 이름을 부르는 것과 다소 다를 수 있습니다. 관세음보살의 이름을 부르는 것은 바로 능력에 호소하는 것입니다만, 다라니(주문)를 외는 것은 법法에 호소하는 것이라 볼 수 있습니다.

종래 우리가 흔히 알고 있는 관세음보살 신앙의 방법은 염불과 다라니 독송입니다. 이 두 가지가 가장 큰 것입니다. 그런데 여기 『관경』에서는, 그 밖에 제3의 신앙 방법이 제시됩니다. 그것은 바로 관상觀想입니다.

부처님께서 아난에게 말씀하셨다.

"만약 관세음보살을 관찰하고자 한다면 마땅히 그와 같이 관찰해야 한다."

여기서 말하는 '그와 같이'라는 것은 바로, 앞에서 말씀하신 것과 같은 모습으로 관세음보살을 생각하라는 것입니다. 그런 모습을 지니신 관세음보살을 떠올려 보라는 이야기입니다.

"그렇게 관찰하는 사람은 모든 재앙을 만나지 않고, 업장을 깨끗이 소멸하며, 헤아릴 수 없는 겁劫 동안에 생사를 (거듭하면서 지은) 죄를 다 제거하게 될 것이다."

관찰의 이익을 제시하였습니다. 수행의 결과 얻게 되는 이익을 제시하는 까닭은 그러한 이익을 생각하며, 수행에 나아가기를 원해서입니다.

"이러한 보살들은 다만 그러한 (관세음보살의) 이름을 듣는 것만으로도 한량없는 복을 얻을 것인데, 하물며 자세히 관찰하는 것이라면 (말해서 무엇 하겠는가)."

관세음보살의 모습을 관찰하는 중생을 곧 '보살'이라고 불렀습니다. 그 보살에게는 관세음보살의 이름을 듣는 것만으로도 공덕이 되고 복덕이 된다는 것입니다.

아직 『관음경』처럼, "관세음보살의 이름을 염하라."라고 말하지는 않습니다. 이름을 부르지는 않더라도, 그렇게 부르고자 하는 마음이 일어나지 않더라도, 관세음보살의 존재 자체에 관해서 이야기를 듣는 것만으로도 한량없는 복을 얻을 수 있습니다. 그러나 그 공덕과 복덕보다도 더 큰 것은 관세음보살의 모습을 자세히 관찰하는 것입니다. 제3의 수행법이 제시된 것입니다. 그럼, 어떻게 관찰하는 것이 좋을까요?

"만약 관세음보살을 관찰하고자 하는 자는 마땅히 먼저 (관세음보살의) 정상頂上의 육계肉髻를 먼저 관찰하고, 그다음으로 천관天冠을 관찰하며, 나머지 다른 많은 특징들 역시 차례대로 관찰하여 하나하나 손바닥을 보는 것처럼 분명히 하라."

육계는 부처님의 서른두 가지 특성(三十二相) 중의 하나입니다. 부처님의 머리 중앙에 우뚝 솟아난 부분을 '육계'라고 합니다. 천관은 '보관寶冠'이라고도 합니다. 천상세계의 사람들이 쓰는 관이라고도 하고, 천상세계의 사람들이 쓰는 관처럼 아름다운 관이라고도 합니다. 다른 특징들을 하나하나 관찰하는 것은 역시 앞에서 묘사한 관세음보살의 모습을 하나하나 관찰하라는 것입니다.

"이렇게 관찰하는 것을 '올바른 관찰'이라 말하고, 만약 이와 달리 관찰하는 것은 '삿된 관찰'이라 말한다."

문제는 관찰/관상이 이름을 염하는 염불이나 다라니(주문)를 외우는 송주誦呪보다 어렵게 느껴졌다는 것입니다. 제3의 수행법이 널리 정착하지 못한 이유입니다. 아미타불 관찰보다는 아미타불 염불이 더 널리 퍼진 것과 마찬가지 맥락입니다. 나무아미타불.

27. 제11 세지관勢至觀

우리에게 대세지보살의 그림자는 엷습니다. "나무아미타불." 염불이나, "관세음보살." 염불이 성행하고 있음에 비한다면, '대세지보살'을 부르는 소리는 거의 들리지 않습니다. 대세지보살을 빼고서 아미타불, 관세음보살 그리고 지장보살의 세 분을 모시는 경우도 많습니다. 어쩌면 우리 불교가 만들어 낸 '창조적 신앙'의 모습 중 하나일지도 모릅니다. 과연, 대세지보살은 어떤 분일까요? 『관경』에서 그 답을 구해 봅니다.

부처님께서 아난과 위제희에게 말씀하셨다.

"그다음에는 다시 마땅히 대세지보살을 관찰해야 한다. 이 보살의 몸은 관세음보살만큼 크시니, (정수리의) 원광은 한 방면으로 각기 125유순의 넓이(까지 퍼지고) 있으며, 250유순의 길이까지 비추시고 있다. 몸 전체의 광명으로 시방세계를 비추시는데, 자금색紫金色을 띠고 있다."

관세음보살의 이미지는 아미타불의 이미지와 크게 다르지 않습니다. 그리고 다시 대세지보살의 이미지는 관세음보살의 이미지와 크게 다르지 않다고 말씀하십니다. 어쩌면 아미타불을 좌우에서 모시고 있는 보살의 입장으로서 그 양자 간에 특별한 차이를 둔다는 것은 자연스러운 일은 아닐 것입니다. 오히려 관세음보살과 대세지보살은 짝을 이룬다고 보아야 할 것입니다.

"(이러한 대세지보살님을) 인연이 있는 중생이라면 모두 다 뵈올 수 있다. 다만, 이 보살의 모공毛孔 하나에서 나오는 빛을 보기만 한다면 곧 시방세계의 한량없는 모든 부처님의 청정하고도 아름다운 광명을 뵈올 수 있게 된다. 그러므로 이 보살을 '무변광無邊光보살'이라고도 이름한다."

아미타불도 빛의 부처님이라고 하였습니다. 『무량수경』에는 무량수불의 다른 이름으로 무량광불, 무애광불無碍光佛과 함께 무변광불도 있습니다. 어디에도 걸리지 않는 빛의 존재가 아미타불입니다. 빛의 존재라는 점에서, 아미타불·관세음보살 그리고 대세지보살 모두 같습니다.

불공不空(705~774) 삼장은 다음과 같은 놀라운 말씀을 하신 적이 있습니다. "서방 극락세계에서는 관세음보살이 곧 아미타불이다."라고 말입니다. 그 말씀은 대세지보살의 경우에도 마찬가지입니다. 법의 관점에서 볼 때, 어찌 아미타불과 관세음보살이 다르겠습니까. 어찌 또 아미타불과 대세지보살이, 관세음보살과 대세지보살이 다르겠습니까. 다만, 여기서 삼존三尊을 나누어 말하는 것은 그 현실적 차원에서이고, 불공 삼장이 같다고 말하는 것은 법성法性의 차원에서입니다.

"(무변광보살, 즉 대세지보살께서는) 지혜의 빛으로 모든 (중생들을) 두루 비추어 주심으로써 (중생들로 하여금) 세 가지 악도惡途를 떠나서 최고 가는 힘(無上力)을 얻게 한다. 그러므로 이 보살을 '대세지'라고 말한다."

관세음보살이 자비의 보살이라면 대세지보살은 힘의 보살입니다. 대세지를 가리키는 산스크리트는 'Mahāsthāmaprāpta'입니다. 'mahā'는 '크다'라는 뜻이고, 'sthāma'는 '힘'이라는 뜻이며, 'prāpta'는 '이르다'라는 뜻입니다. '이르다'를 '얻는다'로 옮겨도 됩니다. 동사 어근 '√āp'에 '이르다'와 '얻다'라는 두 가지 의미가 다 있기 때문입니다. '얻는다'는 뜻을 취할 때는 '득대세得大勢보살'이라 하였습니다.

대세지보살이 방출해 주시는 지혜의 빛으로 말미암아서 중생들은 세 가지 악도를 떠날 수 있는, 즉 윤회에서 벗어나서 깨달음을 얻을 수 있는 힘을 얻습니다. 그렇게 힘을 얻게 해 주시기에 그 보살의 이름을 '대세지보살'이라 하였습니다.

> "이 보살의 천관天冠에는 보배로 이루어진 오백 송이의 연꽃이 있으며, 하나하나의 보배로 이루어진 연꽃에는 보배로 이루어진 봉우리(臺) 오백 개가 있고, 하나하나의 (보배로 이루어진) 봉우리에는 시방세계 모든 부처님의 청정하고도 아름다운 국토가 광활하게 그 속에 다 나타나 있다. 정상頂上의 육계肉髻는 연꽃(鉢頭摩花, padma)과 같으며, 육계 위에는 보배로 이루어진 병甁이 하나 있는데, 그 안에는 모든 광명이 담겨 있어서 두루 불사佛事를 나타낸다. 나머지 다른 신체적 특징은 관세음보살과 똑같아서 다르지 않다."

여기서 말하는 '불사'는 중생을 제도하기 위한 여러 가지 행위를 나타내는 것입니다. 광명이 불사를 합니다. 광명이 중생을 제도합니다. 그렇다면, 어떻게 해야 대세지보살의 광명을 받을 수 있을까요? 바로 대세지보살을 관찰하고 떠올려 보아야 합니다. 나무아미타불.

28. 관음 세지 나란히

작년 6월 중순, 일본 나고야(名古屋)의 나나쓰데라(七寺)를 참배하였습니다. 이 절에는 희한하게도, 관세음보살님과 대세지보살님 두 분만이 나란히 앉아 계셨습니다. 아미타부처님은 안 계셨습니다. 1945년 3월 하순 미군 폭격기 B52가 쏟아부은 소이탄으로 인하여 아미타불은 불타 버리고, 절도 거의 다 타 버렸다는 이야기였습니다.

안타까운 역사의 한 장면을 아미타부처님께서 다 안고 가신 것 같았습니다. 저로서는 바로 직전에 「세지관勢至觀」을 쓰고 간 터라, 육계에 보병寶甁을 간직한 대세지보살을 뵙게 되어서 남다른 인연이라 생각하였습니다.

관세음보살과 대세지보살의 차이는 천관에 화불化佛을 모시고 있느냐 육계에 정병淨甁을 이고 있느냐의 차이만 있을 뿐, 나머지 여러 가지 모습은 다 관세음보살과 대세지보살이 같으며 다름이 없다고 하였습니다. 그렇다면 대세지보살의 행동은 어떠할까요?

"이 보살이 걸어가실 때는 시방세계가 모두 다 진동한다. 땅이 울리는 곳은 다 오백억 송이의 보배꽃(寶華)이 피고, 그 하나하나의 보배꽃은 다 크게 자라서 아름다운 형상을 나타내고 있는 것이 마치 극락세계의 (보배꽃과) 같다. 이 보살이 앉을 때는 칠보로 이루어진 국토가, 즉 저 아래(下方)의 금광불金光佛의 국토에서부터 저 위(上方)의 광명왕불光明王佛의 국토까지 모두 다 일시에 흔들린다."

지금 우리 사바세계에서는 땅이 흔들리면 곧 지진입니다. 그것은 엄청난 재해를 가져오기에, 두려움의 대상입니다. 그렇지만 극락에서 땅이 흔들리는 것은 바로 불보살님의 힘을 나타내는 것일 뿐, 중생들에게 괴로움을 주는 것은 아닙니다.

"(금광불의 국토에서 광명왕불의 국토) 그 중간에 있는, 티끌처럼 한량없이 많은 무량수불의 분신分身·관세음보살의 분신 그리고 대세지보살의 분신이 모두 다 극락국토에 모여들어, 공중에 가득 차 있는 연화좌蓮花座에 앉으셔서 올바른 법(妙法)을 설하여 괴로움에 허덕이는 중생들을 제도하신다."

선도 대사의 『관경소』에서는 바로 이 말씀에 문제를 제기하고, 해답을 베풀고 있습니다. 『아미타경』에 따르면, 극락에는 어떤 괴로움도 없고 오직 즐거움만 있다고 하지 않았느냐는 것입니다. 그러므로 지금 『관경』에서 '괴로움에 허덕이는 중생'이라는 표현이 나오는 것은 안 맞는다는 이야기입니다.

이러한 문제 제기에 대해서, 선도 대사는 여기 『관경』에서 말하는 것은 삼계三界의 괴로움이 아니라 정토의 괴로움이라고 말씀하십니다. 극락에 삼계의 괴로움은 없지만, 정토의 괴로움은 있다는 것입니다. 그럼, 무엇이 정토의 괴로움일까요? 수행이나 깨달음의 차원에서 낮은 지위에 있는 사람이 높은 지위를 바라면서 아직 거기에 도달하지 못한 것을 괴로워하는 것, 그것이 '정토의 괴로움'이라 말합니다.

"이렇게 관찰하는 것은 대세지보살을 관찰하는 것이니, 이는 '대세지보살의 색신色身을 관찰하는 것'으로서 '열한 번째 관찰'이라 말한다. (이러한 관찰은) 한량없이 오랜 아승기겁阿僧祇劫 동안 생사윤회를 반복하면서 지어 온 죄를 다 소멸하며, 이렇게 관찰하는 자는 (다시는) 포태胞胎에 들어가지 않으며 언제나 모든 부처님의 청정하고 아름다운 국토에 노닐게 된다."

지금 많은 사람들이 윤회에 관해서 관심을 갖습니다. 학문 연구에서도 마찬가지입니다. 이런저런 이론이 있고, 논쟁도 있습니다. 그렇지만 여기서 분명히 말씀드릴 수 있는 것은, 정토신앙에서는 윤회가 문제 되지 않는다는 것입니다. 극락 역시 윤회의 한 역驛으로 생각하는 분들도 없지 않은 것 같습니다만, 그렇지 않습니다. 극락에 태어나는 것은 윤회가 아닙니다. 윤회의 세계를 벗어나는 것입니다. 무수한 세월 동안 윤회를 하면서 쌓아 온 모든 악업이 다 소멸되기 때문입니다. 우리에게 문제 되는 것은 왕생입니다. "나무아미타불." 염불하는 사람은 모두 왕생할 것이므로 윤회를 문제 삼지 않습니다. 윤회를 두려워할 것이 아니라, 왕생을 바라면 그뿐입니다. 염불할 뿐인 것입니다.

"이러한 관찰이 이루어지게 되면, '관세음보살과 대세지보살을 함께 관찰하는 것'이라 이름한다. 이렇게 관찰하는 것을 '올바른 관찰'이라 말하고, 만약 이와 다르게 관찰하는 것을 '삿된 관찰'이라 말한다."

나무아미타불.

29. 제12 보관普觀

부처님께서 아난과 위제희에게 말씀하셨다.

"이러한 일을 보았을 때는 마땅히 (다음과 같은) 생각을 하고(起想) (다음과 같이) 마음을 일으켜야 한다(作心)."

중간에 ( ) 속에 말을 보충한 것은 생각을 하고 마음을 짓는 행위의 목적어가 바로 그 뒤에 이어지는데, 그것이 길어서입니다. 또 '생각을 하고 마음을 일으키다'로 번역한 것은, 판본에 따라서는 그저 '스스로 마음을 일으켜야 한다'로만 되어 있기도 합니다.

그렇다면 그 기상起想·작심作心(作意, manaskāra)의 목적어는 무엇일까요? "스스로 서방의 극락세계에 태어나서 연꽃 위에 결가부좌結跏趺坐를 하고 있다."라는 사실입니다. 지금까지 우리는 극락세계와 극락세계에 계신 아미타삼존을 관찰해 왔습니다. 그런데 이제 여기 보관普觀에 이르러서는 우리 스스로 극락에 왕생하는 장면을 떠올립니다.

왜 하필 우리가 태어나야 할 극락이 '서방'에 있는 것일까요? 이에 대해서는, 야나기 무네요시(柳宗悅, 1889~1961) 선생의 책 『나무아미타불』에서 가장 빼어난 해석을 만날 수 있습니다. 서방에 극락이 있는 것이 아니라, 극락이 있는 곳이 곧 서방이라는 것입니다. '서방'은 동방에 대립하는 서방이 아니라, 동방이나 서방의 대립을 넘어선 곳을 '서방'이라 불렀다는 것입니다. 그러므로 서방은 사실은 '중방中方'이고 '정방正方'이라고 말하였습니다.

"(극락의 연꽃 위에 앉아서는) 연꽃잎이 닫히는 모습을 생각하기도 하고, 연꽃잎이 열리는 모습을 생각하기도 한다. 연꽃잎이 열릴 때는 오백 가지 빛깔이 (우리) 몸을 비추는 생각을 한다. 눈을 뜨는 모습을 생각하면, 부처님과 보살님이 허공에 가득함을 볼 수 있다. 물·새·나무·숲 그리고 모든 부처님이 내시는 소리들은 다 올바른 법을 연설하고 있는데, (그 말씀은) 십이부경十二部經의 내용과 합치된다."

오백 가지 빛깔이 우리 몸을 비춘다는 것은 부처님의 무량광無量光 속에서 우리가 살아간다는 이야기입니다. 부처님의 가르침을 설법의 형식에 따라서 분류하면 열두 가지가 되므로 '십이부경'이라 말합니다. 특히, 십이부경은 초기 불교 당시에 경전을 분류하는 방식입니다. 이 『관경』과 초기 불교의 가르침이 내용상으로 모순되지 않음을 선언한 것으로 보입니다.

"만약 (연꽃 위의 관상에서) 나오더라도 (관상한 내용을) 굳게 지녀서 잃어버리지 말아야 할 것이다. 이러한 모습을 다 보게 되면, '무량수불의 극락세계를 본 것'이라고 이름하니, 이것이 보관普觀으로서 '열두 번째 관찰'이라 말한다."

열두 번째 보관은 곧 왕생관往生觀입니다. 앞에서 '서방'에 대해서도 말씀드렸습니다만, '서방'이라느니 '극락세계'라느니 '왕생'이라느니 하는 것을 지금 현대인들은 쉽게 믿지 못합니다. 종래 정토불교를 이행도易行道라고 하고 하근기下根機를 위한 가르침이라 말해 왔습니다. 맞는 말씀입니다. 아미타불의 본원本願(법장보살이었을 때 세우신 원)을 믿고서, "나무아미타불." 이렇게 여섯 글자를 외는 것으로 구원받을 수 있다고 하니 어찌 쉬운 길이 아니겠습니까.

하지만, 그렇게 입으로 "나무아미타불."을 외고 마음속으로 극락세계의 모습을 그려 볼 수 있기까지가 너무 어렵습니다. 가히 난행도難行道 중의 난행도라 해야 할 것입니다. 믿을 수 있어야 염불을 하게 되는데, 믿기가 쉽지 않기 때문입니다. 그래서 『아미타경』에서도 "믿기 어려운 법"이라 하였습니다. 현세의 일이 아니고, 세상의 일이 아니기 때문입니다. 그러므로 정토불교를 받아들일 수 있는 것은 참으로 어쩌면 상근기上根機라야만 가능한 것이 아닌가 하는 생각도 듭니다. 역설적이지만 말입니다.

> "수없이 많은 무량수불의 화신과 관세음보살, 대세지보살은 언제나 이렇게 (극락세계를 관찰하는) 수행을 행하는 사람이 있는 곳을 찾아오신다."

이는 내영來迎으로 오시는 것일 수도 있고, 또 빛으로 오시는 것일 수도 있을 것입니다. 미타삼존과 우리는 1 vs 1로 만나게 됩니다. 부처님은 '나 한 사람'을 위해서 오시는 것입니다.

그래서 "이렇게 관찰하는 것은 '올바른 관찰'이라 말하며, 만약 이와 다르게 관찰하는 것은 '삿된 관찰'이다."라고 말씀하신 것입니다. 나무아미타불.

30. 제13 잡상관雜想觀

지난 한 주는 참으로 마음속이 따스했습니다. '내가 살던 고향'에 갔기 때문입니다. 그 고향은 '꽃피는 산골'만은 아니었습니다. 물론 꽃도 피었지만, 무엇보다도 제 마음을 따스하게 해 주었던 것은 그 '꽃피는 산골'에 '그 속에서 놀던 때'의 제가 있었기 때문입니다. 제12 보관이 바로 그러한 세계였습니다.

이번 장은 제13 잡상관입니다.

부처님께서 아난과 위제희에게 말씀하셨다.

"만약 지극한 마음으로 서방(정토)에 태어나고자 하는 사람이라면, 먼저 마땅히 (극락의 보배) 연못 물 위에 떠 있는 1장 6척이나 되는 불상佛像을 관찰해야 한다. 앞에서도 말한 것과 같이, 무량수불의 몸은 끝이 없으므로 범부의 마음으로 헤아릴 수 있는 것이 아니다. 다만, 저 여래께서 과거세에 세운 원의 힘으로 인하여, (무량수불을) 생각하는(憶想) 자는 반드시 (극락왕생을) 성취할 수 있다."

'저 여래께서 과거세에 세운 원'을 '본원本願'이라 합니다. '본원'을 산스크리트(梵語)로는 'pūrva-praṇidhāna'라고 합니다. 'praṇidhāna'는 '서원'의 뜻이고, 'pūrva'는 '이전의'라는 뜻입니다. 그러니 법장보살이 아미타불이 되기 전, 즉 보살로서 수행할 때 세운 원이 '본원'입니다. 구체적인 내용은 바로 『무량수경』에서 법장보살이 말씀하신 사십팔원願입니다. 사십팔원이야말로 극락을 낳은 어머니입니다. 사십팔원이 없었더라면, 아미타부처님의 성불도, 우리 자신의 왕생도 존재할 수 없습니다. 그러므로 정토교는 '본원교本願敎'라 해도 과언이 아닙니다.

『무량수경』의 저 사십팔원, 그중에서도 '왕본원王本願'이라는 제18원에서는 열 번 염하거나(十念), 아니 단 한 번(一念)이라도 저 부처님(의 이름)을 염하면 왕생할 수 있다고 하였습니다. 『무량수경』의 상권에서는 '열 번', 하권에서는 '한 번'이라 되어 있습니다. 그에 반하여, 여기서는 '생각해야' 한다고 말합니다. 한자로 말하면 '염念'과 '억憶' 그리고 '상想' 모두 '생각한다'는 말입니다.

그 차이는 문맥에 따라서 잡을 수밖에 없습니다. 이 제13관에서의 '억상'은 소리를 내지 않고, 마음속에 떠올려 보는 것을 말하는 것으로 생각됩니다. 그에 반하여, 『무량수경』의 '염'은 소리 내어서 이름을 부르는 것입니다. 물론, 『관경』에서도 그런 염불 역시 설해집니다만, 그것은 좀 더 뒤로 가야 합니다.

"다만 저 불상만을 생각하더라도 한량없는 복을 얻을 수 있을진대, 하물며 부처님의 원만한 모습을 다 갖추고 계신 것을 관찰하는 것이라면 (말해서 무엇 하겠는가)."

부처님을 형상화한 불상을 생각하는 것만으로도 그 공덕은 한량없는데, 참으로 부처님을 관찰한다면 그 공덕이 더욱더 크다는 것은 당연한 일이겠지요.

“아미타불께서 마음대로 신통을 행하여서 자유롭게 시방의 국토에 화현하는데, 어떤 때는 허공을 가득 채울 만큼 큰 몸을 나투시고, 또 어떤 때는 1장 6척이나 8척 정도의 작은 몸을 나투신다. 그렇게 나투신 몸들은 다 진짜 금빛이 나고, 원광圓光·화불化佛 그리고 보배 연꽃은 다 앞에서 말한 그대로이다.”

불상, 진짜 부처님, 큰 몸, 작은 몸의 관찰을 한꺼번에 다 행하고 있으므로 ‘잡상관’이라 말하는 것입니다. 이때 ‘잡’의 의미는 종합의 의미일 뿐, 순수하지 못하고 잡스럽다는 뜻은 아닙니다.

아미타불만 그렇게 화현하는 것은 아닙니다. 중생제도가 화현의 목적인 만큼, 아미타불을 모시는 두 분 보살 역시 화현하지 않을 수 없습니다. 그것이 진정 아미타불을 모시는 일이 되기 때문입니다.

“관세음보살·대세지보살 역시 모든 곳에서 (화현하는데, 그) 몸을 (나투는 것이 아미타불의 경우와) 같다.”

큰 몸으로 나투기도 하고, 작은 몸으로 나투기도 한다는 말씀입니다. 그리하여 부처님이 그렇게 하시는지, 아니면 두 분의 보살님들이 그렇게 하시는지는 알 수 없을 지경입니다. 어느 보살님이 어느 보살님인지 혼돈될 수 있다는 것이지요.

“(그럴 때는) 중생들은 다만 머리 모양(首相)을 살펴보아서, ‘이분이 관세음보살이고, 이분은 대세지보살이다.’라고 알면 된다. 이러한 두 보살은 아미타불을 도와서 널리 모든 중생을 교화한다."

머리 모양을 보면, 관세음보살은 화불을 모시고 있고 대세지보살은 보병寶甁을 이고 있으므로 아미타불과는 다름을 알 수 있다는 이야기입니다.

"이것이 '잡상관'이니, '열세 번째 관찰'이라 말한다. 이렇게 관찰하는 것은 '올바른 관찰'이라 말하고, 만약 이와 달리 관찰하는 것은 '삿된 관찰'이라 말한다."

나무아미타불.

31. 제14-1 상품상생上品上生

『관경』의 16관을 크게 둘로 나눕니다. 제13관까지를 '정선定善'이라 하고, 제14관에서 제16관까지는 '산선散善'에 해당합니다. 이는 당나라 선도대사의 평가입니다. 앞에서 설한 삼복三福 부분 역시 산선에 포함됩니다. '정'은 '안정'이라는 의미이고, '산'은 '산란'이라는 의미입니다. 중생의 근기를 이렇게 크게 둘로 나눈 것입니다.

부처님께서 아난과 위제희에게 말씀하셨다.

"무릇 서방(정토)에 태어나는 데는 구품九品의 사람(에 따라서 왕생의 방법에 다름)이 있다."

어떤 번역본에는 이 구절의 번역이 생략된 경우가 있습니다. 있는 것이 좋고, 또 맞으리라 봅니다. 구품은 상품, 중품, 하품에 각기 상생上生, 중생中生, 하생下生의 셋이 있기 때문입니다. 이는 극락에 좋고 나쁜 아홉 등급이 있다는 이야기가 아니라, 극락에 가는 중생들의 근기와 그에 부합하는 수행법에 아홉 등급이 있다는 것뿐입니다.

"상품상생은 (다음과 같다). 만약 저 나라에 가서 태어나고자 원하는 중생이 세 가지 마음을 일으킨다면, 곧 왕생할 것이다. 무엇을 세 가지(마음이)라 하는가? 첫째는 지성심至誠心이고, 둘째는 심심深心이며, 셋째는 회향발원심廻向發願心이다. 이 세 가지 마음을 갖춘 자는 반드시 저 나라에 태어날 것이다."

'지성심'은 지극히 정성스러운 마음입니다. 정성스러운 마음은 거짓이나 굴곡이 없는 마음을 가리킵니다. 『기신론起信論』에서는 '직심直心'이라 한 것입니다. 정직은 수행이나 학문의 근본입니다. 거짓으로는 자력의 견성도 불가능할 것이고, 타력의 왕생도 불가능할 것입니다.

'심심'은 『기신론』에서도 그대로 '심심'이라는 말이 나옵니다만, 거기서의 뜻은 "모든 선행을 다 모으는 마음"이라고 하였습니다. 이에 반하여, 『관경』의 '심심'에 대해서, 선도 대사는 "심신深信의 마음이라."라고 주석하였습니다. 그러면서 믿는 것은 둘이 있다고 말합니다. 하나는 자신 스스로의 힘으로는 구원받을 역량이 없다는 것을 믿는 것이고, 다른 하나는 아미타불은 우리를 구원해 주실 힘이 있음을 믿는 것입니다. 그런 까닭에 『관경소觀經疏』에서는 "일심으로 아미타불의 명호를 오롯이 염하되, 가든 머물든 앉든 눕든, 그 시간의 길고 짧음을 묻지 말고, 생각 생각마다 (아미타불의 명호를) 버리지 않는 것을 '정정正定의 업'이라 말한다."라고 하였습니다. 정정의 업은 정정취正定聚의 업으로서, 극락에 왕생하는 사람들의 무리에 들어갈 수 있는 업입니다.

마지막으로 '회향발원심'은 자신의 모든 선행을 다 극락으로 가는 여정旅程의 양식으로 삼으려는 마음을 말합니다.

특히 이 세 가지 마음 중에서 심심이 중요합니다. 일본 정토종의 개조開祖 호넨(法然) 스님은 선도 대사의 『관경소』 중에서 이 심심에 대한 해석을 만나서, 오직 염불만 하자(專修念佛)는 입장을 선택할 수 있었다고 합니다. 일본 정토종이 삼부경 중에서도 이 『관경』을 가장 중시하는 까닭입니다.

세 가지 마음을 갖추어야 왕생한다고 했습니다만, 후대의 해석자들은 이 세 가지 마음을 갖추는 것과 "나무아미타불." 염불하는 것을 분리하지 않았습니다. "나무아미타불." 염불 속에 그 세 가지 마음이 다 갖추어진다고 말씀하셨습니다. 제18원의 원문願文(p.169~170, p.222~223 참고)에 나오는 '지심至心'이 바로 지성심이고, '신요信樂'가 바로 심심이며, '욕생欲生'이 바로 회향발원심입니다. "나무아미타불." 염불 속에는 지심, 신요 그리고 욕생이 다 갖추어져 있습니다. 그것들이 전제되어서 "나무아미타불." 염불이 나옵니다. 그러니 마찬가지로 지성심·심심·회향발원심이 있다면 자연히 "나무아미타불." 염불을 하게 되고, "나무아미타불." 염불 속에는 저절로 그 세 가지 마음이 다 담겨 있는 것입니다.

> "다시 세 부류의 중생들은 장차 왕생할 수 있을 것이다. 어떤 것이 세 부류인가? 첫째, 자비로운 마음으로 살생을 하지 않으며 모든 계행戒行을 잘 갖추는 자이다. 둘째는 대승의 방등方等경전을 독송하는 자이다. 셋째는 육념六念을 수행하여 (그 공덕을) 회향하면서 저 불국토에 태어나기를 발원하는 자이다."

왕생하게 되는 세 부류의 중생들이란 첫째, 계율을 잘 지키며 생명을 사랑하는 사람입니다. 앞의 '세 가지 복' 중에서 둘째 계복戒福의 내용과 일치합니다. 둘째는 대승불교의 경전을 읽는 사람입니다. 앞의 '세 가지 복' 중에서 셋째 행복行福의 내용과 일치합니다. 대승의 방등方等(이 말 자체에 '대승'이라는 뜻이 있음)경전은 대승불교 경전을 가리키는 것으로 볼 수 있습니다. 하지만, 좀 더 구체적으로 정토신앙을 설하는 경전들을 가리키는 것으로 보아도 좋을 것입니다. 마지막으로 육념 즉 불·법·승 삼보三寶를 염하며, 또한 보시·지계·생천生天을 염하는 사람입니다. 삼보를 염하는 것은 말할 나위 없고, 보시·지계·생천 역시 초기 불교의 기본적인 수행법입니다.

여기서 우리가 알 수 있는 것은, 초기 불교에서 대승불교에 이르기까지 불도佛道 추구의 길, 좀 더 좁혀서 말씀드리면 대승불교의 보살의 길이 다 정토신앙 속으로 포섭된다는 점입니다. 그것이 앞에서 말씀드린 삼복이고, 그중의 계복과 행복이 여기 상품상생에서 다시 강조됩니다. 그러니까 『관경』은 정토신앙의 두 흐름, 즉 관상과 염불만을 종합하는 것에 그치지 않고, 초기 불교에서 대승불교에 이르는 보살도菩薩道 역시 포섭하고 있음을 알 수 있습니다. 그런 소임을 띠고 등장한 것이 바로 『관경』입니다. 그러다 보니, 앞에서 나온 삼복과 뒤에 나올 구품왕생(제14~16관)이 서로 동떨어져서 설해지고 있으나, 선도 대사는 공히 '산선散善'이라 평가했습니다. 삼복과 구품왕생이 공히 산선이라면, 곧바로 이어서 설해지도록 붙이는 것이 좋지 않았을까 생각해 봅니다. 그러나 역시 삼복은 정토불교 이전에 존재하던 성도문聖道門의 불교입니다. 그 성도문의 불교까지도 정토문淨土門 안으로 포용하려면, 그 위치는 본격적으로 정토문의 불교인 정선定善이 시작되기 전에 자리하는 것이 적절했을 것입니다. 그 보살의 길, 성도문의 길이 수용 가능한 것은 상근기여야 합니다. 상근기는 다른 수행까지 다 행하더라도 염불을 할 수 있는 근기이기 때문입니다.

"이러한 공덕을 갖추고서 1일 내지 7일에 이르게 되면 곧 왕생을 얻게 된다."

'1일 내지 7일'은 '1일, 2일, 3일, 4일, 5일, 6일, 7일'이라는 말을 줄인 것입니다. 이는 『아미타경』과도 부합하는 부분입니다. 나무아미타불.

32. 권진

"저 나라에 태어날 때, 이 사람은 (사바세계에 있으면서) 용맹정진한 공덕으로 아미타여래와 관세음보살·대세지보살·헤아릴 수 없는 화불化佛·백천百千 비구의 성문聲聞 대중들·한량없이 많은 천신天神들이 칠보로 된 궁전(과 함께 나타나서 저 나라에 태어나는 사람을 맞이해 주신다)."

한문 원문을 보면, 주어만 있지 동사와 목적어가 없습니다. 그렇지만 문맥을 살펴보면, 아미타불과 관음 세지 등이 모두 이 수행자를 접인接引하고 내영來迎해 주신다는 이야기임을 알 수 있게 됩니다.

좀 더 구체적인 이야기가 계속됩니다.

"관세음보살은 금강대金剛臺를 집으시고 대세지보살과 함께 수행자 앞에 나타나시며, (그때) 아미타불께서는 큰 광명을 놓으셔서 (서방 극락세계로 온 염불)행자의 몸을 비추어 주시고 다른 모든 보살과 함께 (행자의) 손을 잡아 주면서 영접하신다."

지금 제가 '손을 잡아 주신다'고 번역한 말의 원문은 '수수授手'입니다.

직역을 하면, '손을 주신다'고 해야 할 것입니다. 강진 무위사 법당의 벽화를 비롯하여, 예부터 이러한 모습을 그린 내영도來迎圖는 불교미술, 더 좁혀서 말하면 정토미술의 아름다움을 드날렸습니다.

이렇게 극락에 왕생해 온 염불행자 앞에 나타나신 "관세음보살과 대세지보살 그리고 헤아릴 수 없이 많은 보살들은 (염불)행자를 찬탄하면서 그 마음을 권진하신다(勸進其心)."라고 합니다. 여기, '권진'이라는 말이 나옵니다. 앞에서 삼복三福을 말할 때도 나왔습니다. 그때는 '권진행자勸進行者'라는 말이었습니다.

우리나라에서는 『관경』이 널리 읽히지 않았던 탓일까요? 이 좋은 말이 보통명사 혹은 동사로 쓰이지 못했습니다. '권진기심勸進其心'이라는 말은, "염불행자가 일으킨, 극락에 왕생하려는 마음을 격려하다."라는 뜻입니다. 일본에서는 『관경』이 널리 읽힌 까닭이겠습니다만, '권진'은 일상에서도 널리 쓰였습니다. 예를 들면, 절에 가면 참배객이 차 한 잔 마실 수 있는 휴게소를 '권진소勸進所'라고 합니다. 어떤 행사를 할 때의 주최를 현수막에 적어 줄 때, 일본에서는 '권진'이라고 합니다. 불사의 총책임자도 '권진'입니다. 주지 스님도 '권진'이라 불렀습니다. 저는 우리 불교의 흥망성쇠가 바로 이 '권진' 여부에 달려 있다고 봅니다. 그래서 '권진'이라는 말을 꼭 되살리고 싶은 것입니다.

> "(염불)행자는 그러한 (불보살님들의 내영해 주시는 모습을) 보고 나서는 환희하여 (껑충껑충) 뛰는데, 스스로 그 몸이 금강대를 타고 부처님의 뒤를 따라가서 손가락을 (한 번) 튕기는 사이에 저 나라에 왕생함을 본다."

이 번역에서 문제가 되는 것은, '스스로 ~ 본다'는 문장에서 '보다'의 목적어를 어디까지로 볼 것인가 하는 점입니다. 흔히는 그 몸이 금강대를 타는 것까지로 봅니다. 하지만, 저는 금강대를 타고서 손가락 한 번 튕기는 사이에 그 몸이 곧바로 극락에 왕생하는 것까지를 다 '보다'라는 말의 목적어로 봅니다. 왜냐하면, '그 몸'이라는 주어가 '저 나라에 왕생하다'까지 걸리기 때문입니다.

"저 나라에 태어나서는, 부처님께서는 여러 가지 신체적 특성들을 다 갖추고 있음을 보고, 여러 보살들도 여러 가지 신체적 특성들을 다 갖추고 있음을 본다. 빛이 비치는 보배 숲 자체가 올바른 진리(妙法)를 설하고 있어서, 그것을 듣고서 곧 다시는 나지 않는 진리(無生法忍)를 깨닫게 된다."

저는 우리나라가 극락이 아니라고 생각하는데, 그 이유는 범죄 건수도 많고 안전사고가 잦아서가 아닙니다. 그 역시 물론 하나의 조건이 되겠습니다만, 그보다 더 중요한 것은 따로 있습니다. 바로 정토법문을 어디에서도 쉽게 들을 수 없기 때문입니다. 어디에서나 정토법문을 들을 수 있다면, 그런 나라가 곧 극락일 것입니다.

"(또 그 나라에서는) 잠깐(須臾) 사이에 수많은 부처님을 다 모시면서 시방세계에 두루 다니며, 모든 부처님으로부터 차례로 수기受記하고서는 본국으로 돌아와서 한량없는 다라니를 얻는다. 이를 '상품상생'이라 한다."

자기 나라를 '본국'이라 합니다. 당나라 선도 대사는 극락을 '고향'이라 하였습니다. 그러므로 극락은 우리의 잃어버린, 잊어버린 고향이 됩니다. 돌아가자(歸去來), 고향으로! 그것이 염불입니다. 나무아미타불.

33. 제14-2 상품중생上品中生

상품중생에서는 "반드시 (대승의) 방등方等경전을 읽고 외우지는 않더라도"라고 양보하는 말로써 시작합니다. 앞의 상품상생에서 저 아미타불의 나라에 왕생하는 세 부류의 중생이 있다고 하면서, 그 두 번째로 '대승의 방등경전을 읽는' 중생들을 들었기 때문입니다.

넓고 깊은 진리를 말씀하시고 있는 대승불교의 경전을 읽는 중생들은 상품상생의 근기에 들어갑니다. 이런 점에서 본다면, 지금 『관경』을 읽고 있는 저희 역시 어쩌면 모두 상품상생일지도 모릅니다.

상품상생과는 달리, 상품중생에서는 "(비록) 반드시 (대승의) 방등경전을 읽고 외우지는 않더라도 (경전에서 설하는) 의미를 잘 이해하여 궁극적인 의미에 대해서 마음으로 놀라거나 동요하지 않고, 깊이 원인과 결과(因果)의 이치를 믿고서 대승을 비방하지 않는다."라고 말합니다.

여기서 우리는 저 앞에서 들었던 삼복三福의 법문이 떠오릅니다. 삼복 중 셋째, 즉 행복行福에서는 "보리심菩提心(왕생극락하고자 하는 마음)을 발하여 원인과 결과의 이치를 깊이 믿고 대승경전을 읽으며, (극락에 왕생하려는 다른) 수행자들을 권진하는" 중생은 극락에 왕생할 수 있다고 했습니다. 그런데 여기서는 그 부분을 다시 둘로 나누면서, 대승경전을 읽지는 않더라도 원인과 결과의 이치를 깊이 믿을 수 있다면, 그것만으로도 왕생할 수 있다고 말하고 있습니다.

또 생각나는 것은 『무량수경』에서 설하는 법장보살(아미타불의 전신)의 사십팔원願 중에서 제18원입니다. 아미타불의 명호를 열 번(상권) 내지 단 한 번만이라도(하권) 외게 된다면, 아미타불의 나라에 왕생할 수 있다고 했습니다. 다만 두 가지 경우는 예외인데, 오역죄五逆罪와 대승의 올바른 진리를 비방하는 죄를 범한 경우입니다.

그만큼 대승의 방등경전을 읽느냐 안 읽느냐, 또 거기서 설해지는 말씀을 받아들이느냐 받아들이지 않느냐 하는 것이 중요합니다. 오역죄를 범한 중생은, 앞으로 살펴보겠습니다만, 이『관경』에 이르러 구제의 길이 열립니다. 그렇지만 끝내 대승의 정법을 비방한 죄를 범한 경우에는 구제해 준다는 이야기가 나오지 않고 있습니다.

직접 대승경전을 읽어 보지는 않더라도, 대승경전에서 설하는 것과 같은 이치를 알고 깨닫는 사람들도 없지는 않습니다. 대승경전 속에 담긴 이야기 자체가 경전 밖에서 이치를 깨달은 분(부처님)이 설하신 것이기 때문일 것입니다. 원인과 결과의 이치는 원래 경전 안에 존재하는 것이 아니라, 경전 밖에 존재합니다. 부처님께서 경전 밖에서 깨달으신 이치를 다시 경전 속에 넣어 주셨던 것입니다.

"그러한 공덕을 회향하여 극락이라는 나라에 태어나고자 원하면서 이 행을 행하는 자는 목숨이 다하려고 할 때, 아미타불과 관세음보살 및 대세지보살이 한량없이 많은 대중들에게 둘러싸인 채 자금대紫金臺를 들고서 그 행자 앞에 나타나서는 (그를) 찬탄하여 (다음과 같이) 말씀하신다."

담란曇鸞(476~542) 스님의『정토론주淨土論註』에서는 회향에 두 가지 회향이 있다고 하셨습니다. 극락으로 가는 데 도움이 되는 회향과 극락에서 다시 돌아오는 데 필요한 회향입니다. 전자를 '왕상회향往相廻向'이라 말하고, 후자를 '환상회향還相廻向'이라 말합니다. 갔다가 오는 것, 즉 왕상과 환상이 불교이고, 특히 정토사상입니다. 가기만 하고 돌아오지 않는다면 다른 이의 구제는 불가능하고, 가지도 않고서 돌아오려고 한다면 자기 구제가 불가능하므로 다른 이의 구제 역시 충실할 수 없을 것입니다.

여기서 자금대는 '자마금색紫磨金色'의 좌대座臺를 말합니다. 극락으로 오는 행자를 맞이하여, 행자가 앉을 자리를 마련해 주려는 것입니다. 과연 아미타불은 극락으로 왕생한 행자에게 무엇이라 말씀하실까요?

"진리의 아들이여, 그대는 대승의 가르침을 잘 행하고 궁극적인 의미를 잘 이해하였다. 그런 까닭에 지금 내가 와서 그대를 맞이하고자 천 분의 화불化佛과 더불어 일시에 손을 내밀고 있는 것이다."

따스한 환영사입니다. 나무아미타불.

34. 부자상영父子相迎

우리 정토사상에는 '부자상영'이라는 말이 있습니다. 아미타부처님께서 극락으로 가고 있는 행자를 맞이하러 와 주실 때, 그에 호응하여 염불행자 역시 아미타부처님을 향해서 달려가는 것을 말합니다. 마치 아버지와 아들이 길에서 서로를 보고서 달려가 서로 끌어안고 반가워하는 것과 같다는 것입니다. 이렇게 왕생은 일방적인 관계가 아니라, 서로 호응하는 쌍방향의 관계입니다.

앞에서 아미타부처님의 오시는 모습은 살펴보았습니다. 이제 염불행자는 어떻게 할까요? 아미타부처님께서 천 명의 화불과 함께 손을 내밀어 주실 때, "행자는 스스로 자마금색의 좌대(紫金臺)에 앉아 있음을 보고서는 합장하거나 차수叉手(두 손을 단전에 모으는 자세)하여 모든 부처님을 찬탄한다. (그러자) 일념一念에 곧 저 나라의 일곱 가지 보배로 이루어진 연못에 태어나니, 이 자마금색으로 이루어진 좌대는 큰 보배로 이루어진 꽃과 같아서 하룻밤을 지나자 곧 (꽃잎이 열리는 것처럼) 열린다."라고 합니다.

자마금색의 좌대에 앉아서는 곧 극락에 왕생하게 되었다는 것입니다. 여기서 '일념'은 일종의 시간 단위라고 볼 수 있습니다. 손가락 한 번 튕기는 시간의 1/60이라고 합니다. 극락에 왕생하게 되니, 행자의 몸 역시 달라지지 않을 수 없을 것입니다.

"행자의 몸 역시 자마금색을 띠게 되고, 발밑에도 역시 칠보로 이루어진 연꽃이 있게 된다."

환경이 달라지면 그 환경 속에 살아가는 사람 역시 달라집니다. 그것이 풍토風土입니다. 우리는 이 환경을 흔히 '토土'라고 말하고, 그 속에서 살아가는 사람을 '신身'이라고 말합니다. 이는 서로 깊은 영향 관계에 놓여 있습니다. '신토불이身土不二'라는 말에는 그런 뜻 역시 담겨 있습니다. 극락이라는 환경으로 변하게 되면, 당연히 그 몸 역시 더는 중생의 몸일 수는 없습니다. 자마금색을 띠게 되는 이유입니다.

이렇게 행자가 극락에 도착해서 그 몸조차 바뀌게 되자, 다시 불보살님 쪽에서 호응을 하지 않을 수 없습니다. 그것은 광명을 비추어 주시는 것입니다.

"(아미타)부처님과 (관음 세지 두) 보살은 모두 광명을 놓아서 (염불)행자의 몸을 비추자, (행자의) 눈이 곧 밝게 열리고 그전에 익힌 습관으로 말미암아서 두루 온갖 소리를 다 듣고는 깊고 깊은 궁극적 의미를 온전히 설한다."

'그전에 익힌 습관'은 극락에 오기 전에 익힌 습관을 말하는 것입니다. 비록 '습관'이라는 표현을 하였습니다만, 나쁜 습관이 아닙니다. 극락세계의 환경(依報)과 불보살(正報)을 관찰해 온 수행의 공덕을 말하는 것입니다. '온갖 소리'는 자연의 바람소리 물소리는 물론, 새들이 우는 소리까지를 다 말합니다. 극락에서는 그러한 소리가 곧 고, 공, 무상, 무아를 설하는 법문으로 들려옵니다.

또한 '깊고 깊은 궁극적 의미'는 극락에 오기 전부터 이미 들었던 것이고, 지극히 높고 높은 진리임에도 불구하고 결코 놀라거나 두려워하거나 물러나지 않았던 것입니다. 그러한 마음을 앞에서 "마음으로 놀라거나 동요함이 없었다."라고 표현했던 것입니다. 다만, 여기서는 단순히 마음속으로 놀라지 않는 정도이거나 믿는 정도에 그치는 것은 아닙니다. 온전히 그러한 궁극적인 의미, 즉 최상의 이치를 '온전히 설하고(純說)' 있는 것입니다.

"(이렇게 법문을 설하고 나서는) 곧 (자마금색의) 좌대에서 내려와서 부처님을 예배하고 합장하여 세존을 찬탄한다. 7일이 지나자, 곧바로 위없이 높고 올바른 깨달음에서 (한 걸음도) 물러나지 않게 된다."

극락에 가서 태어나면 곧 제8지에 들어간다고 하였습니다. 바로 불퇴전不退轉이라는 지위가 10지 중 제8지입니다. 제8지는 더는 물러나지 않는다는 경지입니다.

"곧 능히 시방(세계)을 날아가서 (시방세계의) 모든 부처님을 모시고 그 모든 부처님 계신 곳에서 모든 삼매를 닦아, 1소겁小劫을 지나서 다시 태어나고 (소멸함이) 없는 진리(無生法忍)를 얻고서, 곧바로 수기受記한다. 이를 '상품중생'이라 말한다."

뒤로 물러서지는 않지만, 앞으로 가야 할 길은 남아 있습니다. '1소겁' 정도의 시간은 더 필요합니다. 그 길은 끝이 없는 길입니다. 나무아미타불.

35. 제14-3 상품하생上品下生

역사적으로 볼 때, 인도·중국 그리고 우리나라에서는 정토종이라는 종파가 하나의 종파로서 독립된 것 같지는 않습니다. 거의 모든 종파에서 정토신앙을 나름의 형식으로 받아들이고 있었던 것입니다. 이에 반하여, 일본불교에서는 천태종에서 정토신앙을 발전시켜 왔지만, 마침내 정토종의 독립이 이루어집니다.

그 정토종을 연 분이 호넨(法然) 스님입니다. 그분이 정토종 독립의 이유를 밝힌 책을 하나 썼습니다. 『선택본원염불집選擇本願念佛集』, 줄여서 '『선택집』'이라 부릅니다. 이 책의 주장을 간단히 말하면, "'나무아미타불.' 염불만 하면 극락왕생할 수 있다."입니다. 다른 수행이 필요 없다는 것입니다. 이를 '전수염불專修念佛'이라 하였습니다.

그런데 당시 이 책을 읽으신 스님 중에서 화엄종의 묘에(明惠, 1173~1232) 스님이 들고일어납니다. 말이 안 되는 사설邪說이라고 하면서, 『선택집』을 반박하는 책을 펴냅니다. 『최사륜摧邪輪』, 즉 삿된 법륜을 꺾는다는 뜻의 제목입니다. 화엄종에서는 "처음 보리심菩提心을 발하는 것이 곧 정각正覺이라."라고 말하는 만큼, 보리심을 발하라는 이야기가 없이 다만 염불만 하라는 것은 삿되다는 입장이었습니다.

이 『최사륜』에 대해서, 다시 정토종에서는 수많은 반박서가 나옵니다. 역설적이지만, 정토종 교학의 일등 공신은 바로 화엄종의 묘에 스님이었습니다. 이번 장에서 우리가 읽을 『관경』의 상품하생에서 바로 그 문제, 즉 보리심을 발하는 문제가 이야기되고 있습니다.

"상품하생이라는 것은 (다음과 같다. 상품중생과 마찬가지로) 역시 인과를 믿고 대승을 비방하지 않으며, 다만 위없이 높은 깨달음을 이루고자 하는 마음을 일으켜서 이러한 (보리심을 일으킨) 공덕을 회향하여 극락에 태어나고자 원하고 구하는 것이다."

이 『관경』 말씀에 따르면, 보리심을 일으킨 공덕과 극락에 태어나고자 원하고 구하는 것 사이에는 깊은 관계가 있습니다. 보리심을 일으킨 공덕은 극락에 태어나고자 원하고 구하는 일의 원인이 된다고 할 수 있습니다. 그런데 이 양자 관계는 그 역逆도 성립하는 것은 아닐까요? 즉, 극락에 태어나고자 원하고 구하는 것이 곧 보리심을 일으키는 일의 원인이라고 생각할 수도 있는 것 아닐까요?

나아가서 '위없이 높은 깨달음을 이루고자 하는 마음'이라는 보리심의 사전적 정의를, 선禪의 관점이 아니라 정토의 관점에서 해석한다면, 그 보리심은 바로 '극락에 태어나고자 원하고 구하는 마음' 그 자체가 아닐까요? 욕생심欲生心이 곧 보리심인 것이지요. 그렇다고 한다면, 애당초 보리심을 발하는 것과 극락에 태어나고자 원하고 구하는 것이 둘이 아닌 셈이 되겠지요.

"나무아미타불."이라고 소리 내어서 입으로 염불하든, 마음속으로 아미타불과 극락을 관찰하든 그 자체 속에는 이미 보리심이 들어 있게 되는 것입니다. 보리심이 없다면, 단 한 번도 "나무아미타불."이라 소리 내어서 염불을 할 수 없을 것이기 때문입니다.

> “(그렇게 발원한) 수행자가 목숨이 다하려고 할 때는 아미타부처님과 관세음보살, 대세지보살이 모든 대중(眷屬)과 함께 금련화金蓮華를 들고 오백 명의 화불化佛을 화작化作하여서 이 수행자를 맞이하러 오신다.”

아미타불이 관세음보살과 대세지보살만을 데리고 오셔도 될 터인데, 다시 화불을 더 만드셔서 함께 오신다고 합니다. 환상적인 장면이 아닐 수 없습니다.

> “오백 분의 화불이 동시에 (수행자에게) 손을 내밀고서는 찬탄하여 말씀하신다. ‘진리의 아들이여, 이제 그대는 청정하며 위없이 높은 깨달음을 얻으려는 마음을 발하였으니, 이제 나는 그대를 영접하노라.’”

앞서 한 저의 분석이 옳다고 한다면, 이 말씀은 다음과 같이 읽을 수 있을 것입니다.

> “이제 그대는 청정하며 극락에 태어나고자 원하고 구하는 마음을 발하였으니, 이제 나는 그대를 영접하노라.”

이렇게 ‘발무상도심發無上道心’을 ‘발왕생극락심發往生極樂心’으로 해석할 수 있다면, “나무아미타불.”이라 염불하는 그 소리 속에 이미 보리심이 들어 있는 것 아니겠습니까. 염불하는 그 마음이 곧 보리심을 발하는 것이 아니고 무엇이겠습니까. 나무아미타불.

36. 환희의 나라

위없이 높은 보리심을 발한 수행자 앞에 아미타불께서 금련화金蓮華를 들고 나타나셨습니다. 극락세계로 이끌어 가기 위해서입니다. 아미타불께서 내영해 주시는 은혜를 입자, 수행자는 곧바로 아미타불께서 들고 오신 "금련화 위에 앉자마자 곧바로 꽃잎이 닫히는 것을 스스로 보게 된다."라고 합니다. 그렇게 행자가 금련화 위에 다 앉자마자 꽃잎은 닫혔습니다.

금련화는 아미타불의 지물持物이었습니다. 그리고 그것은 곧 아미타불의 자비, 아미타불의 사랑을 상징합니다. 그러므로 금련화 속에 앉아 있는데, 꽃잎이 닫힌다는 것은 바로 아미타불에게 포옹되었음을 의미한다고 보아야 할 것입니다.

그렇게 아미타불로부터 따스하게 포옹된 채, "(아미타)세존의 뒤를 따라서 곧 (극락국토의) 칠보七寶로 된 연못에 왕생할 수 있게 되는데, (그 칠보로 된 연못 위에서) 하루 밤낮을 지나자 연꽃이 다시 열린다."라고 합니다. 금련화는 아미타불의 지물일 뿐만 아니라, 승물乘物이기도 합니다.

선도善導 대사가 착안한 저 유명한 이하백도二河白道의 비유에서, 사바세계와 극락세계 사이에는 물의 강과 불의 강이 가로막고 있습니다. 그 사이에 한 줄기 길이 나 있는데, 하얀 길(白道)입니다. 정토로 왕생하는 사람들은 이 백도를 통해서 가는데, 그 길은 수해도 없고 화재도 없는 안전한 길입니다.

그 백도가 무엇일까요? 바로 '나무아미타불'이라고 잇펜(一遍) 스님은 말씀하셨습니다만, 여기 『관경』의 상품하생에서는 보리심을 발하는 것이기도 합니다. 염불에 의해서 건너가고, 보리심에 의해서 건너갑니다. 금련화를 타고서 건너갑니다. 이렇게 금련화는 고해苦海를 건너는 배가 되기도 합니다. 반야용선般若龍船과 같은 역할을 하고 있는 것입니다.

꽃잎이 다시 열렸습니다. 그 덕분으로 이제 행자는 칠보로 된 연못은 물론, 극락을 두루 살펴볼 수 있게 되었습니다. 그러나 아직 아미타불은 뵙지 못했습니다.

> "(꽃잎이 다시 열린 뒤) 7일이 지나서야 비로소 부처님을 뵈올 수 있게 된다. 그렇게 부처님 몸(佛身)을 뵈올 수는 있지만, (부처님의) 수많은 상호相好에 대하여 마음으로 선명하게 다 알 수는 없다."

마치 선에서 몰록 깨달음(頓悟)을 얻었다고 하더라도 지속적으로 닦음(漸修)을 계속해야 한다고 말하는 것처럼, 그렇게 아미타불이 가진 수많은 신체적 특성(相好)들에 대해서 다 보고 다 이해하는 데 다소의 시간이 걸린다고 하는 것입니다.

> "3·7일이 지나서야 비로소 분명하게 볼 수 있게 되니, (극락의 모든 존재의) 소리들이 다 지극한 진리(妙法)를 연설하고 있음을 들을 수 있게 된다."

'3·7일'은 3주입니다. 우리나라 절에서 3·7일 기도를 많이 하는데, 여기 『관경』에 그 유래가 있었습니다.

그런 다음에는 극락에만 머물지 않고, "시방세계를 노닐면서 모든 부처님을 찾아뵙고 공양한다. 모든 부처님 앞에서 다시 매우 깊은 진리의 말씀을 듣는데, 3소겁小劫이 지나면 모든 진리에 대하여 명료하게 아는 지혜(百法明門)를 얻어서 환희의 경지(歡喜地)에 머문다. 이를 '상품하생'이라 말한다."라고 합니다.

환희지는 10지十地 중에서 첫 번째입니다. 그 환희지를 얻기 위해서는 왕생극락을 해서도 3소겁이라는, 가히 한량없는 시간 동안 부처님을 공양하고 법문을 들어야 합니다. 공덕을 쌓아야 합니다. 용수龍樹(Nāgārjuna)보살은 바로 이 환희지를 해설하면서, 염불의 길이야말로 이행易行이라고, "나무아미타불." 염불을 통해서, 환희지 즉 필정지必定地에 들어가게 된다고 말씀하셨습니다.

"극락국토의 모든 중생들은 다 아비발치阿鞞跋致(avivartika, 불퇴전지/부동지)이다."라고 하는 『아미타경』의 관점과는 다릅니다. 아비발치는 제8지이기 때문입니다.

> "(이상의 상품상생·상품중생·상품하생을 생각하는 것을 합하여) '상배의 왕생에 대한 생각(上輩生想)'이라 이름하며, '열네 번째 관찰'이라 이름한다. 이렇게 관찰하는 것은 '올바른 관찰'이라 말하고, 만약 이와 달리 관찰한다면 '삿된 관찰'이라 말한다."

나무아미타불.

37. 제15-1 중품상생中品上生

부처님께서 아난과 위제희에게 말씀하셨다.

"중품상생은 (다음과 같다). 만약 어떤 중생이 오계五戒와 팔재계八齋戒를 받아 지니는 (것은 물론), 모든 계율을 수행하여 오역죄五逆罪를 짓지 아니하여 어떠한 악과 허물이 없다고 하자."

'오계'는 죽이지 않는 것, 훔치지 않는 것, 삿된 음행을 하지 않는 것, 거짓말하지 않는 것, 술을 마시지 않는 것입니다. 그러한 다섯 가지 일을 하지 않겠다는 맹세입니다. '팔재계'는 이 오계에 더하여 세 가지를 더 지키는 것입니다. 꽃다발이나 장신구·향수 등을 착용하거나 바르지 않는 것, 노래하고 춤추지 않으며 노래를 듣지도 않고 춤을 보지도 않는 것 그리고 높고 큰 침상에 앉거나 눕지 않는 것이 세 가지 추가 조항입니다.

오계는 '오계'라고 했는데, 팔계는 '팔재계'라고 하였습니다. 이를 통해서 계의 의미는 원래 '재계齋戒'임을 알 수 있습니다. 목욕재계라고 말하지 않습니까. 몸과 마음을 조심하는 것, 그것이 바로 계율의 의미입니다.

계율은 선線입니다. 중앙선입니다. 그런데 그 중앙선은 스스로 지켜야 하는 자기 질서입니다. 그러니까 그 중앙선은 도로공사에서 그어 놓은 선이 아니라, 스스로 그어 놓는 선입니다. 스스로 선을 긋지 못하면, 자기 질서를 지키지 못합니다. 부처님으로부터 받는 형식을 취하더라도, 실제로는 자기가 자기에게 부과하는 것이 계율입니다. 만약 그러한 자기 질서가 없다면 선을 넘고, 마주 달려오는 차와 충돌하고 말 것입니다. 우리가 계율을 지켜야 하는 이유입니다. 그러한 중앙선이 없다면, 우리 삶의 안전운전은 담보될 수 없습니다.

뒤에 가면 나오겠습니다만, 『관경』의 매력 중의 하나는 오역죄를 범한 사람도 제도되는 데 있습니다. 『무량수경』의 제18원에서는 "오직, 오역죄나 (대승의) 정법을 비방하는 (죄를 범한 중생들은 극락왕생할 수 없도록) 제외한다."라고 규정되어 있습니다. 이러한 한계를 넘어서, 오역죄를 범한 중생까지 제도함으로써 부처님의 제도공동체의 범위를 넓혔다는 데 이 『관경』의 존재 이유 중 하나가 있는 것 아닌가 생각됩니다. 제18원의 예외사항에 묶여 있는 중생들도, 아니 그들(=우리들)이야말로 아미타불의 자비가 필요한 존재들임을 생각한다면, 사실 『무량수경』은 하나의 큰 숙제를 남겨 놓은 것이 됩니다. 이 미해결의 과제를 해결해야 할 역사적 사명을 띠고 이 땅에 태어난 것이 바로 『관경』이라고 저는 봅니다. 그렇기에 만약 『관경』이 없다고 한다면, 정토사상은 완성되지 못했을 것입니다.

그런데 여기서 주의해야 할 것이 있습니다. 그렇다고 해서, 아미타불의 본원本願(법장보살이었을 때 세우신 원)을 곡해해서 마치 악을 범해도 좋은 것으로, 계율은 전혀 안 지켜도 좋은 것으로 생각해서는 안 된다는 것입니다. 아미타부처님께서 오역죄인까지도 구제할 수 있는 법문을 마련해 놓았다고 해서, 윤리적으로 문제가 되는 행동을 함부로 짓는 사람들도 없지 않았습니다. 그런 행위를, 신란 스님의 어록을 담고 있는 『탄이초歎異抄』에서는 '본원 과신'이라 하면서 비판합니다. 신란 스님의 비유에 따르면, 그것은 마치 해독제가 있다고 해서 함부로 독을 마시는 것과 같은 일이 되기 때문입니다.

그러므로 여전히 우리는 선을 행하는 것이 중요합니다.

"이러한 선근善根을 회향함으로써 서방 극락세계에 태어남을 원한다고 하자."

서방 극락세계에 태어나길 원하는 회향을 '왕상회향往相廻向'이라 합니다. 여기서 우리는 알 수 있습니다. 극락세계에 태어나기를 원하는 것이 '왕상회향'입니다.

"(이러한 조건들을 충족한다면) 행자가 목숨이 다하려고 할 때, 아미타불께서 모든 비구 (등) 권속들에게 둘러싸여 금색의 빛을 놓으면서 그 사람(=행자)이 있는 곳에 이르러, '고苦·공空·무상無常·무아無我'의 가르침을 연설해 주시고, 출가하여 모든 괴로움을 떠나는 것을 찬탄해 주신다."

어떤 사람들은 그런 이야기를 합니다. 우리는 사바세계에 살면서 고생하는데, 극락에 가서 혼자 즐겁게 살면 무슨 재미인가? 이렇게 말하는 사람들은 전혀 정토삼부경을 읽어 보지 않은 사람들입니다. 왜냐하면, 극락에 가는 것은 돌아오기 위해서입니다. 극락에 왕생하길 원하는 것은 '왕상회향'이라 하고, 극락에서 이 세상으로 돌아와 다른 중생들을 불도로 향하게 하는 것은 '환상還相회향'입니다. 그러니 중생들을 놓아두고, 혼자 잘 먹고 잘 살기 위해서 극락에 가는 것이라는 이야기는 편견입니다. 선입견에 지나지 않습니다.

또 극락에 가서 우리가 하는 일은 탱자탱자 노는 것도 아니고 놀고먹는 것도 아닙니다. 부처님을 섬기고 예배하고 공양하고, 부처님으로부터 설법을 듣고 수행하여 부처가 되는 것입니다. 다만, 사바세계에서 행하기 어려웠던 수행을 극락에서는 쉽게 하게 됩니다.

그런데 아미타불이 해 주시는 법문의 내용이 또 주목할 만합니다. 고·공·무상·무아, 이들은 바로 초기 불교와 대승불교의 핵심입니다. 초기 불교와 정토불교가 서로 다르지 않다는 것 역시 다시 한번 더 이렇게 증명됩니다. 나무아미타불.

38. 죽음과 정토

죽음과 정토는 붙어 있습니다. 한 몸입니다. 죽음이 없으면 정토도 없습니다. 정토는 죽어야 갑니다. 죽어야만 갈 수 있는 곳이 정토입니다. 이를 '타방정토설他方淨土說'이라 말합니다. 그런데 곰곰이 생각하면, 이런 정토사상이 대승불교에 이르러 비로소 나타났다고 하기는 어렵습니다. 왜냐하면 초기 불교, 아니 붓다의 삶 자체에서 이미 그랬기 때문입니다.

태자 시절 가우타마 붓다는 성城의 네 문을 나가 본 일이 있습니다. 노인을 만나고, 병자를 만났으며, 그리고 마침내 죽음을 만났지 않았습니까. 늙음과 병자 그리고 죽음 앞에서 태자는 몸을 떨었습니다. 절망했습니다.

아, 이러한 인생이 전부란 말인가? 여기서 벗어나는 길이 없는가? 고통을 넘어서 즐거움을 가져다줄 체험은 마지막 한 문을 통해서 만납니다. 붓다의 삶 속에서는 수행자(沙門)를 만나는 것이라 말했습니다. 수행자는 해탈을 한 몸에 구현한 인물입니다.

붓다의 삶 속에서 늙음·질병·죽음 건너편에 있는 것이 해탈한 수행자라고 하였던 바로 그것, 그것이 정토불교에서는 정토로 바뀌었을 뿐입니다. 그러므로 우리는 또 한 번 더 확인할 수 있게 됩니다. 정토불교는 바로 사문유관四門遊觀의 사건 속에 결정돼 있었음을 말입니다.

정토불교가 죽음을 건너서 존재한다고 했을 때, 삶과 죽음이 만나는 접점이 중요하지 않을 수 없습니다. 그것이 무엇인가? 바로 임종臨終입니다. 『관경』에서는 "임명종시臨命終時"라고 말합니다. '목숨이 끊어지려고 할 때'라는 뜻입니다. 정말 그때, 즉 우리가 숨이 넘어갈 때 그 일을 어떻게 할 것인가?

임종 때의 일을 말씀하고 있다는 점에서 기본적으로 『관경』은 임종행의臨終行儀라고도 볼 수 있습니다. 예를 들어서, 중품상생의 경우를 생각해 봅니다. 앞서 살핀 것처럼, 살아생전에 계율을 잘 지키고 선을 행하면서 공덕을 쌓아야 합니다. 그리고 그 공덕을 회향하여 서방정토 극락세계에 태어날 수 있기를 발원합니다.

그렇게 하다가 임종을 맞이하게 될 때는 아미타불이 모든 비구와 여러 대중(眷屬)들과 더불어 맞이해 주러 오십니다. 이를 '내영來迎'이라 함은, 앞에서도 말씀드린 바 있습니다. 금색 광명을 비추면서 임종하는 사람 앞에 나타나십니다. 그러고서는 고, 공, 무상, 무아를 설법하십니다. 그러므로 우리가 명심해야 할 것은, 임종을 맞이하는 분의 왕생극락을 바란다면 울고불고해서는 안 된다는 점입니다. 염불을 해 주고, 법문을 들려주는 것이 좋습니다.

"(임종하는 사람, 즉) 수행자는 이렇게 (아미타불의 내영해 주시는 모습을) 보고 나서는 마음으로 크게 기뻐하고, 스스로 자기 몸이 (극락세계의) 큰 연꽃 위에 앉았다가, (다시) 꿇어앉아서 합장을 하고 부처님께 예배드리는데, 머리를 다 들기도 전에 곧바로 극락세계에 왕생하는 것을 스스로 본다."

연꽃 위에 앉는 것이 급행길입니다. 우리 스스로 그렇게 연꽃 위에 앉는 것을 관찰할 수 있으며, 또 부처님께 예배하는 것을 바라볼 수 있다면 곧 왕생극락하게 됩니다. 법장보살이 마흔여덟 가지 원을 세우고서 그 원의 성취를 이루는 데까지 걸린 시간은 5겁이라고 합니다. 『무량수경』에서 그렇게 말하였습니다.

얼마나 긴 시간이었으며, 얼마나 가열한 고행이었겠습니까. 그래서 어떤 염불행자는 노래했습니다. "남들은 타력 타력이라 말하지만 / 나는 아미타불의 자력이 고맙네."라고 말입니다. 그런데 바로 그 아미타불의 자력 수행 덕분에 우리 중생들에게는 부처님께 예배만 해도 곧바로 왕생극락할 수 있는 타력이 열리고, 돈교頓教의 왕생이 가능하게 된 것입니다. 자력은 타력의 어머니입니다.

"연잎이 열리고 연꽃이 피어날 때 사성제四聖諦를 찬탄하는 많은 소리들이 들리는데, (그 소리를 들음으로써) 곧바로 아라한阿羅漢의 경지와 삼명육통三明六通을 얻게 되며 팔해탈八解脫을 갖추게 된다. (이상과 같이 왕생하는 것을) '중품상생'이라 이름한다."

사성제를 비롯한 아라한 등은 모두 초기 불교에서부터 나오는 가르침입니다. 그 초기 불교 위에 정토불교가 건립되어 있음을 잘 보여 줍니다. 나무아미타불.

39. 제15-2 중품중생中品中生

"중품중생이라는 것은 (다음과 같다). 만약 어떤 중생이 하룻낮 하룻밤만이라도 팔재계八齋戒를 지니거나, 만약 어떤 중생이 하룻낮 하룻밤만이라도 사미계沙彌戒를 지니거나, 만약 어떤 중생이 하룻낮 하룻밤만이라도 구족계具足戒를 지님에 있어서 그 행동거지(威儀)에 허물이 하나도 없다고 하자."

요즘 우리도 단기 출가를 많이 합니다만, 그런 상황입니다. 스님들이 받는 계율들인데 재가자가 단 하루 밤낮만이라도 받아서 지닌다고 합시다. 어떻겠습니까? 그 공덕이 작다 할 수 없을 것입니다.

그런데, 시대의 탓일까요? 지금 우리가 계율에 관해서 말하는 것은 대단히 어렵습니다. 계율에 대해서 이야기를 듣기도 대단히 어렵습니다. 더욱이 계율을 지킨다고 하는 것은 더욱더 어렵습니다. 왜일까요? 사람들이 싫어해서입니다. 사람들은 자유를 좋아합니다. 이때 자유는 자기 욕망대로 할 수 있는 자유입니다.

그 반면에 계율은 스스로 구속되는 자유입니다. 그러니 어찌 계율을 좋아하겠습니까. 뒤에 가면 나오겠습니다만, 『관경』에서는 오역죄五逆罪

를 범한 중생들이라도 구원받을 수 있다고 그 길을 일러 줍니다. 이는 어디까지나 오역죄의 중생들까지 구하려고 하는 아미타불의 자비심이 그 바탕에 놓여 있습니다.

그런 것을 오해해서, 오역죄를 지어도 극락을 갈 수 있다고 말해서는 안 될 것입니다. 어디까지나 초점은 이미 죄지은 사람들을 구제하려는 데 있지, 아직 죄를 안 지은 사람들에게까지 오역죄를 지어도 좋다고 허락하는 것은 아니기 때문입니다. 그렇게 해석하면 자신을 망하게 하고 남도 망하게 하는 것입니다.

그렇게 하루 밤낮만이라도 계율을 잘 지킨다면, 그 선근善根의 공덕은 작지 않을 것입니다.

> "그렇게 해서 (생긴) 공덕을 회향하여 극락국에 태어나기를 원하면서 계의 향기를 훈습해 간다고 하자."

여기서 말해지는 회향은 왕상회향입니다. 극락에 가기 위한 '차표 한 장'으로 삼겠다는 회향입니다.

계복戒福만 극락행 '차표 한 장'이 되는 것은 아닙니다. 세속의 선행도 될 수 있고, 대승의 보살행도 될 수 있습니다. 초기 경전에서 설하는 사성제나 팔정도 역시 극락행 '차표 한 장'이 될 수 있습니다. 그 어떤 수행이든 어떤 선행이든 다 극락행 '차표 한 장'으로 쓰일 수 있습니다. 회향할 수 있습니다.

그렇게 『관경』에는 제행왕생諸行往生 또는 제행본원諸行本願이라고 할 수 있는 입장이 있습니다. 이는 앞서 말씀드렸습니다만, 대승불교의 보살도菩薩道까지 다 정토신앙 안으로 포섭하기 위해서 그렇게 된 것입니다. 그러나 정토신앙의 역사에서는 이렇게 제행을 다 왕생의 '차표 한 장'으로 보는 관점이 극복됩니다. 왜냐하면, 거기에 자력自力이 남아 있다고 보기 때문입니다. 자력을 버리는 곳에 타력他力이 있게 되고, 그 타력왕생이 곧 염불왕생입니다. 『무량수경』의 제18원에서 설해지는 홍원문弘願門의 입장에서 볼 때, 제행왕생은 극복되어야 합니다. 『관경』에서 그 극복은 뒤에서 보겠습니다만, 하품하생에서 완벽하게 이루어집니다. 이렇게 『관경』은 스스로 설법을 합니다만(立), 마침내는 뒤의 설법에 의해서 앞의 설법이 버려진다(廢)고 해석되기도 합니다. 앞에서 세우는 것은 뒤에서 버려지기 위해서 세우는 것입니다. 그렇게 해서 마침내 『관경』과 『무량수경』이 내적으로 일치하게 됩니다. 그것은 뒤의 하품하생에서 다시 살펴보겠습니다.

그런데 계율의 향기를 피워 가다 보면, 어떻게 될까요?

"(그러면 이러한 수행자는) 목숨이 장차 끊어지려 할 때 아미타불이 모든 대중(眷屬)들과 함께 금색의 빛을 내면서 칠보로 된 연꽃을 들고서, 그 수행자 앞에 나타나신다."

이 장면을 보게 됩니다. 아미타불은 빛의 부처님입니다. '무량광불無量光佛'이라 부르는 까닭입니다. 눈으로는 그 부처님의 상호相好를 뵙게 됩니다.

"(이때) 수행자는 스스로 공중으로부터 찬탄하는 소리를 듣는다. '선남자(선여인이)여, 그대와 같이 착한 사람은 과거 현재 미래의 모든 부처님의 가르침(佛教)을 잘 따랐기(隨順) 때문에, 내가 그대를 맞이하러 왔다.'"

『관경』에는 '선남자'만 있습니다. 만약 '선남자'만 있고, '선여인'이 함께 나오지 않는다면 오늘의 관점에서는 성차별적이라 비판받을지도 모릅니다. 그러나 그런 것은 아닙니다. 바로 뒤이어 나올 중품하생에서는 '선남자 선여인'이라고 나오기 때문입니다. 그것을 근거로 해서, 제가 ( ) 속에 '선여인'을 집어넣어서 보충해 보았습니다.

'하룻낮 하룻밤만이라도' 스님들이 지키는 계율을 잘 지켜 보아라. 그렇게 되면, 출가하지 않은 재가의 남자나 여자도 다 왕생할 수 있다고 말합니다. 정토신앙이 민중불교의 대표가 되는 이유를 이런 데에서도 확인할 수 있습니다. 나무아미타불.

40. 저 부처님을 따라서

극락에 오는 것을 환영하는 말씀, 즉 내영사來迎辭에서 "과거 현재 미래의 모든 부처님의 가르침(佛教)을 잘 수순隨順하였다."라고 행자를 찬탄하셨습니다. 이 구절에서, 저는 또 다른 정토문헌의 인용구 두 가지가 생각납니다. 하나는 당나라 선도 대사의 『관경소』입니다.

> "일심으로 아미타불의 명호를 오롯이 염하되, 가든지 머물든지 앉아 있든지 누워 있든지, 그 시간의 길고 짧음을 묻지 말고, 생각 생각마다 (아미타불의 명호를) 버리지 않는다면, 그것을 '정정취正定聚의 업'이라 이름한다. 저 부처님의 원을 따르기 때문이다."

'정정취의 업'은 극락에 왕생할 수 있는 업이라는 의미입니다. 일본 정토종의 개조 호넨 스님은 바로 이 말씀에서 "아, 염불 외에 길이 없다. 오직, 염불만 하자."라고 결정하게 됩니다. 오직 아미타불의 명호를 염하는 것이 자기 구원의 길이라 생각하게 된 것입니다.

선도 대사의 말씀으로는 "저 부처님의 원을 따른다."라고 되어 있습니다. 『무량수경』의 마흔여덟 가지 원, 더 좁게는 제18원에서 말하는 원을 따른다는 것입니다. 그 원은 아미타불의 이름을 부르는 중생은 다 극락에 왕생할 수 있게 하겠다는 원이 아니었습니까. 이때, '따르다(順)'라는 말의 의미는 '응답하다(應)'일 것입니다.

또 하나의 구절은 원효 스님의 「징성가澄性歌」라는 시에서 만날 수 있습니다. 즉, "지극한 마음으로 저 부처님의 몸과 마음 따른다."라고 노래했습니다. 여기서 '부처님의 몸과 마음'은 곧 '부처님'일 것이고, 그것은 다시 '부처님의 원'일 것입니다.

물론, 지금 『관경』의 중품중생의 문맥은 계율을 말하고 있습니다. 그러므로 '과거 현재 미래의 모든 부처님의 가르침'을 모든 부처님께서 제정하신 계율로 볼 수도 있습니다만, 정토사상사의 맥락에서 본다면 오히려 '부처님의 가르침', 즉 '불교佛教'는 '불원佛願'으로 보는 것이 더 낫지 않을까요.

그러한 불원에 응답하였기 때문에, 아미타부처님께서 내영해 주셨던 것입니다.

> "(이리하여) 수행자는 그 스스로 연꽃 위에 앉자마자 연꽃(의 꽃잎)은 오므라지고 서방 극락세계에 태어남을 본다. (극락의) 보배 연못 가운데에서 7일이 지나자 연꽃은 다시 피어난다."

연꽃은 사바세계로부터 극락을 갈 때 타고 가는 하나의 비행물체입니다. 그런 교통수단의 역할을 합니다. 연잎이 오므라지면, 행자는 그 속에서 안전하게 비행할 수 있습니다. 도착지는 물론 극락세계인데, 그중에서도 칠보로 장식된 연못입니다. 연꽃은 연못에서 살기 때문입니다.

도착한 뒤 7일 동안은 기다리게 됩니다. 마치 어머니 배 속에 있는 것처럼, 기다려야 합니다. 다시 연꽃의 잎이 열리는 순간은 극락에 탄생하는 순간입니다.

"연꽃(의 꽃잎)이 다시 피어나자, (행자는) 눈을 뜨고서 합장하여 (아미타) 세존을 찬탄하고서 (설법해 주시는) 진리를 듣고 기뻐하며 수다원須陀洹을 얻는다. (그러고서 다시) 반 겁을 지나면 아라한阿羅漢이 된다. 이를 '중품 중생'이라 말한다."

수다원과 아라한은 성문聲聞의 네 가지 과위果位 중에서 첫째와 마지막 넷째입니다. 앞의 중품상생에서는 '사성제를 찬탄하는 소리를 듣고서 곧바로 아라한도阿羅漢道를 얻었다'고 하였고, 뒤의 중품하생에서는 '수다원을 얻고 나서 1소겁이 지나면 아라한을 이룬다'고 하였습니다. 중품에서는 모두 마지막 경지가 아라한으로 나옵니다.

중품에서 모두 소승의 계위를 얻는다고 했으니, 대승경전에서 어찌 이럴 수 있는가 의아할 수도 있습니다. 하지만 구품九品의 차별은 어디까지나 극락에 가기 전의 중생들의 근기나 수행의 다름에서 벌어진 것일 뿐, 그 어느 경우라도 극락에 간다는 데는 차별이 없습니다.

또한 극락에 태어나는 것만으로 '끝'이 아니라, 거기서 다시 수행의 길을 '시작'합니다. 그렇다고 한다면, 문제는 극락에 가느냐 못 가느냐에 있는 것일 뿐, 거기서 어느 만큼의 수행을 다시 해야 하느냐에 있는 것은 아니지 않겠습니까. 나무아미타불.

41. 제15-3 중품하생中品下生

잠깐 복습하겠습니다.

『관경』에서는 16관이 시작하기 전에 세 가지 복, 즉 삼복三福을 말합니다. 첫째는 세복世福인데, 세속적인 효와 열 가지 선한 업(十善業)을 닦는 것을 말합니다. 둘째는 계복戒福인데, 삼귀의三歸依와 모든 계율을 받아서 지키는 것을 말합니다. 그리고 마지막 셋째는 행복行福인데, 보리심을 발하고 대승경전을 읽으면서 다른 수행자로 하여금 (왕생극락하도록) 권진勸進(권유)하는 것입니다.

삼복이 설해진 뒤, 『관경』은 16관을 설합니다. 그런데 선도 대사는 이 16관을 다시 크게 둘로 나누었습니다. 정선定善과 산선散善이 그것입니다. 16관 중 제1관부터 제13관까지는 '정선'이라 평가하였으며, 제14관에서 제16관까지는 '산선'에 해당한다고 하였습니다. 그렇다면 삼복은 어디에 속할까요? 정선일까요? 산선일까요?

산선입니다. 제14관에서부터 제16관까지는 구품九品으로 왕생함을 밝힙니다. 세 관은 상배上輩, 중배中輩 그리고 하배下輩가 행하는 관찰입니다. 삼배는 상품上品, 중품中品, 하품下品의 삼품이라 말해도 좋습니다. 상배·중배·하배, 다른 말로 상품·중품·하품에는 다시 각기 상생上生·중생

中生·하생下生이 있습니다. 이리하여 구품이 됩니다.

예부터 삼복 역시 산선이라 평가한 것은, 제14관의 상품과 제15관의 중품에서 다시 한번 더 삼복의 실천이 강조되고 있기 때문입니다. 앞에서 본 것처럼, 제14관과 제15관은 모두 산선에 속하는 것이 아니겠습니까. 상품에서 계복과 행복이 설해지고, 중품상생과 중품중생에서는 계복이 설해지며, 마지막 중품하생에서 세복이 설해집니다. 그러니까 세 가지 복은 모두 상품과 중품의 근기들이 행할 수 있는 수행의 주제들입니다. 이 점은 주의 깊게 보아야 합니다. 삼복에서 설해지는 실천 덕목들보다 더 쉬운 행법이 앞으로 제시되어야 함을 의미합니다. 그리고 그것은 바로 "나무아미타불." 염불입니다.

> "중품하생은 (다음과 같다). 만약 선남자 선여인이 부모를 효도로써 봉양하고 세속의 인仁과 의義를 행한다면, 이러한 사람들은 (장차) 목숨이 다하려 할 때 선지식을 만나서 널리 아미타부처님의 국토(에서 경험할 수 있는) 좋은 일에 대하여 설하시고, 또한 법장비구의 사십팔원願에 대하여 자세히 설하시는 것을 (듣게 된다)."

앞에서는 "만약 중생이 ……"라고 하였으나, 여기서는 "만약 선남자 선여인이 ……"라고 하였습니다. 경전에서 '선남자 선여인'이라고 할 때는 출가한 스님이 아니라 출가하지 않은 재가자를 가리킵니다. 따라서 우리는 『관경』에서 말하는 '중생'이 실제로는 재가자를 가리키는 말임을 새삼 확인할 수 있습니다.

이 점은 『관경』의 출발 자체가 위제희 부인의 간청을 받아서 부처님이 답한 것임을 생각할 때, 더욱더 자연스럽게 다가옵니다. 뒤에 가면, 이제 하품이 설해지는데 이때의 하품중생들은 선업을 닦지 않고 계율을 지키지 않는 사람들임을 생각하면, 『관경』(의 하품)이 특히 재가자를 위한 경전임을 알 수 있게 됩니다. 정토불교는 민중불교인 까닭이 여기에 있습니다.

"이렇게 (아미타불의 국토와 법장비구의 사십팔원에 대한) 이야기를 듣고 나서 곧 목숨을 다하면, 마치 장사가 팔을 한 번 굽혔다가 펼치는 데 (걸리는 시간 만에) 곧 서방의 극락세계에 태어나게 된다."

순식간에 왕생합니다. 불교의 윤회설에 따르면, 사람은 죽으면 중음신中陰身이 되었다가 다시 49일 안에 새로운 몸을 받는다고 합니다. 그래서 사십구재를 지내는 것이지요. 하지만, 우리 정토불교에서는 그렇게 말하지 않습니다. 정토불교의 문제는 윤회가 아니라 왕생이기 때문입니다. 염불하는 사람은 윤회하지 않습니다. 왕생하기 때문입니다.

임종 시에 선지식으로부터 아미타불의 국토와 법장비구의 사십팔원에 관한 이야기를 듣는 것만으로도 이렇게 빨리 왕생한다고 하였습니다. 그러므로 하물며 평소에 염불하는 사람은 말해 무엇 하겠습니까.

"(서방의 극락세계에 태어난 뒤) 7일을 지나서 관세음보살과 대세지보살을 만나서는 법문을 듣고서 환희하여 수다원을 얻으며, (그러고 다시) 1소겁을 지나면 아라한이 된다. 이를 '중품하생'이라 말한다."

지금까지 살펴본 것처럼, 중품상생·중품중생 그리고 중품하생을 생각하는 것을 합하여, "'중배의 왕생에 대한 생각(中輩生想)'이라 이름하며, '열다섯 번째 관찰'이라 이름한다. 이렇게 관찰하는 것은 '올바른 관찰'이라 말하며, 만약 이와 달리 관찰하는 것은 '삿된 관찰'이라 말한다."라고 합니다. 나무아미타불.

42. 제16-1 하품상생下品上生

똑같이 아미타불과 극락을 말하더라도 성도문聖道門에서 생각하는 것과 정토문에서 생각하는 것은 다소 다릅니다. 성도문은 스스로 성인(부처님)이 걸어간 길을 걸으려는 입장입니다. 달리는 '자력도自力道'라고 할 수 있습니다. 정토문에서 생각하는 정토신앙은 사실상 정토삼부경에 다 설해져 있습니다. 『무량수경』, 『아미타경』 그리고 『관무량수경』을 함께 일컬어서 '정토삼부경'이라 말합니다.

정토삼부경 중에서 가장 초석이 되고, 종합적인 형태를 보이는 것은 『무량수경』입니다. 『무량수경』에는 무량수불, 즉 아미타불이 성불할 때 세운 마흔여덟 가지 서원이 설해져 있기 때문입니다. 마흔여덟 가지 원이 다 중요하지만, 그래도 가장 중요하다고 생각된 것은 제18원입니다. 『안심결정초安心決定鈔』라는 책에서는, "(중생제도를 위한 아미타불의) 큰 서원은 마흔여덟 가지이지만, 제18원을 본의本意로 한다. 나머지 마흔일곱 가지는 이 원을 믿게 하기 위해서이다."라고 하였습니다. 그 제18원은 이렇습니다.

설령 내가 부처가 되었을 때, 시방세계의 중생들이 지극한 마음(至心)으로 (나의 이 발원을) 신요信樂하여 나의 나라에 태어나고자(欲生) 십념十念을 하는 데 이르렀음에도 나의 나라에 태어나지 못하는 자가 있다면, (나는) 정각正覺을 이루지 않으리라. 오직, 오역죄나 (대승의) 정법을 비방하는 (죄를 범한 중생들은 극락왕생할 수 없도록) 제외한다.

이제 『관경』의 제16관인 하배관下輩觀을 공부하는데, 먼저 『무량수경』의 제18원을 한번 확인한 뒤에 시작하는 것이 좋을 듯해서 제시해 두었습니다. 이제 『관경』의 하품상생을 읽어 보기로 하겠습니다.

부처님께서 아난과 위제희에게 말씀하셨다.
"하품상생이라는 것은 (다음과 같다). 혹 어떤 중생이 많은 악업을 지었으나, 방등方等경전을 비방하지는 않았다고 하자."

여기까지 읽어 놓고서, 다시 제18원을 살펴보기로 하겠습니다.

제18원의 마지막에 "오직, ……"으로 시작되는 단서但書 조항이 있지 않습니까? 이 부분을 '유제唯除' 조항이라 합니다. 아미타불의 이름을 열 번 부르는 것으로도 극락왕생하는 것이 허락되지 않는 예외를 두 가지 들고 있습니다. 하나는 오역죄를 저지르는 것이고, 다른 하나는 정법을 비방하는 죄를 저지르는 것이라 하였습니다. 그런데 지금 『관경』에서는 많은 중죄를 지었다고 하더라도, 방등경전을 비방하는 죄는 다행히 안 저지른 중생을 말하고 있습니다.

바로 그렇습니다. 지금 『관경』의 하배관은 『무량수경』의 유제 부분에서 예외로서 제외된 둘 중에서, 대승경전에서 설하는 정법을 비방하는 죄를 저지르는 자는 여전히 봉인封印하고 있지만 오역죄를 저지르는 악인들에 대해서는 구제의 손길을 열어 주고자 하는 것입니다.

"이러한 어리석은 사람이 수많은 악업을 저지르면서도 참회하지 않다가, 목숨이 장차 다하려 할 때 선지식이 대승의 십이부十二部 경전의 제목을 찬탄하는 것을 만나서, 그러한 제목을 들은 까닭에 천겁千劫 동안에 지어 온 지극히 무거운 악업을 소멸하게 된다."

불교에는 수많은 경전이 있습니다. 그 경전들을 펼쳐서 다 읽어 보지는 않더라도, 그 제목을 듣는 것만으로도 공덕이 엄청 크다는 것입니다. 천겁이라는 긴 세월 동안 윤회를 거듭하면서 지어 온 지극히 무거운 악업을 다 소멸할 수 있었다고 합니다.

그 이유는 경전의 내용을 함축하는 것이 제목이기 때문입니다. 반야부 육백 권의 내용을 다 한마디로 함축하는 것이 '마하반야바라밀摩訶般若波羅蜜'입니다. 역으로 말하면, '마하반야바라밀'이라는 제목을 해석하고 설명하는 데 육백 권의 분량이 필요했다고 말씀드릴 수 있습니다. 그래서 우리는 경전의 제목을 외우고 하는 것입니다.

"지혜로운 분이 다시 합장하고 차수叉手하여 '나무아미타불.'을 일컫게 한다. 부처님의 이름을 일컬었기에, 오십억 겁 동안 생사를 거듭해야 할 죄를 다 소멸한다."

여기서 '지혜로운 분'은 바로 앞에 나온 선지식입니다.

지금 『관경』에서는 참으로 다행스럽게도 목숨이 끊어지려 할 때 선지식을 만나고 지혜로운 가르침을 들어서 "나무아미타불." 염불을 하게 된다는 이야기를 하고 있습니다. 그러나 확률적으로 보면, 대단히 위험합니다. 평생 선지식을 가까이하지 않고, 평생 염불하지 않고 있다가 임종 무렵에 가서야 비로소 선지식의 가르침을 받아서 염불할 수 있으리라 생각하는 것은 말입니다.

평소에 "나무아미타불."을 염불해야 합니다. 그때 상황이 어떻게 될지 누가 알겠습니까? 평생에 걸쳐서, 지금 이 순간이 명종 시命終時라고 생각하고 "나무아미타불." 염불을 해야 할 것입니다. 순간순간이 임종입니다. 그럴 수 있을 때 비로소 순간순간이 내영이고 순간순간이 왕생입니다. 나무아미타불.

43. '나무아미타불'만으로

앞에서는 십이부의 대승경전의 제목을 듣는 공덕이 "나무아미타불." 이라 칭명稱名하는 공덕에 비하여 훨씬 더 작다고 하였습니다. 왜 그럴까요? 당나라 선도 대사는 바로 이 점을 문제 삼았습니다. 죽음이 다가오면 비록 많은 경전 제목을 듣더라도 듣는 사람의 마음이 산란하게 됨에 반하여, 부처님의 이름은 다만 하나이기에 능히 산란함을 다 거두어들여서 마음이 안정된다고 답하였습니다.

물론, 경전을 읽거나 경전 제목을 외는 것 역시 한량없이 중요한 수행법입니다. 그렇지만, 정토문에서는 '나무아미타불' 하나에 집중하자는 이야기를 합니다. 제2장에서도 언급했듯이, 호넨(法然) 스님의 제자 신란(親鸞) 스님은 정토삼부경을 천 번 읽겠다는 서원을 세웠습니다. 그런데 수백 번 넘게 읽었는데, 읽으면서 가만히 생각해 보니까 정토삼부경에서 말하는 것이 결국은 '나무아미타불을 외라'는 것이 아니겠습니까. 그래, 천 번 독송의 서원을 중도에 내버렸습니다.

잇펜(一遍) 스님은 왕생하기 7일 전에 평소 쓰신 편지나 저술 등을 다 모아서 불태우고 맙니다. 이 이야기를 처음 들었을 때 적지 않게 충격이었습니다. 책 읽고 책 쓰는 것을 평생 업으로 삼아 온 저로서는 '책 중독'

이라 할 만큼 책에 집착하고 있었기 때문입니다. 잇펜 스님은 도대체 왜 그랬을까요? 바로 '나무아미타불이 있지 않으냐'는 것입니다.

가령 팔만대장경이 다 사라져도, 선종의 천칠백 공안이 다 없어진다고 하더라도 '나무아미타불'만 있으면 다시 팔만대장경을 만들 수 있고, 천칠백 공안이 생길 것입니다. '나무아미타불'이 부처를 낳고 조사를 낳기 때문입니다.

"나무아미타불." 염불이 오십억 겁토록 생사를 거듭해야 할 죄를 다 소멸케 한다는 말씀을 하시고서, "그때, 저 부처님께서는 곧바로 화현의 부처님·화현의 관세음보살·화현의 대세지보살을 파견하시는데, (그분들이) 수행자의 앞에 이르러 찬탄하며 말씀하신다. '선남자여, 그대는 부처님의 이름을 일컬었기에 모든 죄가 소멸되었다. (그러므로) 이제 내가 그대를 맞이하러 왔다.'"라고 하셨습니다.

이렇게 화현의 불보살님이 내영해 주시기에 왕생의 여건이 갖추어지게 된 것입니다.

> "이렇게 말씀하시는 것을 (듣고서), 수행자는 화현의 부처님께서 (놓으시는) 광명이 온 방을 가득 채우는 것을 보며, (그러한 광명을) 보고 나서는 기쁨에 차서 곧 목숨을 다한다."

불보살님의 내영을 받았으므로, 왕생은 이제 매우 쉬운 일이 됩니다. 광명이 방 안을 가득 채우는 것은 그 행자가 왕생하였다는 하나의 증좌입니다.

> "보배 연꽃을 타고서 화현의 부처님 뒤를 따라 (극락의) 보배 연못 가운데 태어나서, 칠칠(49)일을 지나자 연꽃이 마침내 피어난다. 연꽃이 피어날 때

가 되면, 크게 자비로우신 관세음보살과 대세지보살이 큰 광명을 놓으시며 그 사람 앞에 나타나서는 (그를 위하여) 매우 깊은 십이부경을 설하신다."

여기서 우리는 주의해야 합니다. 앞에서 십이부의 대승경전의 제목을 듣는 공덕이 '나무아미타불'만 외는 공덕보다 작다고 해서, 그러한 수행을 버리자는 것은 아닙니다.

"(이를 다) 듣고서는 신해信解하여 위없이 높은 깨달음을 얻으려는 마음을 발하고서 10소겁小劫을 지나 백법명문百法明門을 얻고서 초지初地에 들어갈 수 있게 되니, 이를 '하품상생'이라 말한다."

'신해'라는 것은 결정적인 믿음을 말합니다. 정토문에서는 '안심安心'이라 합니다. 안심은 선종에서 '견성見性'이라 말하는 것과 같은 위상을 갖습니다. 다만 선종에서는 견성을 한 뒤에, 먼저 견성한 선사로부터 인가印可를 받아야 하지만, 정토문에서는 그런 것은 없습니다. 아미타불과 나 사이에는 어떤 중개자도 없기 때문입니다. '나무아미타불'은 아미타불과 나 사이의 핫라인hot line이기 때문입니다.

물론, 초지라고 하니 그 안심 자체가 궁극적 성불은 아닙니다. 10지 중의 첫째일 뿐입니다. 하지만, 용수보살은 바로 그 초지, 즉 환희지에서 왕생에의 믿음이 확정된다고 보았습니다. 그것이 『십주비바사론十住毘婆娑論』「이행품易行品」의 내용입니다. 이런 점에서 정토종 역시 선종과 마찬가지로 돈법頓法이고, 돈교頓教입니다.

"(이렇게 저) 부처님의 이름과 가르침의 이름을 듣고, 스님의 이름을 듣게 된다. 삼보三寶의 이름을 들으면 곧 왕생을 얻게 된다."

이름을 듣는 것은 곧 이름을 일컫는 것이고, 이름을 일컫는 것은 곧 이름을 듣는 것입니다. 나무아미타불.

44. 제16-2 하품중생下品中生

부처님께서 아난과 위제희에게 말씀하셨다.

"하품중생이라는 것은 (다음과 같은 것이다). 혹 어떤 중생이 오계, 팔계 내지 구족계를 범하였다. 이러한 어리석은 사람이 모든 승가공동체의 물건을 훔치고 그 자신이 거주하고 있는 도량의 물건도 훔치며, 청정하지 못한 마음으로 부처님의 법을 설하고서도 뉘우치거나 부끄러워하는 마음이 없으며, 오히려 그러한 모든 악업으로써 자신을 장식한다."

모든 승가공동체는 '사방승가四方僧伽'를 말하며, 자신이 거주하고 있는 도량은 '현전승가現前僧伽'를 말합니다. 청정하지 못한 마음으로 부처님의 법을 설한다는 것은, 원문에서는 '부정설법不淨說法'이라 한 것입니다. 당나라 선도 대사는 '사명邪命설법'이라 하였습니다. '사명'은, 인도에서 '사명외도'라는 사람들이 있었습니다만, 올바르지 않은 수단과 방법으로 밥을 먹고 살아가는 것을 말합니다. '사명설법'이라 말한 것 역시, 법을 설하는 것으로 자기의 생활을 도모하는 것을 가리키는 말입니다. 아무튼, 설법자 자신의 명예나 이익을 위해서 법을 설하는 행위를 경계한 것으로 이해하면 될 것입니다.

“이러한 죄인은 그러한 악업으로 인하여 마땅히 지옥에 떨어져야 할 것이고, 목숨이 끊어지려 할 때 지옥의 모든 불들이 한꺼번에 몰아닥칠 것이다.”

인과응보이고, 자업자득이라 해야 할 것입니다. 어떤 시대가 되든지 윤리적 삶의 중요성은 감소하지 않습니다. 그 과보 역시 사라지지 않을 것입니다.

“(그러나 다행스럽게도) 선지식이 큰 자비로써 아미타불의 십력十力과 위덕威德을 설해 주시고, 널리 저 부처님의 광명과 신력神力을 설하시며 또한 계율·선정·지혜·해탈 그리고 해탈의 지견知見을 찬탄하는 것을 만나게 된다.”

그래서 선지식의 존재가 중요합니다. 선지식이 존재하여 활동하지 않는다면, 이러한 중죄인들은 구제받을 길이 없습니다.

참으로 운이 좋았습니다. 선지식이 계셨으며, 선지식이 자비로써 법을 설해 주셨기 때문입니다.

“(그러면) 이러한 죄인은 (선지식의 설법을) 듣고서는 곧 팔십억 겁이라는 오랜 시간 동안 생사윤회를 거듭하면서 지어 온 죄를 소멸하게 된다. (또) 지옥의 맹렬한 불길은 서늘한 바람으로 변하며, 천상세계의 꽃(天華)들을 휘날리게 된다.”

죄가 소멸하면 곧바로 극락세계가 열리는 것이겠지요. 서늘한 바람은 청량풍淸涼風인데, 극락세계의 바람입니다. 천상세계의 꽃 역시 극락세계의 꽃을 가리킵니다.

"(그래서 천상세계의) 꽃들 위에는 화현하신 부처님과 보살들이 이 사람을 영접하고 있다. (그렇기에) 일념一念 정도 되는 시간에 곧 (극락세계의) 일곱 가지 보배로 이루어진 연못 가운데 있는 연꽃 안에서 태어날 수 있게 된다."

화불과 화보살이 내영해 주시는 힘에 의지하여 일념에 왕생할 수 있게 됩니다. 이때 '일념'은 시간의 단위라고 할까요. 시간의 길이라고 할까요. 찰나 일념에 왕생할 수 있게 됩니다. 우리는 이 하품중생의 설명에서 분명히 타력신앙을 보게 됩니다.

죄 많은 중생이 스스로 참회한 것이 아닙니다. 그저 운이 좋아서, 자비로운 선지식을 만난 것뿐인데, 그분으로부터 들은 설법의 공덕으로 인해서 왕생할 수 있게 됩니다. 자신의 노력이라는 의미의 자력은 별로 들어가지 않았습니다. 타력은 다 아미타불의 본원本願(법장보살이었을 때 세우신 원)에 의지하는 것입니다. 아미타불이 보내 주시는 화불과 화보살의 내영을 받아서 왕생할 수 있었던 것입니다.

다만, 죄도 무겁고 스스로 참회하는 노력도 없었기에, 극락에 가서 연꽃 속에 태어났지만 그 연꽃의 꽃잎이 열리는 데는 오래 걸립니다.

"6겁을 지나서 연꽃(의 꽃잎)이 열린다. 꽃잎이 열리자, 관세음보살과 대세지보살이 하늘세계의 음성(梵音聲)으로써 그 사람을 위로하면서 대승의 깊고도 깊은 경전을 말씀해 주신다."

꽃잎이 열리자, 그 왕생자 앞에는 관세음보살과 대세지보살이 서 있었습니다. 그분들의 음성은 '범梵음성'이라 하였습니다. '청정한 음성'이라 옮길 수도 있지만, '범'은 '범천梵天'을 나타낼 수 있습니다. 그런 까닭에, 저는 '하늘세계'라 옮겼습니다. 물론, 그 하늘세계는 단순한 천상세계가 아니라, 곧 극락세계를 나타냅니다.

"(이 중생은) 이러한 가르침을 듣고서 곧바로 위없이 높은 깨달음을 얻고자 하는 마음을 발한다. 이를 '하품중생'이라 말한다."

나무아미타불.

45. 제16-3 하품하생下品下生

부처님께서 아난과 위제희에게 말씀하셨다.

"하품하생은 (다음과 같은 것이다). 혹 어떤 중생이 불선업不善業·오역죄五逆罪·십악업十惡業을 짓고, 모든 선하지 않은 일이란 일은 다 하였다고 하자. 이러한 어리석은 사람은 악업을 지었기 때문에, 마땅히 악도에 떨어져서 수많은 겁劫 동안 끝이 없는 고통을 받을 것이다."

부처님 가르침이 사람들에게 들려주는 첫 번째 교훈은 인과因果입니다. 착한 일을 했는데 나쁜 과보를 받는다든가, 나쁜 일을 했는데 좋은 과보를 받는다든가 하는 일은 없다는 것입니다. 그러므로 악인이 악한 과보를 받는 것은 너무나 당연한 일일 것입니다.

그렇지만 하품하생에서는 오역죄를 지은 중생들까지 다 구원하는 길을 열어 주고 있습니다. 앞서 말씀드렸습니다만, 『무량수경』보다 진일보한 입장입니다.

"(그런데) 이러한 어리석은 사람이 목숨이 다할 때 선지식으로부터 갖가지로 위로를 받고 훌륭한 진리를 설해 주시는 것을 (들으며, 아미타)부처님을 염하도록 가르침을 받는다고 하자. (그렇지만) 이 사람은 고통이 몰려오자 황망하여 부처님을 염할 수 없게 된다."

성불하는 데 걸리는 시간의 빠름과 늦음보다도 더 중요한 것은 죄악이 크고 무거운 중생들까지, 악인들까지 다 제도할 수 있는가 하는 점일 것입니다. 그 점을 기준으로 해서 본다면,『관경』의 절정은 하품하생에서 이루어진다고 볼 수 있습니다. 지금 하품하생에서는 오역죄를 범한 중생들까지 포섭하고 있기 때문입니다.

이 이야기를 하기 위해서, 즉 악인왕생을 말하기 위해서『관경』은 지금까지 긴 여정을 걸어왔습니다. 삼복·정선 그리고 산선 중에서도 상품·중품·하품, 다시 하품 중에서도 하품상생과 하품중생을 다 거쳤던 것입니다. 그리고 이제 마침내 하품하생입니다.

"선지식은 '그대가 만약 능히 (저 부처님을) 염할 수 없다면, 마땅히 '무량수불께 귀명하나이다(歸命無量壽佛).'라고 일컬어라. 이렇게 지극한 마음으로 소리가 끊어짐이 없게 하여 십념十念이 갖추어지도록 '나무아미타불.'이라 일컬어라.'라고 말씀하신다."

처음에는 아미타불을 염하라고 하셨는데, 이제는 "나무아미타불."이라고 이름을 일컫기를 말씀하십니다. 염불 대신 칭명입니다.『관경』에서 말하는 염불은, 앞의 정선 부분에서 말해 왔던 관불觀佛의 의미입니다. 부처님을 떠올려 보는 관찰의 의미입니다. 그런데 하품하생의 중생은 그렇게 하지 못합니다. 그래서 제시되는 대안이 칭명입니다. "나무아미타불."이라고 이름을 부르는 칭명이 관찰보다는 쉽기 때문입니다.

이 칭명을 나중에는 '칭명염불'이라고 말하게 되고, 다시 줄여서 '염불'

이라 합니다. 그러니까 지금 우리가 '염불'이라 하면, 곧 '칭명염불'을 말합니다. 그렇지만, 아직 『관경』에서는 그 두 가지 용어를 예민하게 분리해서 말합니다.

또 중요한 개념이 하나 더 나옵니다. 바로 '십념'이라는 말입니다. 원문에서 "구족십념具足十念, 칭나무아미타불稱南無阿彌陀佛."이라 하였습니다. 이를 어떻게 해석하는 것이 좋을까요? 우선, "십념을 구족하여 '나무아미타불.'을 일컬어라."라고 할 수 있습니다.

이렇게 하면, "나무아미타불."을 염불하기 전에 이미 '십념'이 되어야 합니다. 이 경우의 '십념'은 질적인 의미로 보아야 할 것입니다. '오롯이'의 의미일 것입니다. 그런데 이렇게 되기가 사실 쉽지는 않겠지요? 더욱이 지금 하품하생의 중생이고, 오역죄인입니다.

앞에서 '십념'을 '일념'의 의미로 보는 것은, 어디까지나 질적인 해석입니다. 그런데 저는 양적인 해석도 가능하다고 봅니다. 오히려 양적 해석으로 보아야 한다고 생각합니다. 아니, 저의 해석이 아닙니다. 선도 대사의 입장이 그렇습니다. 십념을 '십성十聲'으로 보고, 일념을 '일성一聲'으로 봅니다. "나무아미타불." 염불을 열 번 하는 것이 '십념'이고, 한 번 하는 것이 '일념'이라는 해석입니다.

저는 이 양적인, 즉 숫자로 해석하는 것에서 깊은 의미를 느낍니다. 어쩌면 이렇게 양적으로 해석하는 것, '십념'은 다만 열 번이고 '일념'은 다만 한 번이라 보는 것이 더욱 정토신앙의 본질에 가까이 가는 것으로 생각되기 때문입니다. 삼복에서 시작해서 정선을 지나고, 산선 중에서 마침내 하품하생에 이르는 이 길, 이 길의 이름을 무엇이라 하면 좋을까요? 내리막길입니다. 한없이, 한없이, 아래로, 아래로 내려가는 길, 그것이 정토신앙의 길입니다. 원효 스님이 걸었던 길, 쿠야 스님과 잇펜 스님이 걸었던 그 길은 바로 그런 내리막길이었습니다. 그 속에서 중생들을 찾아갔고,

그들을 일깨워 "나무아미타불." 염불을 함께 하면서, 함께 춤추었습니다. 신信이 나면 신神이 나는데, 바로 그때 춤추게 됩니다.

그렇게 "(그는) 부처님 명호를 일컬은 까닭에 염할 때마다 팔십억 겁토록 생사를 (거듭할) 죄를 소멸하게 되며, 목숨이 다하려 할 때는 마치 태양과 같은 금련화金蓮華가 그 사람 앞에 나타나는 것을 보리라."라는 것입니다. 칭명염불의 공덕 중에 참회의 기능이 있음을 알 수 있습니다. 팔십억 겁이나 되는 생사윤회를 거듭할 정도의 죄업, 혹은 그렇게 긴 세월 동안 거듭해 오면서 지어 온 죄업들, 그 어느 경우이든지 다 소멸할 수 있게 됩니다. 염불이 그러한 힘을 갖고 있습니다. 틀림없는 일입니다. 예를 들어서 어둠의 세월이 아무리 오래되었다고 하더라도, 그 어둠을 다시 빛으로 밝히는 데에는 그만큼의 시간이 걸리지 않는 것 아닙니까. 바로 찰나일념이면 되지 않겠습니까. 이때 '일념'은 "나무아미타불."을 한 번 하는 것을 의미할 수도 있고, 한 찰나를 의미할 수도 있습니다.

"(그리고) 일념一念에 곧바로 극락세계에 왕생하여, 연꽃 속에서 12대겁大劫이 다하도록 (있다가) 연꽃이 바야흐로 열린다."

참회에 이어서 왕생입니다. 극락세계에 왕생하여 연못 가운데 있는 연꽃 속에 태어납니다. 그 속에서 12대겁이라는 긴 시간을 기다립니다. 12대겁이 길다면 길겠지만, 어쩌면 찰나인지도 알 수 없습니다. "일념이 곧 무량겁無量劫이라."는 화엄의 이치를 생각해 본다면 말입니다. 그러다가 때가 되면, 연꽃이 활짝 열립니다. 새로운 탄생입니다.

"연꽃이 열려서 (새롭게 탄생할) 그때 관세음보살과 대세지보살은 크게 자비로운 음성으로 곧 그 사람을 위하여 진리(實相)와 죄를 소멸하는 법을 자세히 설하시리라."

극락에 가면, 우리는 다시 법문을 듣고 공부를 합니다.

"(그리하여 그 법문을) 다 듣고서 환희하여 곧바로 보리의 마음을 발한다. 이를 '하품하생'이라 말한다. (이상의 하품상생·하품중생·하품하생을 생각하는 것을 합하여) '하배의 왕생에 대한 생각(下輩生想)'이라 이름하며, '열여섯 번째 관찰'이라 이름한다."

보리의 마음이라는 것은 보리심입니다. 화엄에서는 "처음으로 보리의 마음을 낸 때가 곧 깨달음이라."라고 말합니다. 그것은 초발심과 깨달음이 모두 고정된 실체가 아님을 말해 주시는 가르침입니다. 그래서 초발심이 곧 깨달음일 수 있는 것입니다. 그렇기에 또 먼저 보리의 마음을 내라고 강조하기도 합니다. 하지만, 정토신앙에서는 보리의 마음을 낸다는 것이 특별하게 따로 있는 것은 아닙니다. 극락에 가려고 하는 마음을 내는 것이 곧 보리심입니다.

"이를 '하품하생'이라 말한다. (이상의 하품상생·하품중생·하품하생을 생각하는 것을 합하여) '하배의 왕생에 대한 생각(下輩生想)'이라 이름하며, '열여섯 번째 관찰'이라 이름한다."라고 하면서, 맺습니다. 우선, '하품하생'을 맺습니다. 그리고 하품하생이 포함되어 있는 하품관 전체, 즉 열여섯 번째 관찰을 맺습니다. 그렇지만, 실제로는『관경』전체의 정종분이 여기서 다 끝납니다. 맺습니다. 다음부터는 유통분流通分이라 할 수 있습니다. 나무아미타불.

46. 보리심菩提心의 문제

앞서 저는 보리심의 문제를 자세히 말씀드렸습니다만, 실로 이는 대단히 큰 문제입니다. 일본 정토종의 개조開祖 호넨(法然) 스님은 화엄종의 묘에(明惠) 스님으로부터 큰 비판을 받았습니다. '오직 염불만 하라'는 가르침이 화엄종에서 그토록 강조하는 보리심의 문제를 외면한다는 이유에서였습니다. 묘에 스님의 입장에서 본다면 그럴 수 있었을지 알 수 없습니다만, 과연 정토에서는 보리심을 말하지 않는 것일까요?

그렇게 보기는 어려울 것입니다. 앞서 살펴본 바 있습니다만, 상품상생에서 말한 세 가지 마음, 즉 지성심·심심·회향발원심 같은 마음 역시 다 보리심이 아니고 무엇이겠습니까. 정토신앙에서도 보리심을 말하고 있다는 한 증좌를 우리는 여기서 보게 됩니다. 『관경』의 유통분에서 말입니다.

> 그때 세존께서 이러한 말씀을 설하셨을 때 위제희와 오백 명의 시녀들이 부처님께서 설하시는 것을 듣고서 곧바로 극락세계의 넓고 아름다운(廣長) 모습을 보았으며, (아미타)부처님의 몸과 두 보살을 보고서는 마음으로 환희하고 일찍이 없었던 일임을 찬탄하였으며 큰 깨달음을 얻고 태어나지 않는 진리(無生法忍)를 얻었다. (또한) 오백 명의 시녀들은 위없이 높

고 바른 깨달음을 얻고자 하는 마음을 내고서는 저 나라에 태어나고자 원하였다.

위제희 부인과 오백 명의 시녀들은 부처님의 말씀을 들으시고서는 극락세계와 아미타불 관세음보살 대세지보살의 삼존을 다 보십니다. 마음으로 환희하면서 큰 깨달음을 얻었습니다. 다시는 태어나지 않는 진리를 얻게 됩니다. 위제희 부인은 물론 그분을 모시는 시녀들까지 모두 다 위없이 높고 바른 깨달음, 즉 아뇩다라삼먁삼보리阿耨多羅三藐三菩提를 얻으려는 마음을 냈습니다. 보리심을 냈다는 것입니다. 그런데 여기서 주의할 것이 있습니다. 정토에서 말하는 아뇩다라삼먁삼보리의 마음이 곧 극락세계에 태어나려는 마음과 다름이 아니라는 것입니다. 극락에 가서 나려는 마음을 정토신앙에서는 '보리심'이라 말합니다.

그러므로 우리는 묘에 스님의 비판이 지나치다는 것을 알게 됩니다. 우리가 "나무아미타불."이라고 염불을 할 때 이미 우리 안에는 저 나라에 태어나고자 하는 마음이 있습니다. 이 사바세계를 싫어하는 마음이 있습니다. 그런 마음이 곧 보리심입니다. 또 어떤 분은 그런 이야기를 하는 분이 있습니다. "나무아미타불."이라고 하는 것은 계율인가, 선정인가, 아니면 지혜인가? 초기 불교에서부터 강조하는 세 가지 배움(三學) 중에 어디에 속하는가? 매우 중요한 문제 제기입니다. 그런데 그분의 대답은 "나무아미타불."이 계율이 아니고, 선정도 아니고, 지혜도 아니라고 하였습니다. "나무아미타불."을 무슨 '소원 빌기'와 같은 것으로 생각해서 그렇습니다. 과연 그렇습니까? 그렇지 않습니다. 염불은 계율이기도 하고, 선정이기도 하고, 지혜이기도 합니다. "나무아미타불." 속에는 계율도 선정도 지혜도 다 포함됩니다.

(그렇게 보리심을 내는 모습을 보신) 세존께서는 (그들이) 모두 저 나라에 왕생할 것이며, (저 나라에) 태어나서는 '모든 부처님이 나타나시는 삼매'를 얻을 것이라고 수기授記하셨으니, 한량없는 천신들도 위없이 높은 깨달음을 얻고자 하는 마음을 발하였다.

선善순환입니다. 보리심을 내는 것이 기특해서 부처님께서는 수기하십니다. 그러한 수기를 받고서는 다시 더욱더 기뻐합니다. 시녀들만이 아니라 이제 그러한 모습을 보고 들은 천신들도 다 아뇩다라삼먁삼보리를 얻으려는 마음을 냈습니다. 위없이 높은 깨달음을 다 얻고자 하는 마음, 즉 보리심을 냈습니다. 다 함께 왕생극락할 것입니다. 그리고 부처가 될 것입니다. 나무아미타불.

47. 묘호인妙好人

그때 아난이 곧 자리에서 일어나 부처님께 사뢰었다.

"세존이시여, 마땅히 이 경을 어떻게 이름하리까? 이 가르침의 요지를 마땅히 어떻게 받아 지녀야 하겠습니까?"

부처님께서 아난에게 말씀하셨다.

"이 경은 '극락국토와 무량수불·관세음보살·대세지보살을 관찰하는(觀極樂國土無量壽佛觀世音菩薩大勢至菩薩) 경'이라 이름하며, 또한 '(중생의) 업장을 깨끗이 소멸하여 모든 부처님 앞에 태어나게 하는(淨除業障 生諸佛前) 경'이라 이름한다.

『관경』은 『관무량수경』이 그 본디 이름입니다. 그런데 『관무량수경』은 다른 말로 하면, '『관극락국토무량수불관세음보살대세지보살경』'이라고 할 수 있으며, 또한 '『정제업장생제불전경』'이라 말할 수도 있다는 이야기입니다.

『관경』을 다른 이름으로는 '『정제업장생제불전경』'이라 말하는 것은, 극락국토와 세 분 불보살님을 관찰하거나(정선) 혹은 하품의 중생들처럼 "나무아미타불." 염불을 함으로써(산선) 우리가 오랜 세월 동안 수없이 많은

생을 태어나고 하면서 지어 온 모든 업장이 다 소멸된다고 말씀하셨기 때문입니다.

"그대들은 (이러한 이름을) 마땅히 지니고서 잊지 않도록 하라. 이러한 (관불의) 삼매를 행하는 자는 이 몸을 지닌 채 그대로 무량수불과 두 분 보살을 뵈올 수 있으리라."

이때의 삼매는 정선의 삼매이므로 '관불삼매'라고 하였습니다. 이는 제1관에서 제13관까지 설한 내용을 요약해서 말씀하신 것입니다.

제14관에서 제16관까지, 즉 구품왕생九品往生은 산선의 삼매입니다.

"(또) 만약 선남자 선여인이 다만 부처님의 명호와 두 분 보살의 명호를 듣는 것만으로도 무량한 겁 동안 생사를 거듭한 죄를 소멸하게 될 것인데, 하물며 (부처님의 명호를) 기억하고 염하는 것(憶念)이야 (말해 무엇 하겠는가)."

불보살의 명호를 듣는 공덕으로도 한량없는 죄업장을 소멸할 수 있는데, 하물며 직접 "나무아미타불."이라고 그 이름을 기억하고 염하는 것이야 말해 무엇 하겠습니까. 이때의 '억념'은 소리를 내서 하는 '칭념'이라고 생각됩니다. 이것은 염불삼매를 말하는 것입니다.

따라서 『관경』은 관불삼매와 염불삼매를 둘 다 설하는 경전이라고 말할 수 있습니다. 당나라 선도 대사는 그렇게 보았습니다. 또 그것은 결국은 하근기 중생들까지 제도하려는 뜻이 담겨 있다고 볼 때, 관불삼매로부터 염불삼매로 이동하는 것이라 볼 수 있습니다. 그 전환에서야말로 『관경』의 진면목이 있는 것 아닐까 생각합니다. 그것이 곧 보다 더 쉬운 이행

易行의 길이기 때문입니다.

"만약 염불하는 사람이 (있다고 한다면), 마땅히 알아라. 이 사람은 사람 중의 연꽃(芬陀利華, puṇḍarīka)이다."

이 한 구절을 선도 대사는 이렇게 주석하였습니다.

"만약 염불하는 사람이 (있다고 한다면, 그는) 곧 사람들 중의 호인好人·사람들 중의 묘호인妙好人·사람들 중의 상상인上上人·사람들 중의 희유인希有人·사람들 중의 최승인最勝人이다."

그리고 『관경』은 다음과 같은 내용으로 이어집니다.

"(염불하는 사람, 즉 묘호인에게는) 관세음보살과 대세지보살이 그를 위하여 좋은 벗(勝友)이 되어 주실 것이니, (이 사람은 정히) 도량에 앉아서 모든 부처님 집에 태어난다."
부처님께서는 아난에게 말씀하셨다.
"그대는 이 말을 잘 지녀라. 이 말을 지닌다면, 곧 무량수불의 이름을 지니는 것이 된다."

부처님 말씀을 지니는 것은, 곧 『관경』의 말씀을 지니는 것입니다. 그리고 그것은 곧 '나무아미타불'을 지니는 것을 말합니다. 그리고 그렇게 할 때, 바로 우리는 묘호인이 되는 것입니다.

부처님께서 이렇게 말씀하셨을 때 존자 목건련, 아난 및 위제희 등은 부처님께서 설하시는 것을 듣고서 모두 크게 기뻐하였다. 그때 세존께서 발로 허공을 딛고서 기사굴산耆闍崛山으로 돌아가셨다. 그때 아난은 널리 대중을 위하여 위와 같은 일을 설하였다. 한량없는 모든 천신과 용·야차夜叉들은 부처님께서 설하는 바를 듣고서 모두 크게 기뻐하며, 부처님께 예배하고 물러났다.

이상으로 『불설관무량수불경佛說觀無量壽佛經』을 들었고(聞), 생각하였고(思), 그 생각을 다 기록하였습니다(錄). 감사합니다. 나무아미타불.

48. 이제, 권진이다

정토교는 권진교勸進教이며, 특히 『관경』은 권진경勸進經입니다. 그만큼 권진을 강조하기 때문입니다. 구체적으로, 세 가지 복 중에서 셋째 행복을 설할 때 '권진행자勸進行者'라는 말이 나왔고, 상품상생에서 '권진기심勸進其心'이라는 말이 나왔습니다. 용어만 나오는 것은 아닙니다. 구체적으로, 석가모니부처님께서는 아난에게 당신의 가르침을 권진하라는 말씀이 나옵니다. 제3관에서 이렇게 말씀하십니다.

> "그대는 내 말을 잘 지녀서 괴로움에서 벗어나려는 미래의 모든 사람들을 위하여 이렇게 (극락의) 땅을 관찰하는 법을 설할지어다."

저의 가까운 지인은 늘 제가 권진하자고 하는 것이 못마땅하였습니다. 권진하자는 것이 부담으로 작용되었기 때문입니다. 어느 날 제게 "권진하자는 것은 다른 이웃 종교에서는 강조하지만, 불교는 조용하고 차분하고 개성과 개인의 선택을 존중하는 종교 아닌가? 그렇게 권진을 강조하는 시끄러운 종교는 아니지 않은가?"라고 문제를 제기하였습니다.

제가 무엇이라 대답했겠습니까? 바로 이 제3관에 나오는 부처님 말씀을 보여 드렸습니다.

경전 전체가 권진하라는 말씀을 밑바탕에 깔고 있습니다. 저는 그렇게 읽습니다. 권진하라는 부처님의 명령이 반드시 괄호 속에 넣어져 있습니다. 그것이 행간行間의 내용입니다. 하지만, 그중에서도 경전의 마지막 부분인 유통분流通分은 더 말할 나위 없습니다. '유통'이라는 말 자체가 곧 권진의 의미입니다. 권진하지 않으면 유통은 멈춥니다. 그런 뜻에서 유통분은 권진분입니다.

이런 뜻에서 저의 정토신앙은 권진신앙입니다. 권진의 원願과 권진의 행行입니다. 재작년(2017) 1월 17일, 저는 이러한 권진의 뜻과 원력 그리고 권진해야 할 내용을 담아서 노래 하나를 지었습니다. 바로 「권진의 노래」입니다.

모두 88연으로 이루어진 이 노래에는 정토삼부경의 핵심적인 내용과 인도, 중국, 한국, 일본의 정토교 역사에서 주요한 사항이 담겨 있습니다. 그중에 『관경』과 관련한 부분을 여기에 소개해 드리고서 이 '듣고 생각하는 『관무량수경』'을 닫고자 합니다.(「권진의 노래」 전체는 2018년 4월 18일, 『법보신문』을 통하여 소개된 바 있습니다.)

24. 권진하세 권진하세 십육관법十六觀法 권진하세
    나무아미타불
25. 권진하세 권진하세 관불삼매觀佛三昧 권진하세
    나무아미타불
26. 권진하세 권진하세 염불삼매念佛三昧 권진하세
    나무아미타불
27. 권진하세 권진하세 세 가지 복 권진하세
    나무아미타불

28. 권진하세 권진하세 구품왕생九品往生 권진하세
나무아미타불
29. 권진하세 권진하세 섭취불사攝取不捨 권진하세
나무아미타불
30. 권진하세 권진하세 권진행자勸進行者 권진하세
나무아미타불
31. 권진하세 권진하세 권진기심勸進其心 권진하세
나무아미타불

'권진'의 의미에 대해서도 앞에서 자세히 말씀드렸습니다. 여기서는 '말하다'라는 의미로 씁니다. 그러니까 '권진하세'는 '말하세'입니다. 말하는 것이 권진입니다. 다른 사람들에게 십육관법을 말하는 것이 권진입니다. 관불삼매를 말하는 것이 권진입니다. 그렇게 해서 마침내 권진기심을 말하는 것이 권진입니다. 『관경』을 말하는 것이 권진입니다. 아미타불을 말하는 것이 권진입니다.

이제 『관무량수경』 공부를 마칩니다. 공부는 다 했습니다. 남은 것은 권진입니다. 권진하다가 다시 부족하다 느끼실 때 다시 공부하십시오. 이 책을 다시 한번 더 복습해 주십시오. 그리고 다시 권진해 주십시오.

원이차공덕願以此功德	원하옵건대, 이러한 (관상의/염불의) 공덕을
평등시일체平等施一切	골고루 모든 중생들에게 다 나누고자 하오니
동발보리심同發菩提心	다 함께 보리심을 일으켜서
왕생안락국往生安樂國	안락의 나라에 가서 나게 하소서

나무아미타불.

제2부

편지로 읽는 『관무량수경』

(觀經通信)

1. 칭명사稱名寺

일본을 다녀왔습니다. 출장이었습니다. 요코하마(橫浜)에는 가나자와문고(金澤文庫)라는 도서관 겸 박물관이 있습니다. 일본에서 가장 오래된 도서관입니다. 그런데 이 도서관에 수장되어 있는, 많은 고서들은 실은 그 옆에 있는 절 쇼묘지(稱名寺)의 스님들이 수집한 것입니다. 800년 전부터의 일입니다.

그전에도 이 칭명사를 찾아온 일이 있습니다만, 이번에는 그 이름에 '필feel'이 꽂혔습니다. '칭명사'라는 이름은 우리나라에서는 못 보았기 때문입니다. 한국불교사 전공의 고영섭 교수에게도 여쭈어보았습니다. 역시 우리나라에 '칭명사'라는 절이 있는지 어떤지는 알지 못한다고 하시더군요.

우리나라의 경우에는 염불사, 염불암이 많지요. 염불과 칭명, 그것이 그것 아닌가 생각할 수 있지만 그렇지는 않습니다. 『관무량수경』에는, 하품하생下品下生을 설하는 곳에서 "그대 만약 능히 (저 부처님을) 염불할 수 없다면, 마땅히 '귀명무량수불歸命無量壽佛.'이라 칭하라."라고 되어 있기 때문입니다. 분명, '염'과 '칭'을 다른 개념으로 본 것입니다. 이때 '염'은 그저 소리를 내어 이름을 부르는 것이 아니라, 마음속으로 집중하는 것까지를 가리키는 것으로 생각됩니다. 그래서 '염'이 '관觀'과 같은 의미로 쓰인 것입니다. 이 '관'은 선禪의 의미가 있습니다.

그러나 그런 염불, 즉 관불을 하지 못하는 것이 하품하생의 근기입니다. 이런 하품하생은 그저 다만 소리를 내면서, 입술 위에 "귀명무량수불.", 즉 "나무아미타불."을 올려놓기만 하라는 것입니다. 그것이 칭명입니다.

호넨(法然) 스님은 스승 에이쿠(叡空, ?~1179) 스님께 목침으로 얻어맞은 일이 있었다고 합니다. 에이쿠 스님은 관불이 더 긴요한 수단이라 말하고, 제자 호넨은 그저 칭명하는 것이 더욱더 긴요하다고 주장하였기 때문입니다. 스승이 말 안 듣는 제자에게 화가 났던 모양입니다. 목침을 던졌다고 합니다. 이 이야기는 야나기 무네요시(柳宗悅) 선생의 『나무아미타불』에도 나옵니다.

이런 배경이 있기 때문에 실제로 일본에서는 '칭' 자가 들어가는 절이 많습니다. 시종時宗의 경우만 하더라도, 칭원사稱願寺·상칭사常稱寺·영칭사迎稱寺·칭념사稱念寺·전칭사專稱寺 등의 절이 있습니다.

아무래도 우리나라는 선의 전통이 강하므로, '염불'을 많이 쓴 것 같습니다. 물론 우리가 '염불'이라 할 때, 칭명의 의미로 쓸 수도 있습니다. 호넨 스님 이후에는 다 그렇게 칭명의 의미로 '염불'이라는 말을 씁니다. 그 뜻을 단적으로 『선택본원염불집選擇本願念佛集』에서는, "염하는 것과 소리를 내는 것은 하나다(念聲是一)."라고 하였습니다.

이런 생각을 하면서, 시 「칭명사」를 지어 보았습니다.

염불사念佛寺라 해도 좋았을 텐데
그럴 법法도 했는데
칭명사稱名寺라 했네

그렇지. 나 염불조차 하지 못할
위인이지
부처님을 생각하고 또 생각해서
부처가 내가 되고
내가 부처가 되는 일,
아, 난행도難行道여라
나 같은 하품下品이
나 같은 악인惡人이
나 같은 범부凡夫가 어찌
감당이나 할 수 있으랴

그래, 그렇다
그저
다만
오직
"나무아미타불."
"나무아미타불."
입술 위에 올려놓을 뿐이지
우리 님의 이름
부를 수 있을 뿐이지
"나무아미타불."
"나무아미타불."

2. 붓쿄(佛敎)대학의 예배당

2017년 7월 15일, 교토(京都)에 있는 '붓쿄대학(Bukkyo University)'을 방문하였습니다. 제가 2002년 가을부터 2003년 여름까지 신세를 지면서 공부했던 곳이라서, 늘 그 은혜를 생각하고 있는 대학입니다. 저의 책 『일본불교의 빛과 그림자』(정우서적, 2007)는 그 시절의 견문을 정리한 것입니다.

그로부터 벌써 16, 17년 정도 지났습니다. 그동안에도 여러 번 찾아갔습니다. 그런데 이번에는 천지개벽이라는 느낌이 들 정도로 캠퍼스가 많이 바뀌어 있어서 놀랐습니다. 아마도 옛날 붓쿄대학 캠퍼스를 아는 분들은 다 그런 느낌을 받으실 것으로 생각합니다. 사실, 저는 2015년 가을에도 갔었습니다. 그때만 해도 제 연구실이 있던 9호관과 몇몇 다른 건물들이 해체되고, 그 자리에 멋있는 건물(식당이 있는 건물)이 들어서 있었습니다.

하지만 이번에는 모든 캠퍼스의 리뉴얼renewal이 끝나서인지, 그 충격(?)은 컸습니다. 그야말로 캠퍼스 리뉴얼 사업에 화룡점정畵龍點睛을 했기 때문인데, 그것은 바로 예배당[미즈타니 고쇼(水谷幸正)기념관]이 떡하니 제자리를 잡고 있었던 것입니다.

도서관 건물의 맞은편에 예배당이 자리하면서, 캠퍼스 전체의 중심을 잡아 주고 있습니다. 외형으로는 마치 몽골의 유목민들이 사는 집처럼, 그런 느낌이 있었습니다. 연꽃의 모습을 본떴다고 합니다만…….

예배당은 지금 우리 학교로 말하면 정각원입니다. 학교 법당인 것이지요. 그런데 예전에는 종교부 법당이 2호관의 2층에 있었습니다. 다른 사무실과 함께 있다 보니, 대학의 중심이 법당이라는 느낌이 들지 않았습니다. 그러나 이제는 붓쿄대학의 중심은 예배당이라는 것이 확연하게 들어옵니다.

예배당 안은 원형인데, 부처님이 계시는 곳(이를 '내진內陣'이라 하여, 신자들의 공간인 외진外陣과 구분하게 됩니다. 내진에는 스님이 아닌 한 들어갈 수 없습니다.)은 단壇을 만들어서, 외진의 신자들이 볼 때는 좀 높게 보입니다.

정중앙에 좌상의 아미타불이 모셔져 있습니다. 뒤로는 배 모양(舟型)의 광배光背를 했습니다. 특이한 것은, 바로 좌우 보처입니다. 다 아시는 것처럼, 『무량수경』에는 아미타불을 좌우에서 보좌하는 분으로 관세음보살과 대세지보살이 나오지 않습니까. 이렇게 아미타불, 관음, 세지를 함께 모시는 것을 '극락삼존' 내지 '미타삼존'이라 합니다.

우리나라의 경우에는 근래 특이하게도, 대세지보살을 대신하여 지장보살을 모십니다. 일종의 변형된/창조적 극락삼존이라 할 수 있겠지요. 지장보살은 극락을 가게 하는 것보다는 지옥을 못 가게 하는 것을 소임으로 삼는 분이라서, 우리나라 사람들의 의식意識은 일단 지옥은 못 가게 막아 놓고 극락에 가도록 하자는 것인지도 모르겠습니다.

붓쿄대학 예배당의 삼존 역시 정식의 삼존은 아닙니다. 좌보처는 선도善導 대사이고, 우보처는 호넨(法然) 스님입니다. 호넨 스님은 정토종의 개조인데, 붓쿄대학은 바로 정토종이 세운 대학입니다. 그리고 선도 대사는 바로 호넨 스님이 염불의 한길을 선택할 수 있도록 인연이 되어 준 분입니다.

선도 대사는 『관무량수경』에 대한 주석서를 지었습니다. 『관무량수경소觀無量壽經疏』인데, 줄여서 '『관경소觀經疏』'라고 합니다. 그 『관경소』가 네 권인데, 제4권에서 호넨 스님은 이런 말씀을 만납니다.

> 일심으로 오로지 아미타의 명호를 염하되, 행주좌와行住坐臥에서 그 시간의 오래됨과 오래되지 않음을 묻지 않고, 찰나 찰나에 (아미타의 명호를) 버리지 않는 것을 '정정취正定聚의 업'이라 한다. 저 부처님의 원을 따르기 때문이다.

극락에 왕생할 수 있는 업을 '정정취의 업'이라 말합니다. 호넨 스님은 바로 이 말씀을 만나서 오직 염불만 하기로 결정하고 선택하게 됩니다. 그래서 호넨 스님은 선도 대사를 사모하게 되고, 거듭거듭 말하게 됩니다. 호넨 스님의 저서 『선택본원염불집』을 보면, 주로 선도 대사의 말씀을 인용합니다. 그러다 보니, 어느 날 꿈에서 선도 대사를 만났다고 합니다. 이를 '이조대면二祖對面'이라 합니다.

이렇게 일본 정토종에서는 선도 대사를 굉장히 중요하게 섬깁니다. 일본불교사독서회에서 몇 년 전에 가 본 일이 있습니다만, 규슈(九州) 지방에 가면 선도사善導寺라는 절이 있습니다. 또 가마쿠라(鎌倉)에 가면 광명사光明寺라는 절도 있는데, 거기에는 선도 대사의 동상이 모셔져 있습니다. 신란(親鸞) 스님의 『교행신증敎行信證』을 보면 '광명사 화상'이라는 스님의 말씀이 인용되어 있는데, 선도 대사를 가리킵니다. 선도 대사가 살았던 절 이름에 광명사가 있습니다.

예배당 들어가는 왼쪽으로 큰 바위에 글을 한 구절 새겨 두었습니다. 이는 예전에는 도서관 들어가는 왼편에 있었습니다만, 지금은 그 자리에 호넨 스님의 동상을 모시고 그 바위는 예배당 들어가는 쪽의 왼편으로 위치 이동을 한 것입니다.

그 바위에 새겨진 글은 호넨 스님이 왕생하기 전에 말씀하신 유언입니다. 그 유언이 한 장밖에 안 되기 때문에 「일매기청문一枚起請文」이라 합니다. '기청'은, 그 말을 하는 사람이 듣는 사람에게 어떤 행동을 해 주기를 바란다는 의미입니다.

「일매기청문」을 읽어 보면, 사실 염불에 대해서는, 정토사상이라는 것은 사실은 그것밖에 더 할 말이 없을 것 같은 그런 내용을 간명하게 표명하였습니다. 그중에서도 이 바위에 새겨진 말씀은 마지막 문장입니다.

지자智者인 척하지 말고, 다만 한결같이(一向) 염불하라.

'지자인 척하지 말라'는 것은 좀 더 직설적으로 번역하면 '잘난 척하지 말라'는 것입니다. 이 말에서 정토사상은 끝났다고 말해도 좋습니다. 정토사상은, 타력신앙은 잘난 사람이 못난 사람 되는 데서 이루어집니다.

그래서 호넨 스님은 '우자愚者의 자각自覺'을 말했고, 그 제자 신란 스님 역시 자신을 스스로 '우독愚禿'이라 하였던 것입니다. 지금 우리는 다 잘나기를 염원하고 노력하지만, 정토문의 관점에서 본다면 어리석은 이야말로 먼저 구원받습니다.

예배당에서는 아침 8시 30분부터 55분까지 매일이다시피 법회를 합니다. 오랜만에 참여해 보았습니다. 무슨 경전을 읽는지 알 수 없지만, 경건한 분위기에 잠길 수 있었습니다.

교정의 중심에 법당이 자리하고 있다는 것이 부러웠습니다. 아미타불을 중심으로 모시고, 선도 대사와 호넨 스님을 기리면서 대학을 운영해 가겠다는 학교 경영진 — 내지 정토종 — 의 생각이 구현된 것 같습니다. 나무아미타불.

3. 지옥과 유토피아

제 개인사個人史에서 2017년은 특별했습니다. 정토신앙의 권진勸進에 본격적으로 나섰기 때문입니다. 야나기 무네요시(柳宗悅) 선생의 『나무아미타불』을 10년의 번역 끝에 마침내 출간하였고, 그 과정에서 얻게 된 정토시 48수를 모아서 『꿈속에서 처음으로 염불춤을 추었다』를 펴냈기 때문입니다. 모두 '모과나무'에서 펴내 주셨습니다. 돌이켜 보면, 지난 10년 동안 정토를 향한 저의 발걸음은 늘 『법보신문』과 함께했습니다. '모과나무'는 『법보신문』에서 만든 출판사입니다.

이들 두 책은 모두 제 '인생 책'입니다. 제 인생을 또 한 번 바꾸어 주었기 때문입니다. 특히 시집은 제 자신의 내면을 가장 잘 드러낸 책이라는 점에서, 지난 삼십여 년 동안 제 이름으로 낸 서른 권이 넘는 책 중에서 가장 애착이 가는 '한 권의 책'을 고르라면, 저는 이 시집을 고릅니다. 일독을 빕니다.

각설하고, 이제 이번 장의 이야기로 들어가겠습니다. 저는 근래, 정토신앙의 역사에서 보이는 몇몇 어머니들에 대해서 깊이 관심을 갖고 있습니다. 그중의 한 분이 정토삼부경의 하나인 『관무량수경』에 나옵니다.

이 어머니 역시 기가 막히는 인생을 살아가고 있었습니다. 아들 때문입니다. 분명 자기 속으로 낳은 아들인데, 이런 아들이 어찌하여 생긴 것인지 모릅니다. 아버지도 그런 아버지가 아니기 때문입니다. 아버지도 훌륭한 분이고 어머니도 훌륭한 분인데, 이런 아들이 태어나는 것을 보면 선천적인 문제는 아닌 것으로 보입니다. 후천적인 것이지요.

'아버지도 훌륭하다'고 말씀드렸습니다만, 사실 굳이 원인을 찾아보자면 그 아버지에게 있는 것으로 보입니다. 바로 아버지가 왕이기 때문입니다. 아버지의 권력이 아들을 망치게 했습니다. 그래도 우리는 아들이 나쁘다고 말하게 됩니다. 말해야 합니다. 나쁜 이유는 느긋하게 기다리지 못해서입니다.

세월이 흐르면 어차피 아버지의 권력은 아들에게 주어질 것인데 말입니다. 인도의 경우에는 죽기 전에 권좌를 아들에게 물려줍니다. 은퇴한 아버지는 숲으로 들어가서 수행자의 생활로 '인생 2막'을 시작합니다. 그런 전통이 있습니다. 싯다르타의 아버지 정반왕淨飯王이 싯다르타의 출가를 막고자 했던 것 역시, 자신이 출가해야 할 순서였기 때문입니다. 그러므로 조금만 더 기다리면 됩니다.

그런데 이 아들은 그 시간을 견디지 못합니다. 아버지가 빨리 권력을 물려주지 않는다고 앙앙불락하다가, 마침내 아버지를 감옥에 연금합니다. 스스로 왕위를 차지하고 맙니다. 단순히 감금하는 것으로 만족하지 못합니다. 끝내 아버지를 죽여야, 자신의 권력이 안전하리라 생각했습니다. 일체 먹는 것을 제공하지 말라, 엄명하였습니다. 굶겨 죽일 작정입니다.

이런 아들을 보는 어머니 마음이 어떻겠습니까. 헤아리기 쉽지 않습니다. 그런 경험이 없기 때문입니다. 어머니는 목욕을 해서 몸을 깨끗이 합니다. 그리고 그 온몸에 소밀酥蜜(우유와 꿀을 섞은 것)을 바릅니다. 그리고 영락瓔珞 속에도 포도즙을 조금 부어서 숨깁니다. 남편을 면회하러 가서 먹이려고 한 것입니다. 다행히 아직 어머니의 면회 자체를 금지하지는 않았습니다.

그런데 감옥을 지키는 병사로부터 이 어머니의 '특별한 면회'에 대한 보고를 듣게 된 아들은 분노합니다. 자기 계획을 방해하는 자가 바로 어머니라고 생각한 것입니다. 이성을 잃고서, 어머니를 죽이라고 병사에게 명령합니다.

어떻게 되었을까요? 다행히 이 나라에는 아버지가 어진 정치를 했기 때문에, 충성스러운 신하가 남아 있었습니다. 그 충신들이 힘을 모아서 이구동성으로 직간直諫을 합니다. 폭군에게 직간을 하는 것은 자신의 목숨을 내놓고 하는 것입니다. 자기 목숨을 걸고서라도 할 말은 해야 하는 것, 그것이 충신의 조건입니다.

> 안 됩니다. 그것은 안 됩니다. 역사를 보면, 예부터 권력을 차지하기 위해서 아버지를 죽인 사례는 수도 없이 많습니다. 그러나 어머니를 죽였다는 전례는 한 번도 없습니다. 임금님께서 지금 그 첫 번째가 되려고 하는 것입니까?

이런 이야기를 한 것입니다. 사실, 그렇습니다. 저도 아버지가 되어 보았습니다만, 아이와 아버지의 관계는 아이와 어머니의 관계와는 다릅니다. 다를 수밖에 없습니다. 당연한 일입니다. 애당초 어머니와 아이는 한 몸이었기 때문입니다. 그 관계는 선천적입니다. 그러나 아버지와 아이의 관계는 한 몸이라는 느낌을 쉽게 갖지 못합니다. 그런 의미에서는 후천적이라 보아도 좋을지 모르겠습니다.

이 용감한 신하들의 충언을 듣고서, 그래도 이 아들에게는 선근善根이 남아 있었던 것일까요. 다소 정신을 차리고, 어머니를 죽이려는 마음을 거두어들입니다. 그 대신 어머니도 아버지처럼 감옥에 가두라고 명령합니다. 어머니마저 갇힌 것입니다.

이런 형편에 처한 어머니 마음이 어떻겠습니까. 지옥이었을 것입니다. 달리, 또 지옥이 있다 한들 이보다 더 고통스럽겠습니까. 지옥 고통을 맛보고 있는 어머니로서, 정말, 이 세상이 싫어졌습니다. 안 그렇겠습니까.

지옥을 깊이 맛본 자가 극락을 구합니다. 지옥이 아닌 다른 세상을 찾습니다. 유토피아를 원하게 됩니다. 유토피아는 이상 국가입니다. 정말로 그런 아들이 없는 나라, 권력 때문에 부모를 감옥에 가두는 아들이 없는 나라, 권력욕에 눈이 먼 인간들의 탐욕심이 없는 나라를 구합니다.

그런 나라에 가고 싶지 않겠습니까. 그런 나라가 그립지 않겠습니까. 『무량수경』 하권의 말미에 가면, 이른바 '삼독오악단三毒五惡段'이라 부르는 부분이 있습니다. 다 아시다시피, 『무량수경』은 무량수불의 극락세계를 우리에게 가르쳐 주시는 경전입니다. 유토피아를 우리에게 제시해 주는 경전입니다.

그렇지만, 삼독오악단에서는 악행을 하는 사람들의 모습을 그리고 있습니다. 왜 정토만을 그리지 않고서, 악행이 창조하는 세계 역시 그리고 있는 것일까요? 저도 처음에는 이해하지 못했습니다. 그러나 곰곰 생각해 보면, 극락을 구하는 마음과 지옥을 싫어하는 마음이 하나입니다. 손등과 손바닥의 관계입니다. 서로 붙어 있습니다.

어쩌면, 우리가 극락을 구하지 않는 것은 진실로 우리가 지옥을 살지 않아서인지도 모릅니다. 지옥을 살면 살수록, 지금 우리의 삶 속에서 지옥 고통을 느끼면 느낄수록, 극락을 구하게 됩니다. 지옥을 싫어하는 마음, 즉 예토穢土를 싫어해서 떠나고 싶은 마음과 정토를 구하는 마음은 표리일체입니다. 천태종의 스님이면서도 정토를 신앙했던 겐신(源信, 942~1017)은 그의 저서 『왕생요집往生要集』의 핵심으로, "염리예토厭離穢土 흔구정토欣求淨土."를 말했습니다.

『관무량수경』 서분序分에 나오는 이 이야기에서 아버지는 불교 최초의 절 죽림정사竹林精舍를 부처님께 보시布施하였던 빔비사라Bimbisāra(頻婆娑羅)왕이고, 어머니는 위제희韋提希(Vaidehī) 부인이며, 불효불충한 아들은 아자타샤트루Ajātaśatru(阿闍世)입니다.

앞으로도 저의 편지를 잘 읽어 주십시오. '나무아미타불' 속에서 하루하루 건강하시고, 순간순간 행복하시길 빕니다. 또 권진도 많이 해 주십시오. 나무아미타불.

4.『관무량수경』의 매력

『관무량수경觀無量壽經』은『무량수경無量壽經』,『아미타경阿彌陀經』과 함께 정토삼부경을 이루고 있습니다.『무량수경』과『아미타경』은 모두 범본梵本이 남아 있습니다. 확실히 인도에서 만들어진 경전이 맞습니다. 그런데『관무량수경』은 범본이 없습니다. 학자들은 인도에서가 아니라, 중앙아시아와 중국에서 찬술된 경전이 아닌가 보고 있습니다.

옛날 중국에서는 인도에서 찬술된 경전은 '진경眞經'이라 하고, 중국에서 찬술된 경전이나 그렇게 의심되는 경전은 '위경僞經'이나 '의경疑經'이라 불렀습니다. 위경이나 의경은 어떻게 보아야 할까요? 글자 그대로 '가짜 경전'이라고 내버려야 한다고 생각할 수도 있겠습니다. 하지만 부처님의 가르침이 수용되는 상황(context)을 적극적으로 반영하고, 그러한 상황에 부처님의 가르침을 조화시키기 위해서 만들어진 경전이라는 의미가 있음도 사실입니다.

그런 맥락에서 본다면,『관무량수경』이 만들어지는 데 어떤 필연성이나 필요성이 있었을 것으로 생각해 볼 수 있습니다. 이를 좀 생각해 보려고 합니다. 우선,『관무량수경』은 간략하게 '『관경觀經』'이라 부른다는 점을 말씀드립니다. 우리도 이제 그렇게 부르고자 합니다.

『관경』이 갖는 가장 큰 특징은, 바로 지난 편지에서 말씀드린 그 어머니의 이야기입니다. 패륜아 아들을 낳아서 고통받는 어머니의 심정은 어땠을까요? 헤아리기 쉽지 않을 것입니다. 그런 고통 속에서 위제희 부인은 극락을 그리워합니다. 그분에게는 극락이 있어야 했습니다.

석가모니부처님은 위제희 부인의 간청에 응해서 극락이 있다는 것을 가르쳐 주십니다. 저는 이 장면이 정토신앙을 낳은 원천의 하나라고 봅니다. 다른 하나는 『무량수경』에서, 법장보살이 마흔여덟 가지 서원을 세워서 중생을 구제하고자 극락을 건설하는 바로 그 장면입니다. 『무량수경』의 경우는 부처님 입장에서 극락을 만드는 것이라 할 수 있다면, 『관경』의 경우는 바로 중생의 입장에서 극락정토를 만드는 것이라 할 수 있습니다. 이 역시 『관경』이 『무량수경』이나 『아미타경』을 보완하는 한 측면이라 볼 수 있을 것입니다.

극락이 말해지고 나면, 그다음에는 어떤 이야기가 나올까요? 그렇습니다. 어떻게 하면 그 극락에 우리가 갈 수 있는가 하는 방법론에 대한 이야기가 나오는 것이 자연스럽겠지요. 이에 대한 정토불교의 대답은 역사적으로 두 가지 방법이 설해집니다. 그 두 가지는 동시에 설해진다기보다는 시간상으로 차례로 설해지면서, 먼저 설해진 방법을 뒤에 설해지는 방법이 대체합니다.

먼저 설해지는 방법은 바로 극락이나 부처님을 떠올려 보는 것입니다. 이를 '관觀'이라 합니다. 구체적으로는, '관불觀佛'이나 '관상觀像'이라 합니다. 지금 말로 하면, '이미지 메이킹image making'이라 할 수 있을 것입니다. 정토삼부경에는 포함되지 못하지만, 대승불교의 중요한 경전 중 하나인 『반주삼매경般舟三昧經』에서 제시되는 방법입니다. 중국 정토교의 역사를 연 스님 중의 한 분으로 평가받는 여산 혜원廬山慧遠(334~416) 스님은 백련결사白蓮結社라는 염불결사를 하였습니다. 그때의 수행법이 바로 관불이었습니다.

두 번째 방법은 염불입니다. 관불이나 관상은 보통의 범부들이 행하기는 좀 어렵다고 생각하여, 그저 "나무아미타불."이라고 아미타불의 이름을 부르기만 하자는 것입니다. 여기서 용어상의 혼돈을 피하고자, 좀 더 구별할 필요가 있습니다. 흔히 '염불'이라고 하면, '염'이라는 말 자체 역시 '이미지 메이킹'의 의미로 해석할 수 있습니다. 그렇게 되면, 염불이나 관불이 혼돈될 수 있습니다. 그런 흔적은 『관경』에서도 볼 수 있습니다. '염'을 '관'의 의미로 쓰는 것입니다.

『관경』에서 '염'과 '관'이 같은 의미라고 한다면, "나무아미타불."이라고 하는 것은 다르게 부를 필요가 있습니다. 바로 '칭稱'입니다. '칭명稱名'이라고 한 것입니다. 그러니까 '관상염불'이라고 하면 '관불'을 가리키고, '칭명염불'이라 하면 '염불'을 가리킨다고 생각하시면 됩니다. 이러한 혼돈을 미연에 방지하기 위해서는 '염불'이라는 말 대신에 '칭명'이라는 말을 쓰기도 하였습니다.

제가 제2부를 시작할 때, 첫 편지에서 바로 '칭명사'라는 말이 우리나라에서는 발견되지 않는다고 말씀드린 적이 있습니다. '칭'이라는 말을 잘 안 썼다는 이야기를 했습니다. 우리는 '염불사'나 '염불암'이라는 절은 많은데, '칭' 자가 들어가는 절 이름은 잘 없는 것 같습니다.

이제 『관경』이 갖는 두 번째 의미를 말씀드리겠습니다. 극락을 가는, 이러한 두 가지 방법이 다 설해집니다. 그것이 16관법觀法입니다. 16관 중 제13관까지를 '정선定善'이라 합니다. 관법, 즉 선정 속에서 극락을 가기 위한 선을 닦는 것이라는 의미입니다. 극락과 아미타불, 관음, 세지를 관찰하라고 설하고 있습니다.

제14관에서 제16관까지는 '산선散善'에 해당합니다. 그렇게 선정 상태에 들어가지 못하는 범부를 위하여, 산란한 속에서도 극락을 갈 수 있는 방법이 제시됩니다. 그것이 염불, 즉 칭명입니다. 이 산선에서 이른바 구품왕생九品往生이 설해집니다. 그러니까 구품왕생은 다 산선의 일입니다.

이렇게 표면적으로 보면, 『관경』은 정토사상사를 반영하여 관불과 칭명의 두 가지를 함께 제시하는 것으로 보입니다. 그러나 실제로는 관불에서 칭명으로 방법론을 교체하는 것으로 이해할 수 있습니다. 특히, 하품下品의 범부를 위한 수행법을 제시하는 것이 『관경』이 등장하는 의미의 하나라고 본다면 더욱더 그렇습니다. 하품 중에서도 하생下生에서는 우리가 능히 염불, 즉 관불을 할 수 없다면 마땅히 무량수불께 귀명歸命하라고 하였습니다.

그러면서 "나무아미타불." 하라고 그 방법을 구체적으로 제시합니다. 『무량수경』의 제18원에서는 아미타불 당신의 이름을 부르라는 요청 내지 명령은 있었지만, 그것이 구체적으로 "나무아미타불."이라 부르는 것이라는 사례를 제시하지는 않았습니다. 하지만, 『관경』에서는 그것을 가장 극명하게 제시합니다. "나무아미타불."이라고 말입니다. 그래서 일본 정토종에서는 정토삼부경 중에서 『관경』을 가장 중시한다고 합니다.

마지막으로 중요한 의미는 바로 그 패륜아 아들(아사세)과 같은 오역죄인의 구제는 정녕 포기하고 말아야 하는가, 악인에게는 구원의 밧줄이 내려지지 않고 말 것인가 하는 문제에 대한 진일보한 해결책을 제시해 준다는 점입니다. 『무량수경』의 경우는 예외 조항으로 묶어 둡니다. 제18원에서 극락에 왕생往生하는 방법으로서 칭명을 제시하면서도, "다만, 오역죄나 (대승의) 정법을 비방하는 (죄를 범한 중생들은 극락왕생할 수 없도록) 제외한다."라고 단서但書를 달았습니다.

만약 우리가 그 어머니라고 한다면, 그 아들놈을 용서할 수 있을까요? 용서하지 말고, 지옥 가라고 저주할까요? 어떻게 하는 것이 좋을까요? 『관경』에서는, '오역십악五逆十惡'을 범한 자들조차 아미타불을 칭명한다면, 팔십억 겁이나 되는 오랜 세월 동안 윤회를 거듭하면서 지어 온 죄들이 다 소멸되며, 극락에 왕생할 수 있다고 말합니다. 구원의 길을 열어 주었습니다. 이 악인 구제의 문제에 대해서는 다시 말씀드릴 기회를 갖고자 합니다. 나무아미타불.

5. 묘호인妙好人과 묘코닌(妙好人)

법정法頂(1932~2010) 스님의 법회 강의 내용을 모아 놓은 책을 읽다가, '묘호인'에 대해서 언급하신 것을 발견했습니다.

단순한 학문이나 맹목적 수행으로는 종교적 현실을 움직일 힘이 나오지 않습니다. '묘호인妙好人'이라는 말이 있습니다. 종교적 이론은 전혀 모르지만 마음이 지극한 신앙인으로, 어떻게 하든지 이웃을 위해서 헌신하려는 노력을 지닌 사람을 말합니다. '묘호'는 흰 연꽃에서 나온 말로, 연꽃처럼 늘 맑고 향기롭게 둘레를 비추는 사람이라는 뜻입니다.

이 말씀은 『법정 스님 법문집 2, 한 사람은 모두를 모두는 한 사람을』(문학의 숲, 2009), 234쪽에 나옵니다. 스님께서는 어떤 맥락에서 이 묘호인 이야기를 하셨을까요? 이 말씀 바로 앞에 나오는 문단을 하나 더 읽어 보면, 아실 수 있습니다.

적게 알면서도 많이 행할 수 있어야 합니다. 그가 진정 아는 사람입니다. 자비니 사랑이니 하는 말은 지극히 추상적인 용어입니다. 우리는 만나는 대상에게 한결같이 친절해야 합니다. 밝은 표정과 따뜻한 말씨로써 친절하게 대하는 것이 사랑이고 자비입니다. 이것이 모든 신앙인의 화두가 되어야 합니다.

그러니까 앎보다는 행이라는 이야기입니다. 앎이 적더라도 얼마든지 사랑과 자비를 행할 수 있다는 것이지요. 또 그렇게 할 수 있어야 한다는 것입니다. 그리고 그것은 모든 신앙인들의 목표가 되어야 한다는 말씀입니다. 이는 하나의 강령綱領의 제시라고 할 수 있습니다.

강령이 제시되고 나면, 그 구체적인 실례를 들어 주어야 합니다. 그래야 듣는 사람이 이해하기 편합니다. 그런 구체적인 실례로서, 법정 스님은 '묘호인'이라는 사람들의 존재를 말씀하십니다. 그런데 그러고 맙니다. 이 '묘호인'에 대한 더 자세한 설명은 책에서는 나오지 않습니다. 이제 그 역할을 제가 좀 하고자 합니다.

'묘호인'은 당나라 때 정토신앙을 크게 일으킨 선도 대사가 최초로 하신 말씀입니다. 선도 대사는『관무량수경』에 대한 주석서를 씁니다.『관무량수경소』입니다. 모두 네 권인데, 제4권을 흔히 '관경소觀經疏 산선의散善義'라고 합니다. 산선散善의 의미를 밝히는 부분이라는 뜻입니다. 산선은, 지난번에 설명한 바 있습니다만, 삼복三福과 제14~16관을 가리킵니다.

산선이라 평가받는 제16관에서는 구품九品왕생을 말하는 중에서 가장 낮은 단계, 즉 하품하생下品下生을 말하고 있습니다. 그 부분을 주석하면서, 선도 대사는 '묘호인'이라는 말을 조어造語합니다.

마땅히 알아라. 이 사람은 호인好人이고, 묘호인이며, 상상인上上人이며, 희유인希有人이고, 최승인最勝人이다.

이『소』의 말씀은 그 전에『경』의 어떤 말씀을 주석한 것일까요? 그 말씀을 찾아보면 다음과 같습니다.

만약 염불하는 자가 있다면(若念佛者), 마땅히 알아야 한다(當知). 이 사람은 사람들 중에서 연꽃이다(此人, 是人中芬陀利華).

한자로 '분다리화'라고 한 것은 범어로는 'puṇḍarika'라고 합니다. 연꽃이라는 말입니다. 그러니까,『관무량수경』에서 염불하는 사람은 사람들 중에서는 연꽃과 같은 존재라고 말씀하신 것을 선도 대사는 다시 다섯 가지 말을 만들어서 상찬賞讚한 것입니다. 좋은 사람이고, 아주 좋은 사람이고, 베스트 오브 더 베스트best of the best이고, 아주 드문 사람이고, 가장 훌륭한 사람이라고 말입니다.

우리나라의 불교도들도 더러『관무량수경』은 읽었지만, 선도 대사의『관무량수경소』를 얼마나 어떻게 읽어 왔는지에 대해서는 아직 저 자신도 모릅니다. 그래서인지 우리나라 불교문헌 안에서 이 '묘호인'이라는 말을 썼다는 기록도 본 일이 없습니다. 제가 과문寡聞한 탓이라면 좋겠습니다. 그러다가 법정 스님의 이 글에서 그 용례를 만난 것입니다.

그렇다면 법정 스님은 이 '묘호인'이라는 말을 어디서 만나게 된 것일까요? 선도 대사의『관무량수경소』제4권을 읽었던 것일까요? 그렇게는 보이지 않습니다. 왜냐하면 법정 스님이 인용한 '묘호인'의 정의를 살펴보면, 선도 대사의『관무량수경소』에 나오는 정의와는 다르기 때문입니다.

선도 대사의 묘호인 정의는 '염불하는 사람'입니다. 염불만 하면 다 묘호인입니다. 그런데 법정 스님의 정의에 동원되는 내용은 그보다 훨씬 더 넓고 현실적이고 행동주의적입니다. '종교적 이론은 전혀 모르지만 마음이 지극한 신앙인으로, 어떻게 하든지 이웃을 위해서 헌신하려는 노력을 지닌 사람'이라는 정의는 일본의 '묘코닌(妙好人)'에서 온 것입니다.

일본에서는 '묘호인'을 '묘코닌'으로 부릅니다. 일본어로 읽으면 그렇게 발음됩니다. 그럼, 일본에서는 어떤 사람들을 '묘코닌'으로 불러 왔을까요? 모든 염불하는 사람을 다 '묘코닌'으로 부르지 않습니다. 시대적으로는 에도(江戶) 시대(임진왜란 이후 성립)에, 종파적으로는 신란 스님의 가르침을 따르는 정토진종淨土眞宗에서, 신분적으로는 스님이 아닌 재가자 사이에 출현합니다.

법정 스님의 정의에도 나오는 것처럼, 이분들은 대개 일자무식이 많습니다. 그 시절 농촌에서 살아가던 농민이나 농민의 아내나 이런 사람들 중에는 글을 읽지 못하는 사람이 많았습니다. 그런 사람들 중에서 정토진종의 사원에 다니면서 스님들로부터 법문을 많이 듣고서, "아, 그렇구나. 나는 죽으면 아미타불의 극락에 갈 수 있겠구나. 얼마나 고마운 일이냐. 그러니 이 세상에서는 사는 동안 행복하게 살고, 다른 사람들을 도우면서 살아야 하겠구나."라고 깨닫습니다.

이렇게 되어서 법정 스님이 주목하고 있는 것처럼, '어떻게든 이웃을 위해서 헌신적으로 노력하게' 됩니다. 꼴(소가 먹는 풀)을 대신 베다 주고, 아픈 사람에게는 뜸도 떠 주고 그럽니다.

그런데 이분들이 하도 신심의 세계가 깊다 보니, 무식해도 명언名言이 나오고 명시名詩가 나옵니다. 그렇게 살다가 극락으로 왕생하게 되면, 그분들이 다니던 절의 주지 스님이 아무개 묘코닌의 전기를 정리해 놓습니다.

현대에 들어와서 이러한 묘코닌들의 전기를 제일 먼저 연구한 분이 스즈키 다이세츠(鈴木大拙, 1870~1966)와 야나기 무네요시(柳宗悅, 1889~1961)입니다. 야나기의 책 『나무아미타불』에서는 이 묘코닌에 대해서 극찬을 하고, 그들의 명언을 더러더러 인용하고 있습니다.

이렇게 묘호인과 묘코닌의 개념이 다소 다릅니다. 법정 스님은 '나무아미타불' 신앙에는 문제점이 없지 않다고 보았습니다. 그것은 현세를 잊고, 이웃을 잊을 수 있다는 점에서입니다. 이 지적은 정토신앙에 제기된 가장 강력한 의문이자 도전입니다. 그러나 이를 잘 극복한 사례를 우리는 바로 이 '묘코닌'들의 삶과 신앙에서 찾을 수 있습니다.

단순히 염불만 하는 '묘호인'이 아니라, 염불을 하면서도 이웃을 위해서 헌신하는 '묘코닌'으로 살아보는 것은 특히 저와 같은 재가자라면, 더욱더 '화두'로 삼아야 하지 않을까요? 그래서 이제 인생의 숙제(버킷 리스트)는 묘코닌이 되어 보는 것뿐이라 노래한 적도 있습니다. 여러분은 어떠신지요? 나무아미타불.

6. '권진勸進', 주민등록을 하다

제가 자주 쓰는 용어 중에 '권진'이라는 말이 있습니다. 원래『관무량수경』에 나오는 말입니다. 다음과 같이 두 번 나옵니다.

> 셋째는 깨닫고자 하는 마음을 발하고, 깊이 원인과 결과(因果)의 법칙을 믿으며, 대승경전을 독송하고, (극락을 향해 가고 있는 다른) 행자行者를 권진하는 것이다(勸進行者).

> 관세음보살과 대세지보살이 한없이 많은 보살들과 함께 행자를 찬탄하면서 그 마음을 권진하신다(勸進其心).

첫 번째 인용문에서 '셋째'라고 한 것은, 이른바 '세 가지 복(三福)' 중에서 셋째라는 뜻입니다. 세 가지 복은 극락에 왕생하려는 사람이 닦아야 할 것들입니다. 이때 '권진'은 동사로 쓰인 것입니다. 그러면 과연 '권진하다'라는 동사는 어떤 뜻일까요?

이미 수행하고 있는 사람에게 더욱더 잘 수행하라고 격려하는 것으로 생각됩니다. 타이완 불광산종무위원회佛光山宗務委員會에서 나온『정토삼경淨土三經』에서, 왕웨칭(王月清)은 "권설책진勸說策進."으로 번역하였습니다. 즉, 권유하는 말을 해서 정진을 책려策勵한다고 본 것입니다.

두 번째 인용문은 구품九品왕생 중 상품상생上品上生을 설하는 맥락에서 나옵니다. 아미타불에 이어서 관세음보살과 대세지보살이 행자를 찬탄하면서 계속 더욱더 정진하라고 합니다. '그 마음'이라 한 것도 행자가 극락에 왕생하려는 그 마음일 것입니다. 그것을 지금처럼 앞으로도 그대로 지속하라는 것이겠지요.

이렇게 『관무량수경』에 등장하는 '권진'이라는 말의 두 가지 용례를 살펴보면, 그 의미는 동일하게 '격려하다' 정도로 생각됩니다. 그런데 삼복의 셋째에서는 권진의 주체가 바로 '저 나라에 태어나고자 하는 자' 즉 행자입니다. 그러니까 여기서 우리는 중요한 점 하나를 확인할 수 있습니다.

극락에 왕생하기 위해서는 나 혼자서만 인과의 법칙을 믿고 대승경전을 독송한다고 되는 것이 아니라는 점입니다. 다른 행자들을 격려하여 함께 극락을 향해서 나아가야 한다는 것입니다. 우리가 '함께 극락에 태어나기를(同生極樂國)' 늘 원하는 것도 이런 뜻에서입니다.

상품상생에 나오는 '권진'의 주체는 관세음보살과 대세지보살입니다. 아미타불과 함께 상품상생하게 될 행자를 격려하고 있습니다. 실제로 그러한 일이야말로 아미타불의 일이고 관음 세지 두 보살의 일일 것입니다. 그런 아미타불의 권진은 『무량수경』에서도 볼 수 있습니다. 제18원의 원문願文을 다시 읽어 보기로 하겠습니다.

가령 내가 부처가 될 때, 온 누리의 중생들이 지극한 마음(至心)으로 (나의 이 발원을) 믿고 좋아하여(信樂) 나의 국토에 태어나고자 해서(欲生) 십념十念 정도를 한다고 하자. (그렇게 하였음에도 불구하고) 나의 국토에 태어나지 못하는 자가 있다면, (나는) 정각正覺을 이루지 않으리라. 오직, 오역죄나 (대승의) 정법을 비방하는 (죄를 범한 중생들은 극락왕생할 수 없도록) 제외한다.

이 원에 대하여 종래 '염불왕생원念佛往生願'(호넨 스님), '지심신요원至心信樂願'(신란 스님), '범부성불원凡夫成佛願'(야나기 무네요시) 등으로 불러 왔습니다. 그러한 원명願名이 다 타당함은 두말할 나위 없습니다만, 저는 제18원에 '권진염불원勸進念佛願'이라는 새로운 이름을 더 부여해 봅니다. 바로 아미타불께서 이 원을 통해서 우리에게 염불을 권진해 주시고 있다고 보아서입니다.

'권진'을 이렇게 강조하는 이유는 비단 정토불교만을 위해서는 아닙니다. 선禪을 하시는 분들은 선을 권진하여야 하고, 진언을 하시는 분들은 진언을 권진하여야 할 것입니다. 어떤 불교를 공부하시든 어떤 수행을 하시든 다 '권진을 하면서' 해야 합니다. '~ 하면서'는 산스크리트(梵語)라면 현재분사 용법을 써야 합니다.

현재 두 가지 동작을 동시에 묘사하는 문법이 현재분사입니다. 동사가 두 개 쓰입니다. 자, 보십시오. 제18원을 꼼꼼히 살펴보시면, 아미타불의 성불과 중생의 왕생극락이 동시同時라고 되어 있음을 알 수 있을 것입니다. 중생의 왕생이 이루어지지 않는다면 아미타불의 성불 역시 이루어지지 않는 것이고, 아미타불의 성불이 이루어진다면 중생의 왕생 역시 이루어지게 된다고 말하고 있습니다.

이러한 모습이 바로 권진불교의 진면목입니다. 지금까지 포교·전도·전법 등을 다 말해 왔습니다만, 실제로 잘 안 되는 이유는 자신의 깨달음(上求菩提)과 중생의 제도(下化衆生)가 서로 방향이 달랐기 때문입니다. '위로'와 '아래로'를 동시에 할 수는 없기 때문입니다. 그래서 먼저 부처가 되지 않고서는 중생을 제도할 수 없다고 생각하여 포교에 등한히 한 것은 아닐까요?

그러나 제18원에서 보듯이 정토불교의 권진에는 그러한 모순이나 길항拮抗을 발견할 수 없습니다. 왜 그럴까요? 극락에 먼저 다녀온 사람만이 "극락을 가자."라고 말할 수 있는 것이 아니기 때문입니다. 그저 아미타불의 본원本願(법장보살이었을 때 세우신 원)을 믿고서 염불하면 되는 것입니다. 그러므로 "저는 아미타불의 본원을 믿고서 염불합니다. 그래서 극락 갈 것입니다. 그러니 당신도 아미타불의 본원을 믿고서 염불하시지요?"라고 하면 됩니다. 범부도 권진할 수 있습니다. 그런 의미에서 저는 또 제18원을 '범부권진원凡夫勸進願'이라고도 부릅니다.

이렇게도 권진할 수 있습니다. 앞에서 『관무량수경』의 문맥에서는 모두 '격려하다'의 의미로 쓰였다고 하는 '권진'이라는 말이 '권유하다'로도 쓰일 수 있다는 말입니다. 그렇습니다. 만약 이미 염불을 하고 있는 염불행자라고 한다면, '격려하다'의 의미가 될 것입니다. 하지만 아직 염불하고 있는 분이 아니고 아미타불의 본원을 믿는 분이 아니라면, 그분에게는 '권유하다'의 의미로 쓰이게 됩니다.

정토교는 권진교勸進教입니다. 물론 제가 생각하기에는, 모든 불교가 다 권진교가 되어야 합니다. 그것은 이미 "두 사람이 한길을 가지 말라. 처음도 좋고 중간도 좋고 끝도 좋은 법을 설하라."라고 하셨던, 석가모니 부처님의 저 유명한 「전도傳道의 선언」에 이미 잘 드러나 있습니다. 하지만, 권진을 가장 강조하는 불교 중의 하나가 정토교라는 생각만은 지울 수 없습니다.

원효 스님이나 잇펜 스님 같은 분이 방방곡곡을 걸어 다니면서 '나무아미타불'을 전하고자 했던 것 역시 권진이었습니다. 그렇게 권진하신 분들, 혹은 지금 권진하는 사람들을 우리는 또 '권진'이라 부르기도 합니다. 이때는 명사의 의미로 쓰는 것입니다.

저는 권진입니다. 아미타불의 본원에 응답하기 위해서, 감히 제 스스로 권진이 되었습니다. 여러분께서도 권진이 되어 주십시오. 어떤 사람들은 그렇게 말합니다.

"불교는 원래 조용한 종교다. 남이 믿든지 말든지 다 지켜보고 본인의 선택을 존중한다. 당신처럼 권진을 한다는 것은 시끄러운 일이다. 그것은 불교답지 않다."

정말 그럴까요? 제가 답했습니다.

"사람이 서로 사랑한다든가 좋아한다든가 하면, 억지로 그 마음을 속에 꾹꾹 억누르기가 어렵게 된다. 그 사람에 대해서 자꾸 이야기를 하게 된다. 자랑하게 된다. 그래서 금방 그 사람을 사랑하는 마음이 들키게 된다. 정말로 불교를 좋아하고 사랑한다면, 권진하지 말라고 해도 권진하게 될 것이다."

그런데 저는 "염불하라."라고 권진하지 않습니다. "다른 사람에게 염불하시도록 권진해 주세요."라고 권진합니다. 다른 사람들에게 권진하기 위해서는, 자신의 염불은 당연히 전제됩니다. 하지만, 염불을 하게 된다고 해서 자동발생적으로 권진을 하게 되는 것은 아닙니다. 권진하기 위해서는 원을 세워야 합니다. 저 법장보살의 제18원을 자신의 원으로 받아들일 수 있어야만 합니다. 나무아미타불.

7. 어머니 그리고 아들

인도로 부처님 성지순례를 다녀왔습니다. 2018년 2월 1일, 왕사성王舍城에 있었습니다. 왕사성은 산스크리트로는 라자그리하Rājagṛha라고 하였으나, 지금은 힌디어로 라즈기르Rajgir라고 합니다. 그 라즈기르에는 불교 최초의 절 죽림정사竹林精舍도 있고, 영취산도 있습니다.

정토신앙의 관점에서 라즈기르는 『관무량수경』과 깊은 관련이 있습니다. 바로 『관무량수경』의 무대이기 때문입니다. 빔비사라왕과 위제희 부인이 갇혀 있었다는 감옥터가 지금도 있습니다. 사방으로 약 50미터 정도 되는 돌밭입니다. 그런 정도일 뿐입니다.

물론 『관무량수경』이 인도 찬술이 아니라 5세기 전반 중앙아시아와 중국에서 찬술되었다고 하는 학설이 있음을 생각한다면, 곧바로 그 감옥터에서 그런 비극적인 일이 벌어졌다고 보기는 어려울지도 모릅니다. 그렇다고 하더라도 놀라운 것은 바로 그러한 사실을 경전 성립에 활용할 수 있었다는 정보력이 아닌가 합니다.

성립사의 일은 어떻게 되었든, 우리는 다시 경전 속으로 들어가 보기로 합니다. 자기가 낳고 기른 아들로부터 남편과 자신 모두 옥에 갇히게 된 기막힌 일을 당했을 때, 그 어머니 위제희 부인의 심정은 어땠을까요?

그 심정을 헤아려서 「어떤 어머니 2 — 위제희 부인」이라는 제목의 시를 써 보았습니다. 길지만, 소개해 봅니다.

나는 다 헤아리지 못한다 amita
어머니 몸속에서 한 몸으로 살았다 한들
어머니가 되어 보지는 못했기 때문이다

왕위가 무엇이건대, 권력이 무엇이건대
제 아버지를 옥에 가두고
굶겨 죽이려 하는 아들놈
심지어 굶어 죽어 가는 아버지를 살리려
몸에 꿀을 발라서 남편을 먹이려는
제 어머니마저 죽이려 한 패륜아
"대왕님, 왕위를 위하여 아버지를 죽인 경우는 수도 없이 많지만,
아직 역사에는 어머니를 죽인 임금은 없습니다.
최초의 레드라인을 넘으시렵니까?"
용기 있게 충언을 다한 신하들 덕분에
겨우 살아남은
어머니

그 어머니 마음을 나는 다 헤아리지 못한다 amita

그러면서도 그 아들놈을 버리지 못하는
어머니
그런 패륜아라도 아들이라서

탯줄 자르듯이 자르지 못하는,
탯줄은 잘랐어도 아들이라 사랑만은
자르지 못하는
어머니
그런 오역죄五逆罪를 범한 패륜아라도
구원받을 수 있는 길을
찾아 주어야 한다
마음먹은
어머니, 그 어머니의 마음을

나는, 어머니가 되어 보지 못한
나는 다 헤아리지 못한다 amita

그런 오역죄의 패륜아 아들놈마저
구원될 수 있는
새로운 세상
새로운 나라
어디 없습니까, 부처님
부처님을 찾고 정토를 찾았던
그 어머니

선인도 하물며 왕생하거늘
오역죄의 악인이야 더 말해 무엇 하겠는가
그런 자비로운 세상
더 이상 자비로울 수 없는 나라

그런 나라를 저에게 보여 주소서
기원했던
그 어머니, 그 어머니의
아들 사랑을

나는 모른다. 다 헤아리지 못한다 amita

그런데 말입니다. 당신은 아사세가 아닌가요? 저는 아사세입니다. 우리 어머니를 물질의 감옥 속에 가둔 일은 없었지만, 실제로 보이지 않는 감옥 속에 가둔 일이 한두 번이 아니기 때문입니다. 아, 저 역시 아사세처럼 오역죄를 범한 중죄인입니다.

2월 5일, 뉴델리의 '국립박물관(The National Museum)'에서 힌두교의 모신母神 차문다Cāmuṇḍā 신상神像을 보았습니다. 차문다는 '차문디Cāmuṇḍī'라고도 합니다. 차문다는 다른 힌두교 여신들과는 완전히 달랐습니다. 힌두교 여신들의 신상을 보신 분들은 잘 알겠습니다만, 모두 가슴과 엉덩이는 풍만하고 허리는 잘록합니다. 육체의 풍만은 풍요와 다산多産을 상징합니다.

그런데 차문다만은 달랐습니다. 삐쩍 말랐습니다. 광대뼈가 드러나 있고, 피부에서 기름기라고는 하나도 느낄 수 없습니다. 젖가슴도 밋밋합니다. 더욱더 놀라운 것은 배가 없다는 것입니다. 내장이 다 어디로 간 것일까요? 심장도 간도 폐도 위장도 …… 다 없습니다. 겨우 대장의 일부만이 남아 있습니다. 다 뜯어 먹힌 것입니다.

단독의 신상도 있었고 칠모신七母神이라고 해서 일곱 명의 모신을 한꺼번에 조각한 것도 있었습니다. 역시 일곱 모신들 중 여섯 모신은 모두 풍만한 여신들인데, 유독 차문다만은 그렇지 않습니다.

아들이 그렇게 뜯어 먹고 말았을 것입니다. 이 차문다 모신(여신)은 그렇게 아들들에게 다 뜯어 먹혀 주는 존재입니다. 차문다 모신의 모습을 보면서, 저는 눈시울이 뜨거워지지 않을 수 없었습니다. 우리 어머니 역시 그런 분이셨고, 저 역시 그런 어머니의 내장을 다 뜯어 먹었기 때문입니다. 4남매 중에서, 안 낳아도 좋았을 '우엣것(appendices)' 막내로부터 가장 많이 뜯어 먹혔습니다.

일본에 엔도 슈사쿠(遠藤周作, 1923~1996)라는 작가가 있었습니다. 자기 관 속에 자기가 쓴 소설『침묵』과『깊은 강』을 넣어 달라고 했다고 합니다. 그 두 작품에 가장 큰 애착이 있었다는 것이겠지요. 그중에『깊은 강』은 바로 뉴델리 '국립박물관'의 차문다 모신에게서 모티브를 얻었다고 합니다. 어머니 차문다와 같은 존재, 그런 강으로서 '갠지스(Gangā, 恒河)'를 이야기하고 있는 작품입니다.

원래 가톨릭 작가로 알려져 있는데,『깊은 강』속에는 가톨릭의 정통교리와는 다른 관점을 담고 있습니다. 거기에는 힌두교의 영향도 있어 보입니다. 불교도로서도 한 번 읽어 볼 만한 종교문학이라 생각됩니다. 우리 자신의 신앙이 더욱더 깊어질지도 모르기 때문입니다.

엔도 슈사쿠의 작품세계를 말씀드리려는 것이 아닙니다. 다만, 그 작품에서도 모티브로 삼았던 차문다 모신으로 상징된 어머니의 희생을 말씀드리려는 것뿐입니다. 그리고 그 차문다 모신처럼 아들이나 딸에게 뜯어 먹히는 어머니의 존재, 그러한 존재로서 위제희 부인을 헤아려 봅니다. 그런 이야기까지『관무량수경』에서 다 말하는 것은 아니지만, 저는 제 시「어떤 어머니 2 — 위제희 부인」을 통해서 그런 부분까지 보완해 보았습니다.

아들이나 딸은, 자식들은 어쩌면 누구나 다 정도의 차이는 있겠지만, 어머니를 보이지 않는 감옥 속에 때때로 가두었던 아사세가 아니었을까요? 우리 모두 오역죄인이 아닐까요? 다만 어머니가 아직 살아 계신다면, 역전逆轉할 수 있는 기회가 있습니다. 하지만, 저처럼 벌써 어머니가 가시고 안 계신 사람들은 어쩔 수 없습니다. 어머니를 아미타부처님께 '위임' 할 수밖에 없습니다. 슬픈 일이지만, 그래도 아미타부처님이 계셔서 다행입니다. 나무아미타불.

8. 천태종과 정토종

폴 스완슨Paul L. Swanson 교수를 만났습니다. 이분은 천태학을 전공하신 분입니다. 동국대에서 천태학을 가르쳤던 이영자 선생님과도 친분이 있다고 하시면서, 이영자 교수님의 회갑논총을 가지고 와서 보여 주었습니다. 그 논문집에도 천태 지자天台智者(538~597)에 대한 논문을 발표하였습니다.

일본에서 연구 활동을 하고 있는데, 류제동 선생이 번역한 비판불교에 대한 논문집인 『보리수 가지치기』(씨아이알, 2015)라는 책을 편집한 두 사람 중 한 분입니다. 이미 정년퇴직을 하였습니다. 스완슨 교수의 동료인 하이직James W. Heisig 교수가 제게 『마하지관摩訶止觀』 영역본을 보여 주었습니다. 세 권으로 이루어져 있는데, 총페이지가 2500페이지라고 합니다. 스완슨 교수의 번역인데, 꼬박 30년이 걸렸다고 합니다.

이기영 선생님의 스승이신 라모트É. Lamotte 교수의 예도 있습니다만, 스완슨 교수 역시 가톨릭 신부라는 점에서 놀라지 않을 수 없습니다. 앞으로 또 어떤 작업을 할 생각인지 여쭈었더니, 『법화현의法華玄義』를 영어로 번역한다고 하였습니다. 『마하지관』이나 『법화현의』 모두 천태 지자 대사의 주요 저술로서, 천태학의 교학과 실천을 대표하는 텍스트입니다. 그런 끈기와 역량이 없는 저로서는, 고개를 숙일 수밖에 없었습니다.

천태학을 하신 분이라서 그렇겠습니다만, 질문 역시 천태종과 관련한 것이었습니다. 「최근(2010~) 한국의 일본 정토불교 연구 동향」이라는 제 발표 중에서, 한국불교는 선과 화엄이 기초로서 놓여 있고 그 위에 정토신앙이나 밀교가 놓여 있다는 부분이 마음에 걸렸나 봅니다.

그렇다면 한국에서 천태종은 어떤가 하는 것이었습니다. 우리나라에서도 남방불교의 위파사나가 유행하고 있다고 하니까, 천태종의 지관止觀은 어떤가 하는 질문이었습니다. 위파사나는 지관 중에서 '관'에 해당하기 때문입니다. 천태종은 포괄적이니까, 정토신앙 역시 충분히 포괄할 수 있을 것인데, 한국 상황은 어떤가 하는 질문을 제게 주었습니다.

그렇습니다. 중국에서도, 일본에서도 천태종은 종합불교였습니다. 우리가 알기에 기본적으로 천태종은 『법화경』을 소의경전所依經典으로 하는 종단입니다. 하지만, 실제로 중국에서 천태종을 열었던 천태 지자 대사는 기존에 존재하던 여러 수행법을 종합합니다. 선이나 염불, 참회 등을 다 받아들여서 적절하게 위상을 부여하고 수행하자고 말합니다. 사종삼매四種三昧가 바로 그러한 결과로 성립됩니다.

중국 천태종에서는 개조開祖 천태 지자 대사부터 정토불교를 중시하였습니다. 천태 지자 대사의 저술 가운데는 정토 관련 저술이 있으며, 그 자신도 염불을 실천하였습니다. 송나라 때 사명 지례四明知禮(960~1028)는 천태종의 조사이지만, 『관무량수경』에 대한 주석서를 남기기도 합니다.

천태종이 종합불교적인 성격을 띠고 있음은 일본에서도 마찬가지입니다. 일본 천태종의 개조 사이쵸(最澄, 767~822)는 사종상승四宗相乘이라고 해서, 『법화경』은 물론 선·밀교·계율을 아울렀습니다. 그 네 가지에는 들지 않았지만, 정토 역시 천태종에서 연구되고 신앙되었습니다.

당나라에 유학했던 엔닌(円仁, 794~864) 이래 염불은 천태종 총본산 엔

랴쿠지(延曆寺)의 가장 깊숙한 곳에서 꽃을 피웠습니다. "예토를 싫어하고 기꺼이 정토를 구한다."라고 말한 겐신(源信, 942~1017)의 『왕생요집往生要集』이 천태종의 정토신앙을 그 절정에까지 밀고 갔다고 말할 수 있습니다. 그 책들에서 정토종의 독립을 이룬 호넨(法然, 1133~1212) 역시 배출됩니다.

다만, 천태종의 염불과 차이가 있다면, 천태종의 종합불교라는 체계에서 염불만을 빼 와서 오직 그것만을 닦자고 하는 전수염불專修念佛이라는 점입니다. 이런 점에서 염불 한길만을 내세운 일본의 정토종이 독립합니다. 중국이나 우리나라에서는 정토종이 하나의 종파로서 성립되기보다는 다양한 불교 종파에 영향을 미치는, 넓이를 추구한 것으로 생각됩니다.

이런 중국과 일본의 정토종을 생각해 볼 때, 스완슨 교수의 질문은 이해될 수 있습니다. 한국에서도 천태종이 있었는데, 그 천태종에서 정토신앙이 받아들여진 것이 아닌가 하는 점입니다. 사실, 저 자신 우리나라 천태종의 역사를 잘 아는 것은 아닙니다만, 우리 역시 전혀 무관한 것은 아니라고 봅니다.

우리나라 천태종의 역사에서도 정토신앙과 관련되는 부분을 발견할 수 있기 때문입니다. 그것은 바로 보조 지눌普照知訥(1158~1210)과 동시대를 살았던 원묘 요세圓妙了世(1163~1245)의 백련결사白蓮結社에서 정토염불이 행해졌다는 것입니다. 원묘 요세는 바로 앞에서 말씀드린, 중국 천태종의 사명 지례가 쓴, 『관무량수경』에 대한 주석서(『관무량수경묘종초觀無量壽經妙宗鈔』)를 의지하고 있습니다. 바로 이 점이야말로 보조 지눌의 정혜결사定慧結社와 다른 특성이라고 학자들은 지적합니다.

이 고려 시대의 천태종이 조선 시대에 들어와서는 국가권력에 의해 강제적으로 종파 통합이 이루어지면서, 종파로서의 존재는 부정당하게 됩니다. 근래에 들어와서는 다시 구인사의 천태종이 한국불교의 한 축으로 큰 역할을 하고 있습니다. 그러나 현재의 천태종은 수행법으로 "관세음보살." 염불을 하고 있습니다.

그런 점에서 직접적으로 정토염불을 내세우고 있다고 보기는 어려울지 모릅니다만, 기본적으로 우리나라를 포함한 동아시아의 천태종 역사에서 정토종이 행했던 역할이나 위상이 있기 때문에 정토신앙과 전혀 무관하다고 보기는 어렵다고 생각합니다. 『법화경』에서 말하는 관세음보살과 『무량수경』에서 말하는 관세음보살이 다른 맥락이라고 볼 수 있지만, "관세음보살." 염불을 하는 것 역시 타력문他力門의 차원에서 이해할 수 있을 것으로 생각되기 때문입니다.

스완슨 교수의 질문에 대해서, 저는 대체로 이러한 취지의 대답을 하였습니다. 제가 주위의 지인들이나 학생들에게 독서회 등을 통하여 정토신앙을 강조하다 보면, "그러면 이제 우리는 정토종으로 개종해야 하는가."라는 이야기를 가끔 듣습니다. 그것은 아닙니다.

현재 문화관광부에 등록된 종단 중에는 이미 '정토종'이라는 이름을 달고 있는 종단이 있는 것으로 압니다. 다만, '법적 존재'가 아니라 우리의 신앙세계 안에서, 즉 불교계 안에서 피부로 느낄 수 있는 '신앙적 존재'로서는 그 존재 여부가 물어지고 있다고 생각됩니다. 그러한 존재 여부가 어떠하든, 저 자신 '정토종'을 만들어야 한다고 생각하는 사람은 아닙니다.

왜냐하면, 이미 우리 불교의 최대 종단이자 주류라고 볼 수 있는 '대한불교조계종'은 조선 시대 이래로 여러 종단들이 통합된 형식 속에서 종합불교 내지 회통會通불교로 존재하고 있기 때문입니다. 그 안에서 정토를 신앙하는 스님들 역시 존재하고 있는데, 그 종단 자체가 종파주의적 종단이 아니라 회통주의적 종단이라면 그렇게 존재해도 문제 될 것이 없을 것입니다.

정토종이라는 종단을 만들기 위해서 정토신앙을 말하는 것이 아닙니다. 정토신앙 자체가 좀 더 뿌리를 내리고, 넓어지기를 바라기 때문입니다. 그러므로 우리나라 불교에서 정토신앙은 형태적으로 보면 일본과는 달리, '종파로서의 독립'보다 '종파 안에서의 공존'을 도모할 수밖에 없다고 봅니다.

그렇다면 다른 종파에서도 정토신앙을 좀 더 편안하게 받아들여서 공존을 도모할 수 있지 않을까요? 그러한 전통을 가진 천태종의 경우는 더욱 그 가능성이 크지 않을까 합니다. 천태학자 스완슨 교수와 대화를 하면서 이런 생각을 하였습니다. 이것이 한국불교의 아들인 저의 입장입니다. 나무아미타불.

제3부

우리말 『관무량수경』

송宋 서역 삼장 강량야사畺良耶舍 한역

김호성 옮김

일러두기

1. 번역의 저본은 『대정신수대장경大正新修大藏經』 제1권 수록본(pp.340a~346b)으로 한다.
2. 『신수대장경』 수록본에는 다른 판본이나 사본과 대조하여 글자의 같고 다름, 덧보태진 글이나 문장들을 교감校勘한 주註가 붙어 있다. 번역 시에는 이들을 참조하여, 역자가 선택하여 번역을 하였다. 그러나 그러한 사실을 일일이 주를 달아서 밝히지는 않기로 한다. 이 번역 자체가 대중들을 위한 번역이기 때문이다. 다만, 현재 유포되고 있는 다른 번역본과 차이를 느끼는 분들은 직접 『신수대장경』을 통해서 확인할 수 있을 것이다.
3. 번역을 함에 있어서 나카무라 하지메(中村元) 외, 『淨土三部經 2』(岩波書店)·사토 하루오(佐藤春夫), 『觀無量壽經』(ちくま學芸文庫)의 일본어 번역과 왕웨칭(王月清)의 『淨土三經』(佛光山宗務委員會)의 현대 중국어 번역을 참조하였다.
4. 경전 자체에는 장章·절節 구분이 없지만, 독자들의 이해를 돕고 독서의 편의를 위하여 역자 나름으로 경전을 내용에 따라서 구분하면서 소제목을 붙여 두었다. 전통적인 해석을 참조하였으나, 차이 나는 부분도 없지 않다.
5. 유려한 흐름을 이끌어 내기 위하여, ( ) 속에 보충하는 말을 넣어 주었다.
6. 이 책의 제1부 '듣고 생각하는 『관무량수경』(觀經聞思錄)'은 이 번역을 활용하여 에세이 형식으로 경전을 해설한 것이다. 그러므로 이 '우리말 『관무량수경』'을 먼저 읽은 독자는 반드시 '듣고 생각하는 『관무량수경』' 역시 읽어 주시길 빈다.

1. 서분序分

나는 이렇게 들었다. 어느 때 부처님께서는 왕사성王舍城의 기사굴산耆闍崛山(靈鷲山)에서 천이백오십 인의 비구 스님들과 함께 계셨으며, 문수사리 법왕자法王子를 비롯한 보살도 삼만 이천 명이나 (부처님과) 함께하시었다.

1.1 아사세의 패륜

그때 왕사성에는 아사세阿闍世(Ajātaśatru)라는 태자가 한 사람 있었다. 악인 조달調達(提婆達多, Devadatta)의 가르침에 따라서 아버지 빔비사라Bimbisāra(頻婆娑羅)왕을 체포하여 일곱 겹으로 둘러쳐진 감옥 속에 유폐하고서, 한 사람의 신하도 찾아가 뵙지 못하도록 하였다. 왕비는 이름이 위제희韋提希(Vaidehī)였는데, 왕을 염려하여 깨끗이 목욕을 하고서 소밀酥蜜(우유와 꿀을 섞은 것)을 온몸에 바르고 구슬 목걸이(瓔珞)에 포도즙을 넣어서 몰래 왕에게 올렸다.

그러자 왕은 소밀과 포도즙을 먹고 나서, 물을 달라고 하여 입을 헹구었다. 입을 다 헹구고 나서 공손히 합장하고서는 (부처님이 계신) 기사굴산을 바라보고 멀리서나마 세존께 예배를 드리면서 말하였다.

"(세존이시여,) 대목건련大目犍連(Mahā-maudgalyāyana)은 제 친구입니다. 원하옵건대, 자비를 일으켜서 (대목건련으로 하여금) 저에게 팔계八戒를 주게 하소서."

그러자 대목건련은 왕이 있는 감옥으로 매처럼 날아가서, 날마다 팔계를 수여하였다. 세존께서는 또 부루나富樓那(Pūrṇa) 존자를 보내서 왕을 위하여 법을 설하게 하였다. 이렇게 하면서 21일이 지나자, 왕은 소밀을 먹고 법을 들은 까닭에 얼굴에 화색이 돌았다.

그때 아사세왕은 감옥의 수문장에게 물어보았다.

"부왕이 아직 살아 있느냐?"

수문장이 아뢰었다.

"대왕이시여, 대부인(=위제희)께서 몸에 소밀을 바르시고 영락에는 포도즙을 담아서 부왕에게 올렸습니다. 그리고 사문沙門 목련 및 부루나 존자가 허공을 날아와서 부왕을 위해서 부처님의 가르침을 설해 주었는데, 차마 막을 수는 없었습니다."

그때 아사세는 이러한 이야기를 듣고 나서, 그 어머니의 행위에 대해서 화가 나서 말했다.

"우리 어머니가 내게는 도적이구나. 도적과 함께 작당했고, 사문 행세를 하는 악인들이 세상을 어지럽히는 주술을 써서는 이 악왕을 여러 날 동안이나 죽지 않게 살려 두었다니……."

(그러고서는) 곧 날카로운 칼을 들고서 그의 어머니를 살해하려 하였다.

그때 총명하고 지혜로운 월광月光이라는 신하와 기바耆婆(Jīvaka · Jīvika)가 왕에게 예를 올리고 나서 아뢰었다.

"신이 『베다Veda(고대 인도 바라문교의 성전)』의 가르침을 들어 보니, 이 세상이 만들어진 시초(劫初) 이래로 왕위를 탐하여 그 아버지를 살해한 악한 왕은 1만 8천이나 된다고 했습니다만, 아직 무도無道하게도 그 어머니를 살해한 왕의 이야기는 들어 보지 못했습니다. 왕이 지금 이렇게 반역의 마음으로 어머니를 살해하는 것은 크샤트리아Kṣatriya(刹帝利, 왕족·무사) 계급을 더럽히는 일입니다. 그래서 신들로서도 차마 이러한 불가촉천민(Caṇḍāla, 旃陀羅)이나 하는 짓을 두고 볼 수 없습니다. 우리는 더는 이곳에 더 머물 수 없습니다."

이렇게 두 대신은 이러한 말을 다 하고 나서는 손으로 칼을 쥐고서는 물러났습니다.

그때 (두 신하의 충언을 들은) 아사세는 놀라고도 두려워하면서 기바에게 말하기를, "그대는 나를 위하여 충성을 다하지 않는가?"라고 하였다.

(다소 누그러진 아사세의 말을 듣고서) 기바는 "대왕이시여, 삼가 어머니를 해치지 않도록 하소서."라고 아뢰었다. 이러한 말을 듣고서 왕은 참회하며 자신을 구제해 주기를 원하면서, 곧 칼을 버리고 어머니를 해치려던 일을 그만두었다. (그러고서는) 내관內官(내시)에게 "깊은 궁궐 속에 연금하여 다시 나올 수 없게 하라."라고 일렀다.

1.2 예토를 싫어하고 정토를 구하다

그때 위제희 부인은 유폐되고 나서는 걱정하고 근심하면서 초췌해져 갔다. 멀리 기사굴산(영취산)을 향해서 부처님께 예불을 드리고서는 (말하였다).

"여래이시여, 세존께서는 옛날에는 항상 아난阿難을 보내셔서 저를 위로해 주셨습니다. 이제 저는 근심 걱정에 휩싸여 있습니다. 세존께서는 너무나 존엄하신 분이라서 뵈올 길이 없사옵니다만, 원하옵건대 목련 존자와 아난 존자를 보내 주셔서 제가 뵈올 수 있게 해 주십시오."

이러한 말씀을 하고서는, 비가 내리듯이 눈물을 흘리면서 멀리 부처님을 향해서 예배를 드리는데 머리를 들지 못하였다.

그때 세존께서는 기사굴산에 계셨는데, 위제희가 마음속으로 품은 생각을 아시고서는 목건련과 아난에게 허공을 날아가서 (위제희를 위로하러) 가도록 하셨다. 부처님께서도 기사굴산에서 사라지신 뒤 왕궁에 출현하셨다. 그때 위제희는 예배를 드리고 머리를 들어서 보았다. 세존 석가모니께서 자금색紫金色의 몸으로 백 가지 보배로 찬란한 연꽃 위에 앉아 계시고, 왼쪽에는 목련이 오른쪽에는 아난이 시립侍立하고 있으며, 제석천帝釋天과 범천梵天을 비롯하여 이 세상을 보호하는 여러 신중(天)들이 허공에서 두루 하늘꽃을 내리면서 공양하고 있음을 (보았다).

그때 위제희는 부처님 세존을 뵙고서는 스스로 (자기가 차고 있던) 영락을 풀어 버리고 (부처님께 공양하고서) 온몸을 땅에 던져서 (예배를) 하고서는, 울면서 부처님께 사뢰었다.

"세존이시여, 저는 전생에 무슨 죄를 지었기에 이러한 악한 아들(惡子)을 낳았으며, 세존께서는 또한 무슨 인연으로 제바달다提婆達多와 친족이 되셨습니까?

세존이시여, 오직 원하옵니다. 저를 위해서 고뇌가 없는 세상을 자세히 설해 주소서. 저는 마땅히 (그곳으로) 왕생往生하고자 합니다. 이 염부제閻浮提의 탁악濁惡한 세상은 좋아하지 않습니다. 이 탁악한 세상에는 지옥 아귀餓鬼 축생이 가득 차 있어서 불선不善이 너무 많습니다. 원하옵건대, 저는 미래에는 악한 소리를 듣지 않고 악인을 만나고 싶지 않습니다. 이제 세존께 오체투지五體投地의 예배를 드리고, 연민을 구하면서 참회하나이다. 오직 바라옵니다. 부처님의 빛이 비쳐서 청정한 업으로 만들어진 세상을 관찰할 수 있게 하소서."

그때 세존께서는 미간眉間에서 금색의 빛을 놓으셔서 시방十方의 한량없는 세계를 두루 비추시고, 다시 부처님의 정수리에 (빛을 모아서) 머물러 있게 했다가 마치 수미산須彌山과 같은 금색 봉우리(臺)가 되게 하셨다. 그 (금색 대) 안에 시방 모든 부처님의 청정하고도 아름다운 국토가 나타났으니, 어떤 국토는 칠보로 이루어졌고, 또 어떤 국토는 순전히 연꽃으로 이루어졌으며, 또 어떤 국토는 마치 (욕계 6천의 하나인) 타화자재천他化自在天의 궁전과 같았고, 또 어떤 국토는 수정(頗梨) 거울과 같았는데, 시방세계의 모든 국토가 그 안에 다 나타났다. 이렇게 무량한 모든 부처님의 국토가 아름답게 나타났으니, (위제희가) 다 볼 수 있었다.

그때 위제희가 부처님께 사뢰었다.

"세존이시여, 이러한 모든 불국토가 비록 다 청정하며 모두 광명으로 가득 차 있으나, 저는 이제 기꺼이 아미타불이 계신 극락세계에 가서 태어나고자 합니다. 오직 원합니다. 세존이시여, 저에게 (극락과 아미타불에 대해서) 사유思惟하는 법을 가르쳐 주시고, 저에게 (극락과 아미타불을) 올바로 명상(正受)하는 법을 가르쳐 주소서."

2. 정종분正宗分

그때 부처님께서는 곧 미소를 지으시고는 입에서 다섯 가지 색의 빛을 방광放光하셨는데, 하나하나의 빛이 빔비사라왕의 정수리를 비추었다. 그때 대왕은 비록 갇혀 있었지만, 마음의 눈(心眼)에는 걸림이 없어서 멀리 세존을 뵈올 수 있었다. 머리를 (땅에 대고) 예배하자, 저절로 (수행의 힘이) 자라서 아나함阿那含(anāgāmin, 不還, 다시는 욕망의 세계로 돌아오지 않는 경지)을 이루었다.

그때 세존께서 위제희 부인에게 말씀하셨다.

"그대는 아는가? 아미타불(의 국토)은 여기서 멀지 않다. 그대는 마땅히 생각을 모아서 그 나라를 관찰하여 정토에 태어날 업(淨業)을 이루어야 한다. 나는 이제 그대를 위하여 널리 비유들을 설할 것이며, 또한 미래의 모든 범부들이 정업을 닦아서 서방의 극락국토에 태어나게 할 것이다."

2.1 세 가지 복(三福)

"저 나라에 태어나고자 하는 자는 마땅히 세 가지 복을 닦아야 한다.

첫째는 부모님을 효도로써 봉양하고 스승을 받들어 모시며, 자비로운 마음으로 살생하지 않고, 열 가지 선업善業을 다 닦는 것이다. 둘째는 삼귀의三歸依를 받아 지니고 많은 계율을 다 갖추며, (팔만 가지나 되는) 행동거지의 규범(威儀)을 범하지 않는 것이다. 셋째는 깨달음을 얻으려는 마음(菩提心)을 발하고서 인과因果를 깊이 믿고 대승경전을 독송하며, (극락을 향해 가고 있는 다른) 수행자를 권진勸進하는 것이다. 이러한 세 가지 일을 '정토에 태어나는 업(淨業)'이라 한다."

부처님께서 말씀하셨다.

"그대는 이제 알겠는가? 이러한 세 가지 행위는 과거 미래 현재의 모든 부처님께서 (닦으신) '정토에 태어나는 업(淨業)'이자 '(정토왕생의) 직접적인 원인(正因)'이다."

부처님께서 아난과 위제희에게 말씀하셨다.

"잘 들어라. 잘 듣고 나서 잘 생각해 보라. 여래는 이제 미래의 모든 중생들이 다 번뇌라는 이름의 도적들로부터 침해를 당하게 되므로 청정한 업을 설하고자 한다. 훌륭하도다, 위제희여. 청정한 업에 대해서 잘 물어주었다. 아난이여, 그대는 마땅히 잘 받아 지녀서(受持) 널리 대중들을 위하여 여래의 말을 설해야 할 것이다."

2.2 극락세계의 관찰

"여래는 이제 위제희 및 미래의 모든 중생들이 서방 극락세계를 관찰하도록 할 것이다. 부처님의 위신력威神力으로 인하여 장차 저 청정한 국토를 보게 된다. 맑은 거울을 들고서 스스로 (그 거울에 비친) 얼굴 모습을 보는 것과 같이, 저 국토의 지극히 아름답고도 즐거운 일을 본다. 마음이 환희에 가득 차기에 곧바로 다시는 태어나지 않는 이치(無生法忍)를 얻게 되리라."

부처님께서 위제희에게 말씀하셨다.

"너는 범부라서 생각하는 것이 하열下劣하고 아직 천안天眼을 얻지 못하여, 멀리 볼 수 없다. (그렇지만) 모든 부처님 여래는 특별한 방편이 있으므로, 네가 멀리 볼 수 있게 하겠노라."

그때 위제희가 부처님께 사뢰었다.

"세존이시여, 지금 저 같은 경우는 부처님의 힘(佛力) 덕분으로 저 국토를 봅니다만, 만약 부처님께서 열반하신 뒤 모든 중생들은 (시대는) 탁하고 (사람들은) 악하고 선하지 않아서 다섯 가지 고통에 핍박받을 터인데, 어떻게 장차 아미타불과 극락세계를 볼 수 있겠습니까?"

2.3 제1 일상관日想觀

부처님께서 위제희에게 말씀하셨다.

"그대와 (내가 열반한 뒤에 살아갈) 중생들은 마땅히 마음을 오롯이 해서 하나의 대상(一處)에 생각을 매어서 서방西方을 생각하라. 어떻게 생각해야 할까? 대저, 생각한다는 것은 (다음과 같이 하는 것이다). 모든 중생들이 스스로 태어나면서부터 앞을 못 보는 장애인이 아니고 눈이 있다고 한다면, 모두 해가 지는 것을 볼 수 있을 것이다. (그때,) 마땅히 (극락세계의 모습을) 떠올리는 것이다.

서쪽을 향해서 정좌正坐하고 해가 지는 것을 관찰하되, 마음을 굳건히 지니고 생각을 오롯이 해서 (다른 대상으로) 옮기지 말고, 해가 지려고 할 때 마치 (허공에) 걸린 북과 같음을 보아라. 그렇게 해를 보고서는 눈을 감았을 때나 눈을 떴을 때나 (그 해의 모습이) 분명해지는 것이 '일상(관)'이니, '첫 번째 관찰(初觀)'이라 말한다. 이렇게 관찰하는 것은 '올바른 관찰(正觀)'이라 말하며, 만약 이와 다르게 관찰한다면 '삿된 관찰(邪觀)'이라 말한다."

2.4 제2 수상관水想觀

부처님께서 아난과 위제희에게 말씀하셨다.

"첫 번째 관찰이 이루어졌으므로, 그다음은 수상(관)을 지어야 한다. (수상관은) 서방 (극락정토를) 생각해 보되, 모든 것이 큰 물이라고 생각하고, 그 물이 맑고 분명하여서 (그 물에 관한 생각 이외에) 다른 생각이 없는 것을 (말한다). 이미 물을 보았다고 한다면, 얼음에 관한 생각을 일으켜야 한다. 얼음이 뚜렷이 비침을 보고 나서는 (이제 얼음이) 유리와 같다고 생각해야 한다. 이러한 생각이 이루어진 뒤에는, 땅이 유리로 이루어져 있어서 안팎으로 두렷이 비치고 있음을 보아야 한다. (유리로 된 땅) 아래에는 다이아몬드(金剛)·칠보七寶·금으로 된 깃대(金幢)가 있어서 유리로 된 땅을 떠받치고 있으며, 그 깃대로 (인하여) 팔면과 팔각이 다 갖추어져 있다. (팔면의) 하나하나의 면마다 백 가지 보배가 갖추어져 있으며, 하나하나의 보배에는 천 개의 광명이 있고, 하나하나의 광명마다 팔만 사천 가지 색이 있어서 유리로 된 땅을 비추는 것이 마치 억천의 태양이 (비추고 있는 것과) 같아서 구체적으로 다 보이지도 않는다.

유리로 된 땅 위에는 황금의 끈이 가로세로로 뒤섞여 있는데, 거기에는 칠보로 (장엄되어 있어서) 그 경계는 분명하게 알 수 있다. 하나하나의 보배 속에서는 오백 가지 색의 빛(이 나고 있으며), 그 빛들은 꽃과 같고,

또 별이나 달과 같이 허공에 매달려서 빛으로 된 봉우리(光明臺)를 이룬다. (봉우리의) 천만 개 누각은 백 가지 보배로 합성되어 있고, 봉우리의 양편으로는 각기 백억 개의 꽃으로 된 깃대(花幢)가 있는데 (거기에는) 한량없는 악기가 장엄되어 있다.

여덟 가지 맑은 바람이 빛으로부터 불어와서 이러한 악기들을 쳐서 고苦, 공空, 무상無常, 무아無我의 말씀을 연설한다. 이것이 '수상(관)을 짓는 것'이니, '두 번째 관찰'이라 말한다.

이러한 관상觀想이 이루어졌을 때 하나하나 그것을 관찰하여 지극히 명료하게 하여, 눈을 감을 때나 눈을 뜰 때나 잃어버리지 않게 한다. 다만, 잠잘 때를 제외하고서는 항상 이 일을 기억한다. 이렇게 관찰하는 것은 '올바른 관찰'이고, 만약 이와 달리 관찰하는 것은 '삿된 관찰'이다."

2.5 제3 지상관地想觀

부처님께서 아난과 위제희에게 말씀하셨다.

"수상관이 이루어졌을 때는 거칠게나마 극락국토의 땅을 보았다고 할 수 있다. 만약 삼매를 얻는다면 저 나라의 땅을 보아서 분명하게 요달了達하리니, (그것을) 다 (말로) 설할 수는 없다. 이것이 '지상(관)'이니, '세 번째 관찰'이다."

부처님께서 아난에게 말씀하셨다.

"그대는 내 말을 잘 지녀서 괴로움에서 벗어나려는 미래의 모든 사람들을 위하여 이렇게 (극락의) 땅을 관찰하는 법을 설할지어다. 만약 (극락의) 땅을 관찰하는 자는 팔십억 겁 동안 생사를 거듭하는 죄를 제거하게 될 것이며, 몸을 버리고서는 다음 세상에서는 반드시 청정한 국토(淨國)에 태어날 것이니, 마음에 의심이 없어야 한다. 이와 같이 (극락의 국토를) 관찰하는 것은 '올바른 관찰'이라 말하고, 만약 이와 달리 관찰한다면 '삿된 관찰'이라 말한다."

2.6 제4 보수관寶樹觀

부처님께서 아난과 위제희에게 말씀하셨다.

"지상관이 이루어지고 난 뒤에는 그다음으로 보배 나무를 관찰하여야 한다. 보배 나무를 관찰한다는 것은, 그것을 하나하나 관찰하되 일곱 가지 보배로 이루어진 나무라고 생각하는 것이다. 하나하나의 나무 높이가 팔천 유순由旬(yojana)이며, 그러한 모든 보배 나무는 일곱 가지 보배로 된 꽃과 잎을 갖지 않은 것이 없다. 하나하나의 꽃과 잎은 기이한 보배로부터 나오는 색깔(의 빛)을 낸다. 유리의 색에서는 금색의 빛이 나고, 파리頗梨의 색에서는 홍색의 빛이 나며, 마노의 색에서는 자거磁磲의 빛이 나고, 자거의 색 중에서는 녹색의 진줏빛이 나며, 산호·호박 등 모든 갖가지 보배로써 장식되어 있다. 기묘한 진주 그물이 나무 위를 덮고 있으며, 하나하나의 나무 위에는 또한 일곱 겹의 그물이 덮고 있다. 하나하나의 그물 사이에는 오백억 개나 되는 아름다운 궁전이 있는 것이 마치, 범왕梵王(브라만 신)의 궁전과 같다. 모든 하늘세계의 동자들이 본래부터 그 안에 있고, 하나하나의 동자들은 다 오백억 개나 되는 석가비릉가마니보배(śakrābhilagna-maṇi-ratna, 능히 모든 것을 만들어 내는 여의주)를 영락瓔珞으로 삼고 있다. 그 보배에서 나오는 빛이 백 유순을 비추고 있는데 마치 백억 개나 되는 해와 달이 서로 화합하는 것과 같으니, 가히 (그 아름다움은) 다 말할 수도 없고, 모든 보배들(에서 나오는 빛들)이 서로 어우러져서 최고의 빛을 (만들어 낸다).

(극락에 있는) 그러한 보배 나무들은 나란히 줄지어 있으며, 잎과 잎이 서로 이어져 있고, 모든 잎과 잎 사이에 아름다운 꽃이 피어 있으며, 꽃에는 저절로 과실이 열려 있는데 일곱 가지 보배로 된 것이었다. 하나하나의 나뭇잎은 세로 가로 똑같이 25유순이나 되고, 그 잎에는 천 가지 색깔이 있으니 마치 백 가지의 그림과 같으며 하늘의 영락과도 같다. 모든 아름다운 꽃은 염부단금閻浮檀金(염부나무 아래를 흐르는 물에서 나는 사금)의 색을 띠고, 불 바퀴(旋火輪, 깡통에 불을 담고 손으로 돌릴 때 생기는 바퀴 모양)와 같아서 잎 사이를 돌고 있으며, 모든 과실을 맺고, 제석천이 가진 병(帝釋瓶)과 같이 큰 광명을 갖고 있는데, 그것이 변화하여 한량없이 많은 당번幢幡(깃발)과 보배 덮개(寶蓋)를 이룬다. 이 보배 덮개 속에 삼천대천세계三千大千世界의 모든 불사佛事가 비치는데, 그중에 시방세계의 부처님 국토들도 다 나타난다. 이러한 나무를 보고서는 또한 마땅히 차례로 하나하나 관찰하되, 나무의 줄기·가지·잎·꽃·열매를 관찰한다면 모두 분명해질 것이다.

이를 '나무에 대한 관상觀想(樹想)'이라 말하며, '네 번째 관찰'이라 말한다. 이렇게 관찰하는 것은 '올바른 관찰'이라 말하며, 만약 이와 다르게 관찰하는 것은 '삿된 관찰'이라 말한다."

2.7 제5 팔공덕수관八功德水觀

부처님께서 아난과 위제희에게 말씀하셨다.

"(보배) 나무에 대한 관찰이 이루어진 뒤에는 다음으로 (연못의) 물을 생각해야 한다. (연못의) 물을 떠올려서 생각한다는 것은 (다음과 같다).

극락국의 땅에는 여덟 군데에 연못의 물이 있는데, 하나하나의 연못 물은 칠보로 이루어져 있다. 그 칠보는 부드러운데, 최고의 여의주에서 생긴 것이다.

연못은 열네 개의 지류(로 물을 흘려보내는데), 하나하나의 지류의 (물은) 모두 칠보의 색을 띠고 있다. 도랑은 황금으로 이루어져 있고, 도랑 밑바닥은 모두 여러 가지 색이 뒤섞인 듯한(雜色) 다이아몬드로 된 모래로 이루어져 있다. 하나하나의 (연못) 물에는 모두 칠보로 된 연꽃이 육십억 송이나 피어 있는데, 그 하나하나의 연꽃은 둥그스름하고 그 지름은 꼭 12유순이나 된다. 그 보배 물이 꽃 사이로 흘러가면서 나무의 아래위를 적시는데, 그 물소리가 미묘하여 고苦·공空·무상無常·무아無我 그리고 모든 바라밀波羅蜜을 연설한다. 또한, 모든 부처님의 상호相好(얼굴)를 찬탄하기도 한다.

(연못의 물을 이루는 칠보를 낳는) 최고의 여의주에서 금색의 아름다운 광명이 용솟음쳐 나오는데, 그 광명은 백 가지 보배로 이루어져 있는 새로 변하여 부드럽고도 단아한 목소리로 항상 염불念佛·염법念法·염승念僧(하라는 가르침)을 찬탄한다. 이러한 (연못의 물을 관찰하는 것이) '팔공덕수상八功德水想'이니, '다섯 번째 관찰'이다. 이렇게 관찰하는 것은 '올바른 관찰'이라 말하며, 만약 이와 다르게 관찰하는 것은 '삿된 관찰'이라 말한다."

2.8 제6 보루관寶樓觀

부처님께서 아난과 위제희에게 말씀하셨다.

"많은 보배로 장엄된 국토에는 하나하나의 경계마다 오백억 개의 보배 누각이 있다. 그 누각 중에는 한량없이 많은 천신天神들이 있어서 천상세계의 기악伎樂을 연주하고 있다. 또한 허공에는 악기들이 걸려 있는데, 마치 하늘의 보당寶幢과 같아서 (누가) 치지 않더라도 저절로 (음악소리를) 낸다. 이러한 많은 소리들은 다 염불念佛, 염법念法, 염비구念比丘('염승念僧'과 같은 뜻) 하라고 설하고 있다.

이러한 관상觀想이 이루어지고 나면, 극락세계의 보배 나무·보배 땅·보배 연못 들을 대략 볼 수 있게 된다. 이는 '총체적으로 (극락의 의보依報를) 관상하는 것'이니, '여섯 번째 관찰'이다.

만약 이러한 (누각을) 보게 되면 무량한 억겁億劫 동안에 지어 온 극히 무거운 악업들도 다 사라지게 될 것이며, (이 세상에서의) 목숨이 다한 뒤에는 반드시 저 (극락)국토에 가서 (다시) 태어날 것이다. 이렇게 관찰하는 것은 '올바른 관찰'이라 말하고, 만약 이와 다르게 관찰하는 것은 '삿된 관찰'이라 말한다."

2.9 제7 화좌관華座觀

부처님께서 아난과 위제희에게 말씀하셨다.

"잘 듣고 잘 들은 뒤, 잘 생각해 보라. 그대들을 위하여 고뇌에서 벗어나는 법을 분별하고 해설할 것이니, 그대들은 잘 기억하고 있다가 널리 대중들을 위하여 (그 법을) 분별하고 해설하여라."

(석가모니부처님께서) 이렇게 말씀하시자, 무량수불께서 허공중에 (나타나셔서) 머무셨는데, 관세음과 대세지 두 분의 보살님이 좌우에서 (무량수불을) 모시고 있었다.

(무량수불께서) 빛을 (발하시는데), 너무나 장엄하여서 다 쳐다볼 수도

없었고 백천百千의 염부단금閻浮檀金(염부나무 아래를 흐르는 물에서 나는 사금)의 색들은 감히 비할 수도 없었다.

그때 위제희는 무량수불을 뵙고 나서 (부처님) 발에 손을 대는 예를 하고 나서는, (석가모니)부처님께 아뢰었다.

"세존이시여, 저는 지금 부처님의 힘 덕분으로 무량수불 및 두 분 보살님을 뵈올 수 있었습니다만, 미래의 중생들은 장차 어떻게 무량수불과 두 분 보살님을 관찰할 수 있겠습니까?"

부처님께서 위제희에게 말씀하셨다.

"저 (아미타)부처님을 관찰하고자 하는 자는 마땅히 (다음과 같이) 생각해야 할 것이다. (극락의) 칠보로 이루어진 땅 위에 연꽃이 있다고 생각하라. 그 연꽃의 하나하나의 잎은 백 가지 보배가 내는 빛을 띠고 있으며, (그 연꽃의 잎에는) 팔만 사천의 엽맥葉脈이 있는데, 마치 하늘에 그려진 그림과 같고, 하나하나의 엽맥에는 팔만 사천의 빛이 있어서 너무나 분명하게 모든 사람들이 다 볼 수 있게 하였다. 꽃의 잎이 작은 것은 가로세로 250유순이다. 이와 같은 연꽃에는 팔만 사천의 잎들이 있으며, 그 잎들 사이에는 백억 개의 보배 구슬이 장식되어 있다. (다시) 그 하나하나의 보배 구슬은 천 갈래의 광명을 발하고 있는데, 그 빛은 칠보로 합성된 하늘 덮개로 변해서 두루 땅 위를 덮고 있다. 능히 모든 것을 만들어 내는 여의주로써 (연꽃의) 봉우리(臺)로 삼고 있는데, 이 연꽃의 봉우리는 팔만 개의 킨슈카보배(kiṁśuka-ratna, 甄叔迦寶)·청정한 보배 구슬(梵摩尼寶)·아름다운 진주 그물로 장식하였다. 그 (연꽃의) 봉우리 위에는 저절로 보배로 된 깃대가 네 개 있는데, 하나하나의 깃대는 마치 백천 만억 개의 수미산과 같다. 깃대 위에는 보배 비단이 있으니, 마치 야마천夜摩天의 궁전과 같다. (그런 깃대 위를) 오백억 개나 되는 미묘한 보배 구슬로써 장식하였으며, 그 하나하나의 보배 구슬에는 팔만 사천 갈래의 빛이 있고, 그 하나하나의 빛에는 팔만 사천의 또 다른 금색金色이 있으며, 하나하나의 금색은 (극락의) 보배로 덮인 땅을 덮고 있어서 곳곳마다 변화하며 기이한 모습을 연출하였으니, 혹은 다이아몬드로 된 봉우리와 같고, 혹은 진주 그물과도 같고, 혹은 갖가지 꽃과 같은 구름 모양을 만들기도 하였다. 시방十方으로 마음먹는 대로 변화하면서 불사佛事를 지었다. 이(러한 모습을 관상하는)것을 '화좌상華座想'이라 말하며, '일곱 번째 관찰'이라 말한다."

부처님께서 아난에게 말씀하셨다.

"이렇게 아름다운 꽃(으로 이루어진 의자)은 본래 법장法藏비구의 원력願力으로 이루어진 것이다. (서방 극락세계에 왕생하고자 해서) 만약 저 부처님을 염하고자 하는 사람은 마땅히 먼저 이렇게 기묘한 꽃의자를 생각해야 한다. 그러한 생각을 할 때는 잡스럽게 관찰해서는 아니 되며, 모두 하나하나 잘 관찰해야 한다. 하나하나의 잎, 하나하나의 구슬, 하나하나의 빛, 하나하나의 봉우리, 하나하나의 깃대를 (잘 관찰하면) 모두 분명하게 되리라. 마치 거울에 (비친) 얼굴을 스스로 볼 수 있는 것과 같이 될 것이다. 이러한 생각이 이루어진다면 오백억 겁토록 생사(를 반복해 온) 죄를 소멸하게 될 것이며, 반드시(必定) 장차 극락세계에 태어날 것이다. 이렇게 관찰하는 것은 '올바른 관찰'이라 말하며, 만약 이와 다르게 관찰하는 것은 '삿된 관찰'이라 말한다."

2.10 제8 상관像觀

부처님께서는 아난과 위제희에게 말씀하셨다.

"(제7관에서 설한) 이러한 것들을 다 보고 나서는 그다음에 부처님을 생각해야 한다. 왜 그러냐 하면, 모든 부처님 여래는 온 누리 중생들을 몸으로 삼고 있는데, (중생들이 부처님을 생각할 때) 두루 모든 중생들의 마음속 생각 가운데 들어가시기 때문이다. 그러므로 그대들이 마음으로 부처님을 생각할 때, 그 마음이 곧 (부처님의) 서른두 가지 큰 특성(相)과 여든 개나 되는 소소한 특성(隨形好)을 다 갖춘 (부처님의 마음인) 것이다. 그러한 마음이 부처를 짓고, 그러한 마음이 곧 부처이다. 모든 부처님의 깨달음의 바다는 (부처님이 들어와 있는) 중생들의 마음속 생각으로부터 일어난 것이다.

그러므로 마땅히 일심으로 마음을 모아서 저 부처님 여래 아라한 정등각正等覺(위없이 높은 깨달음을 얻으신 분)을 관찰하여야 한다. 저 부처님을 생각한다는 것은 먼저 마땅히 그 상像을 생각하는 것이다. 눈을 감았을 때나 떴을 때나 보배로 이루어진 (부처님의) 상이 마치 염부단금閻浮檀金과 같은 색을 내면서, (제7관에서 말한) 저 꽃(의자) 위에 앉아 계심을 (생각하는 것이다).

(부처님의) 상이 (연꽃 위에) 앉아 계심을 보게 되면(見像), 마음의 눈(心眼)이 열려서 너무나도 분명하게 극락국의 칠보七寶로 장엄된 보배 땅·보배 연못·줄지어 서 있는 보배 나무·모든 하늘의 보배로 장식된 비단이 나무 위를 덮고 있는 것·온갖 보배가 달린 그물이 허공에 펼쳐져 있는 것을 보게 된다. 그러한 일들을 보는 것은 극히 명료하여 마치 손바닥을 보는 것과 같으리라.

이러한 것을 보고 나서는, 다시 마땅히 하나의 큰 연꽃이 부처님 왼쪽에 펴 있다고 생각하라. (그 연꽃은) 앞에서 말한 연꽃과 똑같아서 다름이 없는 것이다. 또 하나의 큰 연꽃이 부처님 오른쪽에 있다고 생각해라. 한 분의 관세음보살이 왼쪽 연꽃 위에 앉아 계시면서 앞에서 말한 것과 다름없는 빛을 놓고 있음을 생각하고, 한 분의 대세지보살이 오른쪽 연꽃 위에 앉아 계시면서 (앞에서 말한 것과 다름없는 빛을 놓고 있음을) 생각하라.

(그러한 형상을 떠올리는) 이러한 생각이 이루어졌을 때 (아미타)부처님과 (관세음과 대세지 두) 보살들은 모두 아름다운 빛을 놓고 있는데, 그 빛은 금색이며 모든 보배 나무를 비춘다. 하나하나의 보배 나무 아래에도 역시 세 송이 연꽃이 피어 있으며, 그 연꽃 위에 각기 한 분의 부처님과 두 분의 보살이 계시면서 두루 그 나라를 가득 채우고 있다.

(그렇게 가득 채워진 모습을 보는) 그러한 생각이 이루어졌을 때 (관상염불을 하는) 수행자는 장차 빛을 내며 흐르는 물·모든 보배 나무·기러기·오리·원앙 들이 모두 훌륭한 법을 설하는 것을 들을 수 있을 것이며, 선정에 들어 있을 때나 선정에서 나왔을 때도 항상 훌륭한 법을 들을 수 있을 것이다.

수행자는 들은 것을 선정에서 나왔더라도 기억하여 지녀야 하며 버려서는 아니 되니, (선정 속에서 들은 말씀과) 경전(修多羅, sūtra)의 말씀이 합치되어야 한다. 만약 합치되지 않는다면 (그것은) 망상이라 말해야 할 것이고, 합치된다면 거칠게나마 극락세계를 본 것이라 말할 수 있다. 이것이 바로 '상상想像'이며, '여덟 번째 관찰'이라 말한다.

이렇게 관찰하는 것은 무량억겁토록 생사를 반복할 죄를 제거하는 것이며, 현재의 몸으로는 염불삼매念佛三昧를 얻게 한다. 이렇게 관찰하는 것을 '올바른 관찰'이라 말하며, 만약 이와 다르게 관찰하는 것은 '삿된 관찰'이라 말한다."

2.11 제9 편관일체색신관遍觀一切色身觀

부처님께서 아난과 위제희에게 말씀하셨다.

"이러한 (여덟 번째) 관상이 이루어지고 나면 다음으로 마땅히 무량수불의 몸과 (몸에서 나는) 광명을 관찰해야 한다. 아난아, 마땅히 알아라. 무량수불의 몸은 백천 만억이나 되는 야마천夜摩天의 염부단금의 색과 같다. 부처님의 키는 육십만억 나유타那由他 항하사恒河沙 유순이다. 미간에 난 하얀 털은 오른쪽으로 감겨 있는데, (그 크기가) 다섯 수미산과 같다. 부처님의 눈은 청정한데, 마치 네 가지 큰 바다가 청백淸白하여 분명하게 (잘 비치는 것과 같다. 무량수불의) 몸의 모든 모공毛孔에서 광명이 나오는데, 마치 수미산과 같다.

저 부처님의 원광圓光은 백억의 삼천대천세계로 (뻗어 가는데), 원광 중에는 백만억 나유타 항하사만큼의 화불化佛이 있다. 그 하나하나의 화불은 다시 한없이 무수한 화보살化菩薩로부터 시봉侍奉(모심)을 받고 있다. 무량수불은 팔만 사천의 큰 특징(相)이 있는데, 그 하나하나의 특징 중에 또한 팔만 사천 가지의 미세한 특징(隨形好)이 있으며, 그 하나하나의 미세한 특징에서는 다시 팔만 사천 갈래의 광명이 나오고, 그 하나하나의 광명은 시방세계를 두루 비추고 있으니 (무량수불을) 염불하는 중생들을 거두어 주시고 버리지 않는다. 그렇게 (무량수불에게서 나오는) 빛과 상호相好와 화불에 대해서는 다 설할 수 없다. 다만, (그 모습을) 기억하고 생각함으로써 마음의 눈으로 볼 수 있게 하라. 이렇게 (무량수불의 빛과 상호와 화불을) 보는 자는 시방세계의 모든 부처님을 다 뵈올 수 있다. 모든 부처님을 다 뵙기 때문에 '염불삼매'라 말한다.

이렇게 관찰하는 것을 모든 부처님의 몸을 관찰한다고 말한다. 부처님의 몸을 관찰하기 때문에 또한 부처님의 마음을 관찰하게 된다. 모든 부처님의 마음이란 큰 자비심이 그것이니, 인연이 없음에도 불구하고 베풀어 주시는 자비심으로 모든 중생을 거두어 주신다.

이렇게 관찰하는 자는 몸을 버리고서 다음 세상에서는 부처님 앞에 태어나서 다시는 태어나지 않는 경지(無生法忍)를 얻게 된다. 그러므로 지혜로운 자는 마땅히 마음을 모아서 무량수불을 자세히 관찰해야 한다. 무량수불을 관찰할 때는 하나의 상호를 관찰하는 것부터 시작해야 하니, 다만 미간의 백호白毫를 관찰하여 지극히 분명하게 하라. 미간의 백호를 보게 되면, 곧 팔만 사천의 상호가 저절로 나타나게 될 것이다. (이렇게) 무량수불을 뵙는 것은 곧 시방의 한량없는 모든 부처님을 다 뵙는 것이다.

한량없이 많은 모든 부처님을 다 뵙게 되기에, 모든 부처님이 (그의) 앞에 나타나셔서 부처가 되리라고 수기授記하신다.

이것은 '두루 (부처님의) 모든 색신色身을 관상하는 것'이니, '아홉 번째 관찰'이다. 이렇게 관찰하는 것은 '올바른 관찰'이라 말하며, 만약 이와 다르게 관찰하는 것은 '삿된 관찰'이라 말한다."

2.12 제10 관음관觀音觀

부처님께서 아난과 위제희에게 말씀하셨다.

"무량수불을 뚜렷하고도 분명하게 뵙고 나서는 마땅히 관세음보살을 관찰하여야 한다. 이 보살은 키가 팔십억 나유타 항하사 유순인데, 몸은 자금색紫金色이고 정수리에는 육계肉髻가 있으며, 목에는 원광圓光이 있는데 방면마다 모두 백천 유순의 길이를 갖고 있다. 그 원광에는 마치 석가모니불과 같은 화불化佛이 오백 분이나 계시며, 그 하나하나의 화불은 오백의 보살과 한량없이 많은 천신들을 시자侍者로 삼고 있다. 또한, 몸에서 나오는 빛 가운데에는 다섯 갈래(五道)의 중생과 일체 모든 것들이 그 가운데 다 나타난다. 정수리 위에는 비릉가마니보배(능히 모든 것을 만들어 내는 여의주)로 된 천관天冠이 있고, 그 천관 가운데에는 화불 한 분이 서 계시는데, 키는 25유순이다. 관세음보살의 얼굴은 염부단금의 색과 같으며, 미간의 백호상白毫相은 일곱 가지 보배의 색들이 다 갖추어져 있는데, 팔만 사천 가지의 광명을 유출하고 있다. 그 하나하나의 광명에는 무량무수無量無數의 백천 화불이 있으며, 무수한 화보살化菩薩이 (각기 다) 하나하나의 화불을 모시고 있다.

(무수한 화보살들은 화현이기에 이미) 변화로 나타나는 것이 자유로워서 시방세계를 가득 채우고 있으니, 마치 붉은 연꽃의 색(이 그러한 것)과 같다. (또 화보살은) 이 팔십억의 광명으로 영락瓔珞을 삼는데, 그 영락 가운데에 두루 모든 장엄한 일들을 다 나타낸다. 손바닥으로 오백억의 갖가지 연꽃의 색을 만들고, 손의 열 손가락 끝에는 하나하나의 손가락 끝마다 팔만 사천의 그림이 있는데, 마치 무늬를 새긴 것과 같다. 하나하나의 그림에 다시 팔만 사천 가지 색깔이 있으며, 하나하나의 색깔에 팔만 사천 가지 빛이 있다. 그 빛은 부드럽게 널리 모든 것을 비추고 있다. 이러한 보배 손으로 중생을 맞이하고 있다. 발을 들면 발밑에 천 개의 수레바퀴 자국이 나는데 저절로 광명으로 이루어진 봉우리(光明臺) 오백억 개가 나타나고, 발을 놓으면 다이아몬드나 보배로 이루어진 꽃이 나와서 두루 모든 곳에 퍼져서 가득 차지 않은 곳이 없게 된다. 그 나머지, 몸에 갖추어진 신체적 특징들도 부처님과 다름이 없다. 다만, 정수리 위의 육계와 무견정상無見頂相만이 세존에게 미치지 못한다. 이를 '관세음보살의 진실한 색신色身을 관상하는 것'이라 말하며, '열 번째 관찰'이라 말한다."

부처님께서 아난에게 말씀하셨다.

"만약 관세음보살을 관찰하고자 한다면 마땅히 그와 같이 관찰해야 한다. 그렇게 관찰하는 사람은 모든 재앙을 만나지 않고, 업장을 깨끗이 소멸하며, 헤아릴 수 없는 겁劫 동안에 생사를 (거듭하면서 지은) 죄를 다 제거하게 될 것이다. 이러한 보살들은 다만 그러한 (관세음보살의) 이름을 듣는 것만으로도 한량없는 복을 얻을 것인데, 하물며 자세히 관찰하는 것이라면 (말해서 무엇 하겠는가). 만약 관세음보살을 관찰하고자 하는 자는 마땅히 먼저 (관세음보살의) 정상頂上의 육계肉髻를 먼저 관찰하고, 그다음으로 천관을 관찰하며, 나머지 다른 많은 특징들 역시 차례대로 관찰하여 하나하나 손바닥을 보는 것처럼 분명히 하라. 이렇게 관찰하는 것을 '올바른 관찰'이라 말하고, 만약 이와 달리 관찰하는 것은 '삿된 관찰'이라 말한다."

2.13 제11 세지관勢至觀

부처님께서 아난과 위제희에게 말씀하셨다.

"그다음에는 다시 마땅히 대세지보살을 관찰해야 한다. 이 보살의 몸은 관세음보살만큼 크시니, (정수리의) 원광은 한 방면으로 각기 125유순의 넓이(까지 퍼지고) 있으며, 250유순의 길이까지 비추시고 있다. 몸 전체의 광명으로 시방세계를 비추시는데, 자금색紫金色을 띠고 있다. (이러한 대세지보살님을) 인연이 있는 중생이라면 모두 다 뵈올 수 있다. 다만, 이 보살의 모공毛孔 하나에서 나오는 빛을 보기만 한다면 곧 시방세계의 한량없는 모든 부처님의 청정하고도 아름다운 광명을 뵈올 수 있다. 그러므로 이 보살을 '무변광無邊光보살'이라고도 이름한다. (무변광보살, 즉 대세지보살께서는) 지혜의 빛으로 모든 (중생들을) 두루 비추어 주심으로써 (중생들로 하여금) 세 가지 악도惡途를 떠나서 최고 가는 힘(無上力)을 얻게 한다. 그러므로 이 보살을 '대세지'라고 이름한다.

이 보살의 천관天冠에는 보배로 이루어진 오백 송이의 연꽃이 있으며, 하나하나의 보배로 이루어진 연꽃에는 보배로 이루어진 봉우리(臺) 오백

개가 있고, 하나하나의 (보배로 이루어진) 봉우리에는 시방세계 모든 부처님의 청정하고도 아름다운 국토가 광활하게 그 속에 다 나타나 있다. 정상頂上의 육계肉髻는 연꽃(鉢頭摩花, padma)과 같으며, 육계 위에는 보배로 이루어진 병甁이 하나 있는데, 그 안에는 모든 광명이 담겨 있어서 두루 불사佛事를 나타낸다. 나머지 다른 신체적 특징은 관세음보살과 똑같아서 다르지 않다.

이 보살이 걸어가실 때는 시방세계가 모두 다 진동한다. 땅이 울리는 곳은 다 오백억 송이의 보배꽃(寶華)이 피고, 그 하나하나의 보배꽃은 다 크게 자라서 아름다운 형상을 나타내고 있는 것이 마치 극락세계의 (보배꽃과) 같다. 이 보살이 앉을 때는 칠보로 이루어진 국토가, 즉 저 아래(下方)의 금광불金光佛의 국토에서부터 저 위(上方)의 광명왕불光明王佛의 국토까지 모두 다 일시에 흔들린다. (금광불의 국토에서 광명왕불의 국토) 그 중간에 있는, 티끌처럼 한량없이 많은 무량수불의 분신分身·관세음보살의 분신 그리고 대세지보살의 분신이 모두 다 극락국토에 모여들어, 공중에 가득 차 있는 연화좌蓮花座에 앉으셔서 올바른 법(妙法)을 설하여 괴로움에 허덕이는 중생들을 제도하신다. 이렇게 관찰하는 것은 대세지보살을 관찰하는 것이니, 이는 '대세지보살의 색신色身을 관찰하는 것'으로서 '열한 번째 관찰'이라 말한다. (이러한 관찰은) 한량없이 오랜 아승기겁阿僧祇劫 동안 생사윤회를 반복하면서 지어 온 죄를 다 소멸하며, 이렇게 관찰하는 자는 (다시는) 포태胞胎에 들어가지 않으며 언제나 모든 부처님의 청정하고 아름다운 국토에 노닐게 된다.

이러한 관찰이 이루어지게 되면, '관세음보살과 대세지보살을 함께 관찰하는 것'이라 이름한다. 이렇게 관찰하는 것을 '올바른 관찰'이라 말하고, 만약 이와 다르게 관찰하는 것을 '삿된 관찰'이라 말한다."

2.14 제12 보관普觀

부처님께서 아난과 위제희에게 말씀하셨다.

"이러한 일을 보았을 때는 마땅히 (다음과 같은) 생각을 하고 (다음과 같이) 마음을 일으켜야 한다. 스스로 서방의 극락세계에 태어나서 연꽃 위에 결가부좌結跏趺坐를 하고 있다. (극락의 연꽃 위에 앉아서는) 연꽃잎이 닫히는 모습을 생각하기도 하고, 연꽃잎이 열리는 모습을 생각하기도 한다. 연꽃잎이 열릴 때는 오백 가지 빛깔이 (우리) 몸을 비추는 생각을 한다. 눈을 뜨는 모습을 생각하면, 부처님과 보살님이 허공에 가득함을 볼 수 있다. 물·새·나무·숲 그리고 모든 부처님이 내시는 소리들은 다 올바른 법을 연설하고 있는데, (그 말씀은) 십이부경十二部經의 내용과 합치된다.

만약 (연꽃 위의 관상에서) 나오더라도 (관상한 내용을) 굳게 지녀서 잃어버리지 말아야 할 것이다. 이러한 모습을 다 보게 되면, '무량수불의 극락세계를 본 것'이라고 이름하니, 이것이 보관普觀으로서 '열두 번째 관찰'이라 말한다. 수없이 많은 무량수불의 화신과 관세음보살, 대세지보살은 언제나 이렇게 (극락세계를 관찰하는) 수행을 행하는 사람이 있는 곳을 찾아오신다. 이렇게 관찰하는 것은 '올바른 관찰'이라 말하며, 만약 이와 다르게 관찰하는 것은 '삿된 관찰'이라 말한다."

2.15 제13 잡상관雜想觀

부처님께서 아난과 위제희에게 말씀하셨다.

"만약 지극한 마음으로 서방(정토)에 태어나고자 하는 사람이라면, 먼저 마땅히 (극락의 보배) 연못 물 위에 떠 있는 1장 6척이나 되는 불상佛像을 관찰해야 한다. 앞에서도 말한 것과 같이, 무량수불의 몸은 끝이 없으므로 범부의 마음으로 헤아릴 수 있는 것이 아니다. 다만, 저 여래께서 과거세에 세운 원의 힘으로 인하여, (무량수불을) 생각하는(憶想) 자는 반드시 (극락왕생을) 성취할 수 있다. 다만 저 불상만을 생각하더라도 한량없는 복을 얻을 수 있을진대, 하물며 부처님의 원만한 모습을 다 갖추고 계신 것을 관찰하는 것이라면 (말해서 무엇 하겠는가). 아미타불께서 마음대로 신통을 행하여서 자유롭게 시방의 국토에 화현하는데, 어떤 때는 허공을 가득 채울 만큼 큰 몸을 나투시고, 또 어떤 때는 1장 6척이나 8척 정도의 작은 몸을 나투신다.

그렇게 나투신 몸들은 다 진짜 금빛이 나고, 원광圓光·화불化佛 그리고 보배 연꽃은 다 앞에서 말한 그대로이다. 관세음보살·대세지보살 역시 모든 곳에서 (화현하는데, 그) 몸을 (나투는 것이 아미타불의 경우와) 같다. (그럴 때는) 중생들은 다만 머리 모양(首相)을 살펴보아서, '이분이 관세음보살이고, 이분은 대세지보살이다.'라고 알면 된다. 이러한 두 보살은 아미타불을 도와서 널리 모든 중생을 교화한다. 이것이 '잡상관'이니, '열세 번째 관찰'이라 말한다. 이렇게 관찰하는 것은 '올바른 관찰'이라 말하고, 만약 이와 달리 관찰하는 것은 '삿된 관찰'이라 말한다."

2.16 제14 상배관上輩觀

부처님께서 아난과 위제희에게 말씀하셨다.

"무릇 서방(정토)에 태어나는 데는 구품九品의 사람(에 따라서 왕생의 방법에 다름)이 있다."

2.16.1 상품상생上品上生

"상품상생은 (다음과 같다). 만약 저 나라에 가서 태어나고자 원하는 중생이 세 가지 마음을 일으킨다면, 곧 왕생할 것이다. 무엇을 세 가지(마음이)라 하는가? 첫째는 지성심至誠心이고, 둘째는 심심深心이며, 셋째는 회향발원심廻向發願心이다. 이 세 가지 마음을 갖춘 자는 반드시 저 나라에 태어날 것이다.

다시 세 부류의 중생들은 장차 왕생할 수 있을 것이다. 어떤 것이 세 부류인가? 첫째, 자비로운 마음으로 살생을 하지 않으며 모든 계행戒行을 잘 갖추는 자이다. 둘째는 대승의 방등方等경전을 독송하는 자이다. 셋째는 육념六念을 수행하여 (그 공덕을) 회향하면서 저 불국토에 태어나기를 발원하는 자이다. 이러한 공덕을 갖추고서 1일 내지 7일에 이르게 되면 곧 왕생을 얻게 된다.

저 나라에 태어날 때, 이 사람은 (사바세계에 있으면서) 용맹정진한 공덕으로 아미타여래와 관세음보살·대세지보살·헤아릴 수 없는 화불化佛·백천百千 비구의 성문聲聞 대중들·한량없이 많은 천신天神들이 칠보로 된 궁전(과 함께 나타나서 저 나라에 태어나는 사람을 맞이해 주신다). 관세음보살은 금강대金剛臺를 집으시고 대세지보살과 함께 수행자 앞에 나타나시며, (그때) 아미타불께서는 큰 광명을 놓으셔서 (서방 극락세계로 온 염불)행자의 몸을 비추어 주시고 다른 모든 보살과 함께 (행자의) 손을 잡아 주면서 영접하신다. 관세음보살과 대세지보살 그리고 헤아릴 수 없이 많은 보살들은 (염불)행자를 찬탄하면서 그 마음을 권진하신다.

(염불)행자는 그러한 (불보살님들의 내영해 주시는 모습을) 보고 나서는 환희하여 (껑충껑충) 뛰는데, 스스로 그 몸이 금강대를 타고 부처님의 뒤를 따라가서 손가락을 (한 번) 튕기는 사이에 저 나라에 왕생함을 본다.

저 나라에 태어나서는, 부처님께서는 여러 가지 신체적 특성들을 다 갖추고 있음을 보고, 여러 보살들도 여러 가지 신체적 특성들을 다 갖추고 있음을 본다. 빛이 비치는 보배 숲 자체가 올바른 진리(妙法)를 설하고 있어서, 그것을 듣고서 곧 다시는 나지 않는 진리(無生法忍)를 깨닫게 된다. (또 그 나라에서는) 잠깐(須臾) 사이에 수많은 부처님을 다 모시면서 시방세계에 두루 다니며, 모든 부처님으로부터 차례로 수기受記하고서는 본국으로 돌아와서 한량없는 다라니를 얻는다. 이를 '상품상생'이라 말한다."

2.16.2 상품중생上品中生

"상품중생은 (다음과 같다). (비록) 반드시 (대승의) 방등경전을 읽고 외우지는 않더라도 (경전에서 설하는) 의미를 잘 이해하여 궁극적인 의미에 대해서 마음으로 놀라거나 동요하지 않고, 깊이 원인과 결과(因果)의 이치를 믿고서 대승을 비방하지 않는다. 그러한 공덕을 회향하여 극락이라는 나라에 태어나고자 원하면서 이 행을 행하는 자는 목숨이 다하려고 할 때, 아미타불과 관세음보살 및 대세지보살이 한량없이 많은 대중들에게 둘러싸인 채 자금대紫金臺를 들고서 그 행자 앞에 나타나서는 (그를) 찬탄하여 (다음과 같이) 말씀하신다.

'진리의 아들이여, 그대는 대승의 가르침을 잘 행하고 궁극적인 의미를 잘 이해하였다. 그런 까닭에 지금 내가 와서 그대를 맞이하고자 천 분의 화불化佛과 더불어 일시에 손을 내밀고 있는 것이다.'

행자는 스스로 자마금색의 좌대(紫金臺)에 앉아 있음을 보고서는 합장하거나 차수叉手(두 손을 단전에 모으는 자세)하여 모든 부처님을 찬탄한다. (그러자) 일념一念에 곧 저 나라의 일곱 가지 보배로 이루어진 연못에 태어나니, 이 자마금색으로 이루어진 좌대는 큰 보배로 이루어진 꽃과 같아서 하룻밤을 지나자 곧 (꽃잎이 열리는 것처럼) 열린다. 행자의 몸 역시 자마금색을 띠게 되고, 발밑에도 역시 칠보로 이루어진 연꽃이 있게 된다.

(아미타)부처님과 (관음 세지 두) 보살은 모두 광명을 놓아서 (염불)행자의 몸을 비추자, (행자의) 눈이 곧 밝게 열리고 그전에 익힌 습관으로 말미암아서 두루 온갖 소리를 다 듣고는 깊고 깊은 궁극적 의미를 온전히 설한다. (이렇게 법문을 설하고 나서는) 곧 (자마금색의) 좌대에서 내려와서 부처님을 예배하고 합장하여 세존을 찬탄한다. 7일이 지나자, 곧바로 위없이 높고 올바른 깨달음에서 (한 걸음도) 물러나지 않게 된다. 곧 능히 시방(세계)을 날아가서 (시방세계의) 모든 부처님을 모시고 그 모든 부처님 계신 곳에서 모든 삼매를 닦아, 1소겁小劫을 지나서 다시 태어나고 (소멸함이) 없는 진리(無生法忍)를 얻고서, 곧바로 수기受記한다. 이를 '상품중생'이라 말한다."

2.16.3 상품하생上品下生

"상품하생이라는 것은 (다음과 같다. 상품중생과 마찬가지로) 역시 인과를 믿고 대승을 비방하지 않으며, 다만 위없이 높은 깨달음을 이루고자 하는 마음을 일으켜서 이러한 (보리심을 일으킨) 공덕을 회향하여 극락에 태어나고자 원하고 구하는 것이다.

(그렇게 발원한) 수행자가 목숨이 다하려고 할 때는 아미타부처님과 관세음보살, 대세지보살이 모든 대중(眷屬)과 함께 금련화金蓮華를 들고 오백 명의 화불化佛을 화작化作하여서 이 수행자를 맞이하러 오신다. 오백 분의 화불이 동시에 (수행자에게) 손을 내밀고서는 찬탄하여 말씀하신다. '진리의 아들이여, 이제 그대는 청정하며 위없이 높은 깨달음을 얻으려는 마음을 발하였으니, 이제 나는 그대를 영접하노라.'

이러한 일을 보고서 (이 수행자는) 금련화 위에 앉자마자 곧바로 꽃잎이 닫히는 것을 스스로 보게 된다. (아미타)세존의 뒤를 따라서 곧 (극락국토의) 칠보七寶로 된 연못에 왕생할 수 있게 되는데, (그 칠보로 된 연못 위에서) 하루 밤낮을 지나자 연꽃이 다시 열린다. (꽃잎이 다시 열린 뒤) 7일이 지나서야 비로소 부처님을 뵈올 수 있게 된다. 그렇게 부처님 몸(佛身)을 뵈올 수는 있지만, (부처님의) 수많은 상호相好에 대하여 마음으로 선명하게 다 알 수는 없다. 3·7일이 지나서야 비로소 분명하게 볼 수 있게 되니, (극락의 모든 존재의) 소리들이 다 지극한 진리(妙法)를 연설하고 있음을 들을 수 있게 된다.

(그러고서는 다시) 시방세계를 노닐면서 모든 부처님을 찾아뵙고 공양한다. 모든 부처님 앞에서 다시 매우 깊은 진리의 말씀을 듣는데, 3소겁이 지나면 모든 진리에 대하여 명료하게 아는 지혜(百法明門)를 얻어서 환희의 경지(歡喜地)에 머문다. 이를 '상품하생'이라 말한다. (이상의 상품상생·상품중생·상품하생을 생각하는 것을 합하여) '상배의 왕생에 대한 생각(上輩生想)'이라 이름하며, '열네 번째 관찰'이라 이름한다. 이렇게 관찰하는 것은 '올바른 관찰'이라 말하고, 만약 이와 달리 관찰한다면 '삿된 관찰'이라 말한다."

2.17 제15 중배관中輩觀

2.17.1 중품상생中品上生

부처님께서 아난과 위제희에게 말씀하셨다.

"중품상생은 (다음과 같다). 만약 어떤 중생이 오계五戒와 팔재계八齋戒

를 받아 지니는 (것은 물론), 모든 계율을 수행하여 오역죄五逆罪를 짓지 아니하여 어떠한 악과 허물이 없다고 하자. 이러한 선근善根을 회향함으로써 서방 극락세계에 태어남을 원한다고 하자.

(이러한 조건들을 충족한다면) 행자가 목숨이 다하려고 할 때, 아미타불께서 모든 비구 (등) 권속들에게 둘러싸여 금색의 빛을 놓으면서 그 사람(=행자)이 있는 곳에 이르러서, '고苦·공空·무상無常·무아無我'의 가르침을 연설해 주시고, 출가하여 모든 괴로움을 떠나는 것을 찬탄해 주신다.

(임종하는 사람, 즉) 수행자는 이렇게 (아미타불의 내영해 주시는 모습을) 보고 나서는 마음으로 크게 기뻐하고, 스스로 자기 몸이 (극락세계의) 큰 연꽃 위에 앉아 있다가, (다시) 꿇어앉아서 합장을 하고 부처님께 예배드리는데, 머리를 다 들기도 전에 곧바로 극락세계에 왕생하는 것을 스스로 본다.

연잎이 열리고 연꽃이 피어날 때 사성제四聖諦를 찬탄하는 많은 소리들이 들리는데, (그 소리를 들음으로써) 곧바로 아라한阿羅漢의 경지와 삼명육통三明六通을 얻게 되며 팔해탈八解脫을 갖추게 된다. (이상과 같이 왕생하는 것을) '중품상생'이라 말한다."

2.17.2 중품중생中品中生

"중품중생이라는 것은 (다음과 같다). 만약 어떤 중생이 하룻낮 하룻밤만이라도 팔재계八齋戒를 지니거나, 만약 어떤 중생이 하룻낮 하룻밤만이라도 사미계沙彌戒를 지니거나, 만약 어떤 중생이 하룻낮 하룻밤만이라도 구족계具足戒를 지님에 있어서 그 행동거지(威儀)에 허물이 하나도 없다고 하자. 그렇게 해서 (생긴) 공덕을 회향하여 극락국에 태어나기를 원하면서 계의 향기를 훈습해 간다고 하자.

(그러면 이러한 수행자는) 목숨이 장차 끊어지려 할 때 아미타불이 모든 대중(眷屬)들과 함께 금색의 빛을 내면서, 칠보로 된 연꽃을 들고서 그 수행자 앞에 나타나신다. (이때) 수행자는 스스로 공중으로부터 찬탄하는 소리를 듣는다. '선남자(선여인이)여, 그대와 같이 착한 사람은 과거 현재 미래의 모든 부처님의 가르침(佛敎)을 잘 따랐기(隨順) 때문에, 내가 그대를 맞이하러 왔다.' (이리하여) 수행자는 그 스스로 연꽃 위에 앉자마자 연꽃(의 꽃잎)은 오므라지고 서방 극락세계에 태어남을 본다. (극락의) 보배 연못 가운데에서 7일이 지나자 연꽃은 다시 피어난다. 연꽃(의 꽃잎)이 다시 피어나자, (행자는) 눈을 뜨고서 합장하여 (아미타)세존을 찬탄하고서 (설법해 주시는) 진리를 듣고 기뻐하며 수다원須陀洹을 얻는다. (그러고서 다시) 반 겁을 지나면 아라한阿羅漢이 된다. 이를 '중품중생'이라 말한다."

2.17.3 중품하생中品下生

"중품하생은 (다음과 같다). 만약 선남자 선여인이 부모를 효도로써 봉양하고 세속의 인仁과 의義를 행한다면, 이러한 사람들은 (장차) 목숨이 다하려 할 때 선지식을 만나서 널리 아미타부처님의 국토(에서 경험할 수 있는) 좋은 일에 대하여 설하시고, 또한 법장비구의 사십팔원願에 대하여 자세히 설하시는 것을 (듣게 된다). 이렇게 (아미타불의 국토와 법장비구의 사십팔원에 대한) 이야기를 듣고 나서 곧 목숨을 다하면, 마치 장사가 팔을 한 번 굽혔다가 펼치는 데 (걸리는 시간 만에) 곧 서방의 극락세계에 태어나게 된다. (서방의 극락세계에 태어난 뒤) 7일을 지나서 관세음보살과 대세지보살을 만나서는 법문을 듣고서 환희하여 수다원을 얻으며, (그러고 다시) 1소겁을 지나면 아라한이 된다. 이를 '중품하생'이라 말한다.

(이상의 중품상생·중품중생·중품하생을 생각하는 것을 합하여) '중배의 왕생에 대한 생각(中輩生想)'이라 이름하며, '열다섯 번째 관찰'이라 이름한다. 이렇게 관찰하는 것은 '올바른 관찰'이라 말하고, 만약 이와 달리 관찰하는 것은 '삿된 관찰'이라 말한다."

2.18 제16 하배관下輩觀

2.18.1 하품상생下品上生

부처님께서 아난과 위제희에게 말씀하셨다.

"하품상생이라는 것은 (다음과 같다). 혹 어떤 중생이 많은 악업을 지었으나, 방등方等경전을 비방하지는 않았다고 하자. 이러한 어리석은 사람이 수많은 악업을 저지르면서도 참회하지 않다가, 목숨이 장차 다하려 할 때 선지식이 대승의 십이부十二部경전의 제목을 찬탄하는 것을 만나서, 그러한 제목을 들은 까닭에 천겁千劫 동안에 지어 온 지극히 무거운 악업을 소멸하게 된다. 지혜로운 분이 다시 합장하고 차수叉手하여 '나무아미타불.'을 일컫게 한다. 부처님의 이름을 일컬었기에, 오십억 겁의 생사를 거듭해야 할 죄를 다 소멸한다.

그때, 저 부처님께서는 곧바로 화현의 부처님·화현의 관세음보살·화현의 대세지보살을 파견하시는데, (그분들이) 수행자의 앞에 이르러 찬탄하며 말씀하신다. '선남자여, 그대는 부처님의 이름을 일컬었기에 모든 죄가 소멸되었다. (그러므로) 이제 내가 그대를 맞이하러 왔다.'

이렇게 말씀하시는 것을 (듣고서), 수행자는 화현의 부처님께서 (놓으시는) 광명이 온 방을 가득 채우는 것을 보며, (그러한 광명을) 보고 나서는 기쁨에 차서 곧 목숨을 다한다. 보배 연꽃을 타고서 화현의 부처님 뒤를 따라 (극락의) 보배 연못 가운데 태어나서, 칠칠(49)일을 지나자 연꽃이 마침내 피어난다. 연꽃이 피어날 때가 되면, 크게 자비로우신 관세음보살과 대세지보살이 큰 광명을 놓으시며 그 사람 앞에 나타나서는 (그를 위하여) 매우 깊은 십이부경을 설하신다. (이를 다) 듣고서는 신해信解하여 위없이 높은 깨달음을 얻으려는 마음을 발하고서 10소겁小劫을 지나 백법명문百法明門을 얻고서 초지初地에 들어갈 수 있게 되니, 이를 '하품상생'이라 말한다. (이렇게 저) 부처님의 이름과 가르침의 이름을 듣고, 스님의 이름을 듣게 된다. 삼보三寶의 이름을 들으면 곧 왕생을 얻게 된다."

2.18.2 하품중생下品中生

부처님께서 아난과 위제희에게 말씀하셨다.

"하품중생이라는 것은 (다음과 같은 것이다). 혹 어떤 중생이 오계, 팔계 내지 구족계를 범하였다. 이러한 어리석은 사람이 모든 승가공동체의 물건을 훔치고 그 자신이 거주하고 있는 도량의 물건도 훔치며, 청정하지 못한 마음으로 부처님의 법을 설하고서도 뉘우치거나 부끄러워하는 마음이 없으며, 오히려 그러한 모든 악업으로써 자신을 장식한다. 이러한 죄인은 그러한 악업으로 인하여 마땅히 지옥에 떨어져야 할 것이고, 목숨이 끊어지려 할 때 지옥의 모든 불들이 한꺼번에 몰아닥칠 것이다.

(그러나 다행스럽게도) 선지식이 큰 자비로써 아미타불의 십력十力과 위덕威德을 설해 주시고, 널리 저 부처님의 광명과 신력神力을 설하시며 또한 계율·선정·지혜·해탈 그리고 해탈의 지견知見을 찬탄하는 것을 만나게 된다면, 이러한 죄인은 (선지식의 설법을) 듣고서는 곧 팔십억 겁이라는 오랜 시간 동안 생사윤회를 거듭하면서 지어 온 죄를 소멸하게 된

다. (또) 지옥의 맹렬한 불길은 서늘한 바람으로 변하며, 천상세계의 꽃(天華)들을 휘날리게 된다. (그래서 천상세계의) 꽃들 위에는 화현하신 부처님과 보살들이 이 사람을 영접하고 있다.

(그렇기에) 일념一念 정도 되는 시간에 곧 (극락세계의) 일곱 가지 보배로 이루어진 연못 가운데 있는 연꽃 안에서 태어날 수 있게 된다. 6겁을 지나서 연꽃(의 꽃잎)이 열린다. 꽃잎이 열리자, 관세음보살과 대세지보살이 하늘세계의 음성(梵音聲)으로써 그 사람을 위로하면서 대승의 깊고도 깊은 경전을 말씀해 주신다. (이 중생은) 이러한 가르침을 듣고서 곧바로 위없이 높은 깨달음을 얻고자 하는 마음을 발한다. 이를 '하품중생'이라 말한다."

2.18.3 하품하생下品下生

부처님께서 아난과 위제희에게 말씀하셨다.

"하품하생은 (다음과 같은 것이다). 혹 어떤 중생이 불선업不善業·오역죄五逆罪·십악업十惡業을 짓고, 모든 선하지 않은 일이란 일은 다 하였다고 하자. 이러한 어리석은 사람은 악업을 지었기 때문에, 마땅히 악도에 떨어져서 수많은 겁劫 동안 끝이 없는 고통을 받을 것이다. (그런데) 이러한 어리석은 사람이 목숨이 다할 때 선지식으로부터 갖가지로 위로를 받고 훌륭한 진리를 설해 주시는 것을 (들으며, 아미타)부처님을 염하도록 가르침을 받는다고 하자. (그렇지만) 이 사람은 고통이 몰려오자 황망하여 부처님을 염할 수 없게 되는데, 선지식은 '그대가 만약 능히 (저 부처님을) 염할 수 없다면, 마땅히 '무량수불께 귀명하나이다(歸命無量壽佛).'라고 일컬어라. 이렇게 지극한 마음으로 소리가 끊어짐이 없게 하여 십념十念이 갖추어지도록 '나무아미타불.'이라 일컬어라.'라고 말씀하신다.

(그는) 부처님의 명호를 일컬은 까닭에 염할 때마다 팔십억 겁토록 생사를 (거듭할) 죄를 소멸하게 되며, 목숨이 다하려 할 때는 마치 태양과 같은 금련화金蓮華가 그 사람 앞에 나타나는 것을 보리라. (그리고) 일념에 곧바로 극락세계에 왕생하여, 연꽃 속에서 12대겁大劫이 다하도록 (있다가) 연꽃이 바야흐로 열린다. 연꽃이 열려서 (새롭게 탄생할) 그때 관세음보살과 대세지보살은 크게 자비로운 음성으로 곧 그 사람을 위하여 진리(實相)와 죄를 소멸하는 법을 자세히 설하시리라. (그리하여 그 법문을) 다 듣고서 환희하여 곧바로 보리의 마음을 발한다. 이를 '하품하생'이라 말한다. (이상의 하품상생·하품중생·하품하생을 생각하는 것을 합하여) '하배의 왕생에 대한 생각(下輩生想)'이라 이름하며, '열여섯 번째 관찰'이라 이름한다."

3. 유통분流通分

3.1 대중들의 기쁨

그때 세존께서 이러한 말씀을 설하셨을 때 위제희와 오백 명의 시녀들이 부처님께서 설하시는 것을 듣고서 곧바로 극락세계의 넓고 아름다운(廣長) 모습을 보았으며, (아미타)부처님의 몸과 두 보살을 보고서는 마음으로 환희하고 일찍이 없었던 일임을 찬탄하였으며 큰 깨달음을 얻고 태어나지 않는 진리(無生法忍)를 얻었다. (또한) 오백 명의 시녀들은 위없이 높고 바른 깨달음을 얻고자 하는 마음을 내고서는 저 나라에 태어나고자 원하였다. (그렇게 보리심을 내는 모습을 보신) 세존께서는 (그들이) 모두 저 나라에 왕생할 것이며, (저 나라에) 태어나서는 '모든 부처님이 나타나시는 삼매'를 얻을 것이라고 수기授記하셨으니, 한량없는 천신들도 위없이 높은 깨달음을 얻고자 하는 마음을 발하였다.

3.2 이 경전의 이름

그때 아난이 곧 자리에서 일어나 부처님께 사뢰었다.

"세존이시여, 마땅히 이 경을 어떻게 이름하리까? 이 가르침의 요지를 마땅히 어떻게 받아 지녀야 하겠습니까?"

부처님께서 아난에게 말씀하셨다.

"이 경은 '극락국토와 무량수불·관세음보살·대세지보살을 관찰하는(觀極樂國土無量壽佛觀世音菩薩大勢至菩薩) 경'이라 이름하며, 또한 '(중생의) 업장을 깨끗이 소멸하여 모든 부처님 앞에 태어나게 하는(淨除業障 生諸佛前) 경'이라 이름한다.

그대들은 (이러한 이름을) 마땅히 지니고서 잊지 않도록 하라. 이러한 (관불의) 삼매를 행하는 자는 이 몸을 지닌 채 그대로 무량수불과 두 분 보살을 뵈올 수 있으리라. (또) 만약 선남자 선여인이 다만 부처님의 명호와 두 분 보살의 명호를 듣는 것만으로도 무량한 겁 동안 생사를 거듭한 죄를 소멸하게 될 것이다. (그럴진대) 하물며 (부처님의 명호를) 기억하고 염하는 것(憶念)이야 (말해 무엇 하겠는가)."

3.3 사람 중의 연꽃

"만약 염불하는 사람이 (있다고 한다면), 마땅히 알아라. 이 사람은 사람 중의 연꽃(芬陀利華, puṇḍarīka)이다. 관세음보살과 대세지보살이 그를 위하여 좋은 벗(勝友)이 되어 주실 것이니, (이 사람은 정히) 도량에 앉아서 모든 부처님 집에 태어난다."

부처님께서는 아난에게 말씀하셨다.

"그대는 이 말을 잘 지녀라. 이 말을 지닌다면, 곧 무량수불의 이름을 지니는 것이 된다."

3.4 대중들의 퇴장

부처님께서 이렇게 말씀하셨을 때 존자 목건련, 아난 및 위제희 등은 부처님께서 설하시는 것을 듣고서 모두 크게 기뻐하였다. 그때 세존께서 발로 허공을 딛고서 기사굴산耆闍崛山으로 돌아가셨다. 그때 아난은 널리 대중을 위하여 위와 같은 일을 설하였다. 한량없는 모든 천신과 용·야차夜叉 들은 부처님께서 설하는 바를 듣고서 모두 크게 기뻐하며, 부처님께 예배드리고 물러났다.

『불설관무량수불경佛說觀無量壽佛經』

해설

'처음 만난 『관무량수경觀無量壽經』'에 대하여

이현옥*

1. 부조리의 현실과 존재 조건

이 세상은 근원적으로 불합리하고 부조리하다. 『관무량수경』(이하 '『관경』'으로 통일)은 우리가 사는 이 세상이 '콩 심은 데 콩 나고, 팥 심은 데 팥 나는' 상식이 통용되지 않는, 현상론적으로 부조리함을 제시하면서 시작하고 있다. 강력한 왕국을 건설하여 나라의 안정을 가져왔고 불교에도 지대한 관심을 가져 죽림정사를 지어 부처님께 바칠 정도로 불심 또한 돈독했던 빔비사라왕과 불자였던 왕비 위제희 부인 그리고 그들의 사랑스러운 외아들 아사세(아자타샤트루), 이들 한 가정이 아들의 부모에 대한 반역으로 상식적으로 이해되지 않는 피바람에 휩싸인다. 핏줄보다 더 사무치게 우리에게 다가오는 것이 있던가? 우리는 무의식적으로 가정은 인간의 보금자리이며 마지막 보루이기를 희망한다. 그런데 일본의 한 문예사조

* 이현옥: 일본 근대문학 전공. 건국대, 동덕여대, 동국대 등에서 강의하다.
서래西來나무아미타불독서회 권진勸進.

인 자연주의自然主義는 이런 우리의 희망사항을 일소一掃한다. 하나의 개체로서 존재하고 싶은 '자유'와 혈연이란 집착 때문에 정신적·물질적 부담이 되어 개인에게 '속박'으로 작용하는 집안과의 관계를 파헤쳐 가족의 부정적인 요소를 드러내고 있다. 가정이 지니는 문제점이 혈연이라는 숙명으로 인해 그 수치와 고통이 배가될 수 있는 것은 사실이다. 빔비사라왕도 왕이 되고자 하는 아들 아사세에게 갇혀 죽임을 당하는 몸이 되는데, 불자 집안에서 일어나는 이런 비극은 우리가 빔비사라왕이 아들을 얻기 위해 지은 업을 볼 수 있는 숙명통宿命通을 얻기 전까지는 분명히 이해가 되지 않는 부조리한 현실이다. 부처님도 정각正覺을 이룬 분이지만, 교단의 분열을 꾀하고 부처님을 살해하려 한 조달(제바달다)과의 사촌지간이라는 혈연의 연기緣起에서는 벗어날 수 없었다는 사실이 우리가 처한 현실세계의 아이러니와 엄준함을 보여 준다.

『관경』은 이렇게 인간 존재라면 누구나 안게 되는 혈연이란 구체적인 접근법을 통해 이 세상이 현상론적으로 부조리하며, 또 근본적으로 업과 숙명으로 얽힌 고苦의 세계임을 보여 준다. 이런 문제 제기를 통해, 우린 이런 세상을 어떻게 살아갈 것인가? 이런 부조리한 세상과는 다른 이상적인 세계가 과연 존재하는 것일까? 존재한다면 어떤 곳일까? 이 세상에서 저 이상향으로 건너가는 방법은 어떤 것이 있을까? 등의 질문을 풀어내면서 우리가 살아가고 나아가야 할 방향을 제시한다. 그러면서 동시에 이 가족을 통해서 인간이 어떤 조건적 존재인지도 보여 준다. 아들에게 갇혀 옥에서 굶어 죽기 직전, 아내인 위제희 부인을 통해 약간의 먹을 것을 충당한 빔비사라왕이 아사지경에서 벗어난 뒤 제일 먼저 한 일은 부처님께 인간으로 살면서 지켜야 할 도리인 팔계를 청한 일이었다. 부처님은 그런 빔비사라왕의 요구에 부응하여 팔계와 함께 설법까지 베푸시는데, 이를 통해 인간이란 걸어야 할 길과 걷지 말아야 할 길이 주어진 한계적 존재이며, 그런 한계를 견뎌 낼 수 있는 물질적·정신적 양식을 갖춰야 한다는 것을 극명히 드러내고 있다.

2. 『관무량수경』의 구성 및 자리

『관경』은 전체적인 구성이 크게 셋으로, 문제 제기에 해당하는 서분序分·고통의 현세를 떠날 수 있는 열여섯 가지의 방법론인 정종분正宗分(본론에 해당한다)·결론에 해당하는 유통분流通分으로 나뉜다.

서분에서는 불심이 돈독한 한 왕가가 친자親子 하극상으로 그 부모가 죽음에 직면하는 상황과 친자에게 왕인 남편을 잃게 된 위제희 부인이 이런 악한 세상을 떠나 고뇌 없는 아미타불의 극락정토에 태어날 수 있도록 극락정토를 사유하고 명상하는 방법을 부처님께 청하는 내용이 나온다. 정종분에서는 극락정토에 태어나려면 깨끗한 행위인 정업淨業을 닦아야 하는데, 부처님께서 그 정업을 닦는 방법으로 극락을 관찰하는 '관觀'의 방법을 열여섯 가지로 나누어 가르쳐 주신다. 소위 16관법觀法이다. 아미타불을 다른 말로 무한한 수명을 지니신 '무량수無量壽'라고도, 무한한 빛이라는 의미로 '무량광無量光'이라고도 부르는데, 『관경』을 쉽게 풀이한다면 '무량수'인 아미타불과 그 극락정토를 관찰하는 방법이라고 할 수 있다. 그 열여섯 가지의 관찰 방법인 16관법은 크게 제1~13관법의 정선定善과 제14~16관법의 산선散善으로 나뉜다. 정선은 마음을 고요히 한 상태에서 행하는 관법으로 일정한 수행을 거친 이들이 행할 수 있는 방법인데, 이때 주위 환경에 해당하는 의보依報부터 시작하여(제1~7관) 정보正報인 부처님을 관찰(제8~13관)하는 순서로 나아간다. 산선은 산란한 마음이 끊이지 않은 채 선을 닦는 것인데, 중생들을 위한 관법이라 할 수 있다. 산선은 다시 중생들의 근기에 따라 9품으로 나뉘는데 상품의 상중하·중품의 상중하·하품의 상중하를 가리키는 것으로, 근기에 따라 왕생하는 방법에 차이가 있다는 구품왕생九品往生을 제시한다. 산선에는 여기에 세 가지의 선업인 삼복三福이 더해지는데, 세간에서의 도덕을 지키는 세복世福·부처가 정한 계율을 지키는 계복戒福·대승불교의 보살행인 행복行福이 그것으로, 『관경』은 수행승보다는 오탁악세五濁惡世의 중생들이 정업을 닦을 수 있는 방법을 제시한, 그야말로 재가불자를 위한 경전이다.

불교는 초기 경전에 의거한 근본불교에서 부파불교를 지나 상좌부불교(남방불교)와 대승불교(북방불교)로 크게 분파되어 오늘에 이르고 있는데, 우리나라는 회통會通불교이기는 하지만 대승불교로, 주류를 이루는 선불교와 염불종에 속하는 정토종이 대승불교의 일파다. 정토종은 서방정토에 계시는 아미타불의 본원本願을 믿고 따르면 반드시 극락왕생한다는 종파인데, 소의경전으로 삼는 세 경전을 '정토삼부경'이라고 하며 『관경』은 그중 하나다. 정토삼부경 중 하나인 『아미타경』은 너무 간단하고, 두 권으로 된 『무량수경』은 방대한 측면이 있어, 정토종을 처음 접하기에는 『관경』이 가장 적합하다.

『관경』은 부처님이 극락세계를 관찰하는 방법을 가르쳐 주시는 경전으로, 경전에 묘사된 극락세계는 판타지의 극한을 이루며 대규모의 스펙터클한 장엄의 세계를 연출한다. 감히 인간의 상상을 불허하는 초월적 세계가 펼쳐지는데, 우선 단위 자체가 다르고 또 그 한 단위마다 팔만 사천씩 곱하기를 해 나가는 공간적 개념과 형언하기 어려운 빛의 향연에 현대인이 연출하는 디지털의 가공세계도 명함을 꺼내기가 무색하다. 그 장엄하고 황홀한 세계에는 그냥 절로 감복하게 되는데, 가와바타 야스나리(川端康成, 1899~1972)도 불교 경전이 문학적 환상을 지닌 세계 최대의 문학이라고 찬탄한 바 있다.

3. '처음 만난 『관무량수경』'의 주안점

이 아름다운 경전을 번역·해설하신 김호성 교수님이 강조하는 키-워드를 몇 가지 꼽는다면, 우선 정토불교 경전인 『관경』이 초기 불교 위에 성립되어 있다는 점이다. 대승불교가 평가절하되어야 한다는 것이 아니라, 오히려 대승의 의미를 이해시키고 또 부처님의 원음原音 문제로 발생할 수 있는 모든 문제점을 불식시켜 이 경전의 존재감을 잘 드러내기 위해서다. 이 경전에서 볼 수 있는 초기 불교의 요소는 대략 다음과 같다.

① 『관경』의 극락에서는 고·공·무상·무아라는 불법이 쉴 새 없이 들려오는데, 이는 삼법인三法印과 존재의 참모습을 설법하는 것으로, 윤회라는 수레바퀴를 꽉 붙들고 있는 괴물은 실체가 없는 고·공·무상·무아에 대한 집착 즉 근본무명根本無明에서 비롯됨을 설하는 것
② 부처님을 염하고, 가르침을 염하고, 비구 스님들을 염하라는 삼귀의三歸依 설법
③ 현실의 고에 대한 인식을 살펴보며, 현실의 고통에서 벗어나 진리를 구현하고 수행하는 길을 가르쳐 주는 사성제四聖諦 설법
④ 보시·지계·인욕·정진·선정·지혜의 육바라밀六波羅蜜의 실천
⑤ 초기 불교의 기본적인 수행법인 육념六念(염불·염법·염승·염시·염계·염천) 설법
⑥ 초기 경전 분류 방식에서 나오는 '십이부경' 경전 내용
⑦ 인과법因果法 등

특히 매번 등장하는 인과법은 연기법을 가리키는데, 연기법적 사고는 모든 일을 현상론적인 원인과 결과로 보는 것이 아닌, 과거·현재·미래의

모든 것을 전체적으로 연기실상緣起實相으로 봐야 한다는 것이다. 언뜻 부조리하고 구역질이 나는 현상계가 연기적 관점에서 살펴보면 결국은 자기가 지어서 자기가 받는 것으로, 감각기관으로 느끼는 현상계만을 대상으로 하지 않는다면 결국 '콩 심은 데 콩 나고, 팥 심은 데 팥 나는' 상식이 통용되는 법계인 셈이다. 그러면 부조리함에 무기력하게 복종하면서 순종적인 삶을 살 수밖에 없다는 것일까. 이런 현상계에서 『관경』의 부처님은 주어진 현실을 정면으로 맞닥뜨려, 새로운 조건을 심을 수 있는 정업淨業을 쌓는 용기 있는 삶을 살라고 우리에게 가르치고 계신다.

다음으로 강조하신 것은 현실성이 떨어지는 정토세계의 허구성에 관한 것이다. "세간世間은 헛되고, 오직 부처님만이 참되다."라는 쇼토쿠 태자(聖德太子, 574~622)의 명언은, 흘러가는 이 현실이 진짜 삶이 아니라 이 덧없는 현실에서 어떻게 참된 삶을 추구할 것인가를 명제로 삼는, 불교계의 적절한 인용문이다. 그런데 문학을 조금이라도 생각해 본다면, 이 허구와 진실의 문제는 오히려 간단히 정리될 수 있다. 문학은 논픽션, 그야말로 허구의 세계다. 그러면서 인간의 마음에 가장 와닿는 진실을 전해주는 매체다. 시각 장애인들이 코끼리의 몸을 만져 본다. 코를 만진 이는 코끼리가 가늘고 긴 동물이라 한다. 몸뚱이를 만진 이는 마치 벽을 마주대하는 것 같다 한다. 귀를 만진 이는 코끼리가 쌀을 까부는 키와 같다 한다. 각각이 모두 사실이지만, 어느 것도 '코끼리'라는 실체를 온전히 전달하고 있지는 않다. 팩트라는 것은 부분적으로 사실이나, 전체를 관통하는 진리는 아니기 때문이다. 허구를 조합한 소설이 우리에게 훨씬 와닿고 감동을 주는 것은 거기에 진리가 담겨 있기 때문인데, 가상현실인 정토 또한 부처님이 참되다면 진리의 세계를 구현하고 있는 것이다.

우리 불교의 방향 설정을 해 주신 것이기도 한 '권진'의 중요성도 피력하신다. 권진이란 '정진을 격려하다·권유하다'라는 의미로, 이 『관경』에서 유래되었다고 한다. 흔히 전도나 포교에 쓰는 용어가 '권진'으로, 우리나라에선 잘 통용되지 않지만 일본에서는 많이 쓰이는데, 필자도 일본의 나라(奈良) 야쿠시지(藥師寺)에서 휴게소가 '권진소勸進所'로 명명된 것을 보고 기념으로 사진을 찍은 기억이 난다. 그리고 잇펜 스님처럼 권진하신 분이나 지금 권진하는 사람들을 또 '권진'이라 부르기도 한다. 불교에서 최초의 권진은 석가모니부처님으로서 위제희 부인에게 아미타불을 권진하고 정업을 권진하고 계시는데, 모든 중생들이 번뇌에 침해당하고 있어 여기서 벗어날 청정한 업을 설할 터이니 널리 대중들을 위해 여래의 말을 잘 설하라고 아난에게도 권진을 권유하신다. 단지 듣고 마는 것이 아니라, 들은 것을 스스로 설법자가 되어 말로 전하는 권진자가 되도록 권유하시는 것이다. 정토불교는 괴로움에서 벗어나려는 미래의 모든 사람들을 위한 불교이고, 정토는 홀로 가는 곳이 아니라 다 함께 가는 곳이므로 이런 정토를 가고자 하는 사람은 모든 범부에게 같이 가자고 권진하는 사람이 되어야 한다는 것이다. 아미타불·관세음보살·대세지보살 및 많은 보살들도 염불행자를 찬탄하시고 그 마음을 권진하고 계시는데, 같은 길을 가는 염불행자들이 서로서로 권진이 되어 수행을 잘할 수 있도록 격려하는 풍토도 중요한 것 같다.

정토종은 타력종이다. 타력他力은 에고ego라는 흔적의 자력自力이 제로가 되는 지점으로, 신심이 가장 활성화된 곳이면서 동시에 무아無我가 이루어지는 영역이다. 그렇게 내가 무아가 된 정토의 땅에서는 내가 힘들이지 않아도 아미타불과 극락정토를 찬양하는 악기가 저절로 울리며 부처님과 가르침과 스님들을 염하라고 일깨워 준다.

깨달은 자(覺者)를 '붓다'라 하고, 깨닫지 못한 자를 '중생'이라 한다. 구름에 가려져 있어 미망迷妄에 싸여 있는 중생에게 "온 누리 중생들을 몸으로 삼고 있는 모든 부처님 여래께서는 두루 모든 중생들의 마음속 생각 가운데 들어가신다."라는 말씀은 산란하고 번잡스러운 나 속에서 본래 내 모습을 찾으려는 헤맴보다 얼마나 받아들이기 쉬운 지표이며 가이드인가. 김호성 교수님이 강조하시는 것처럼 '중생 마음속 생각 속에 들어오신 그 부처님'을 떠올리고 생각하는 그 마음이 부처를 짓고 그 마음이 곧 부처인데(是心作佛 是心是佛), 들어오신 부처님을 순수하게 오직 믿고 떠올릴 때(觀), 미망에 싸인 중생 자리에 깨달은 부처가 앉을 수 있다. 내 속의 번뇌덩어리에 집착하기보다는 내 속에 들어오신 부처님을 믿고 부처를 짓는 수행이 잘 이루어져 내 마음에 부처님을 오롯이 영접하게 된다면, 그 자리가 바로 나의 에고가 제로가 되는 지점이며 또 무아가 이루어지는 지점으로 결국 선禪이 지향하는 공空과 같은 경지가 될 것이다.

4. 관법觀法과 나무아미타불

정선定善할 근기가 안 되는 재목으로서 산선散善을 엿볼 수밖에 없으나, 산선 또한 첫 구절부터 철벽이 느껴진다. 아, 상배관上輩觀의 상품상생이었구나! 그래도 저 밑자리에는 내 자리도 있겠지, 극락이 다른 것이 아니라 중생의 근기에 따라 다른 왕생 방법이 있다고 하셨으니까. 서둘러 산선의 끝자락인 하배관下輩觀으로 내려가 본다. 마음을 오롯이 해서 한 대상에 생각을 집중하여 하나하나 손바닥을 보는 것처럼 명료하게 관觀하는 것은 일종의 이미지를 만드는 것으로, 내 마음에 부처를 짓는 일이다. 그러나 이미지를 그리는 이런 관찰은 집중을 요하는 쉽지 않은 작업이라, 『관경』에서도 이런 관觀을 통해 '거칠게나마' 극락세계를 본 중생은 업장 소멸과 극락왕생의 공덕이 따른다고 밝히고 있다. 그런데 이런 관법이 어려운 중생을 위해 『관경』은 "나무아미타불."이라는 염불을 마련해 두고 있다. 하배관의 하품상생, 특히 오역죄五逆罪를 저지른 하품하생도 단지 "나무아미타불."이라고 염불하기만 하면 팔십억 겁의 업장이 소멸되고 극락에 태어날 수 있다며, 이미 우리 마음속에 들어와 계신 아미타불을 칭명하기만 하라고 한다. 아미타불의 이끄심을 받아들여 "나무아미타불." 칭명만 하면, 제8지地의 극락에 왕생할 수 있고, 불퇴전의 정토에서 다시는 윤회 없는 무생법인無生法忍의 몸을 얻을 수 있다. 번뇌와 고통이 사라지고 일체 모든 것이 불법을 설하는 정토에서 더욱 수행을 계속하여 10지를 향해, 정각을 향해 나아갈 수 있다고 한다. 근기가 딸리고 부족한 내가 더 무엇을 바란단 말인가. 구원받았다는 안심安心을 갖지 못해나 자신을 온전히 맡기지 못하는 그 마음의 불미不美함과 의심덩어리 외에 달리 무엇을 탓할 수 있을까.

아미타불 염불이 널리 퍼진 데 비해 관상법이 정착되지 못한 것은 관상법이 염불보다 어렵게 느껴졌기 때문이라는데, 김호성 교수님의 고백처럼 '그렇게 입으로 나무아미타불을 외고 마음속으로 극락세계를 그리는 것은 가히 난행도難行道 중의 난행도'라 할 만큼, 내 마음이 절실하고 순수하지 않으면 입에서 술술 '나무아미타불' 육자六字가 나오지 못한다. 『관경』에서 상품상생에 해당하는 자질로는 계행戒行을 잘 지키고 대승경전을 읽고 외우고 육념을 잘 실행하는 것보다, 지극히 정성스럽고 깊은 믿음이 있고 선행을 행하는 수승한 마음을 더 우선순위에 둔다. "나무아미타불." 염불은 가장 하근기도 따라 할 수 있는 간단하고 쉬운 육자명호六字名號이면서 동시에 가장 수승한 마음을 지닌 자만이 온전히 염불할 수 있는 육자명호이다. 깨달은 자를 '부처'라 하고 중생의 근기와 방편에 따라 각각 부처님이 나투시니, 불교에는 수많은 부처님이 계신다. 『관경』에는 수많은 빛과 광명이 등장하는데, 그 한 빛만 보아도 한량없는 모든 부처님의 청정하고 아름다운 광명을 본 것과 같고, 아미타불인 무량수불 한 분만 뵈어도 곧 시방의 한량없는 모든 부처님을 다 뵙는 것과 같다고 한다. 방편에 따라 부처님을 다르게 명명하기는 하지만, 부처님의 이름은 다만 하나이기에, 한 부처님을 칭하면 능히 중생의 산란함을 다 거두어들인다. 부처님께서 『관경』의 이름을 '극락국토와 무량수불·관세음보살·대세지보살을 관찰하는(觀極樂國土無量壽佛觀世音菩薩大勢至菩薩) 경'이라고 하며, 또 '중생의 업장을 깨끗이 소멸하여 모든 부처님 앞에 태어나게 하는(淨除業障 生諸佛前) 경'이라 한다고 하셨는데, 관觀이 어려우면 단지 "나무아미타불."만 칭명해도 극락정토에 왕생할 수 있는 길도 이 『관경』을 통해 열어 보이셨다. 즉, 다만 "나무아미타불."이라고 칭명하면, 우리 중생의 산란함이 다스려지고 안심을 찾게 되어 '이 몸을 지닌 채 그대로 무량수불과 두 보살(관세음보살·대세지보살)을 뵐 수 있는' 정토의 삶을 살 수 있다는 것이다. 그래서 김호성 교수님은 "나무아미타불." 염불을 외면서 춤을 추셨단다.

5. 맺으며

김호성 교수님이 이 '처음 만난 『관무량수경』'에 대한 해설을 부탁하셨을 때 처음으로 든 생각은 불교 전공자가 아닌 문학 전공자인 내가 '할 수 있고 또 해도 될까'라는 자격지심이었다. 그럼에도 맡게 된 가장 큰 이유는 이런 기회가 아니면 언제 이 경을 제대로 읽고 생각해 볼 기회를 가져보겠는가 하는, 정토종의 『관경』을 알고 싶은 무모함 때문이었다. 교수님은 연고주의를 떠나 두루 빛을 비추는 '보조普照'의 입장을 취하시며 나에게 공부할 기회를 주셨는데, 정작 나는 내 알고 싶은 욕심에서 받아들인 것이다.

이 책을 읽는 내내 모르고 지나갔던 나의 업장이 떠올랐고, 그 업장에 휘둘려 벗어나지 못한 내가 비쳤다. 내 마음을 점령한 집착덩어리 대신 부처님 나라를 들어앉혀 본다. 중생을 돌아다보시는 아미타부처님, 관경변상도觀經變相圖, 극락정토를 형상화한 뵤도인(平等院), 구름을 타고 갖가지 악기를 연주하며 아미타불을 찬양하는 운중공양보살雲中供養菩薩 등을 떠올려 본다. 머리 한끝에서 서늘한 바람이 불어온다. 나는 지금껏 무엇으로 나를 물들이고 있었던가. 나무아미타불!

김호성 교수님이 강조하시는 키-워드라고 몇 개 들었지만, 빠진 부분은 책을 빈틈없이 일독하면서 보충하시기를 바란다. 편지글(〈김호성의 정토행자 편지〉, 『법보신문』 연재)도 함께. 선불교가 강한 우리 풍토에 타력의 정토경전은 같은 대승불교이면서도 불교의 새로운 경지와 차원을 보여 주리라고 확신한다. 스스로 정토종의 기수가 되기를 발원하신 김호성 교수님께는 감사와 찬탄의 말씀을 올린다. 그리고 이 책의 제목이 '처음 만난 『관무량수경』'인 만큼, 정토경전으로서뿐만 아니라 불경으로서도 정말 처음으로 이 경전을 만날 독자들을 생각하며 동일 선상에서 편견 없는 일반인으로서 나는 해설을 쓰려고 했다. 지면상 짧은 글이지만, 독자에게 이 해설이 최소한의 길잡이 역할을 할 수 있기를 희망한다.

부록

저자의 저서, 역서 목록

역서, 편저, 저서 등 다양한 형태로 책을 내면서 살아온 것이 벌써 30년이 넘었다. 그중에는 이미 '죽은' 책도 있고, 아직 '살아 있는' 책도 있다. 죽은 책이나 살아 있는 책은 큰 걱정이 없다.

다만 살아 있되, 돌아다니지 못하고, 병원에 '누워만' 있는 책이 문제다. 그것이 늘 내 머리를 무겁게 한다. 하지만, '책을 내지 말자.'라는 실현 가능성 없는 속다짐을 거듭하는 것 외에는 나로서는 방법이 없다. 그것이 내 인생 최대의 걱정거리다.

그래도 학자로서, 권진으로서 책을 안 낼 수는 없다. 할 수 없이 또 책을 낸다.

『꿈속에서 처음으로 염불춤을 추었다』(저서/시집, 모과나무, 2017)

『나무아미타불』(역서, 모과나무, 2017)

『인도 인도 인도』(저서/시집, 여래, 2017)

『정토교와 기독교』(공역서/논문집, 동연, 2017)

『결사, 근현대 한국불교의 몸부림』(저서/논문집, 씨아이알, 2016)

『힌두교와 불교 — 『바가바드기타』의 불교적 이해』(저서/논문집, 여래, 2016)

『'계초심학인문誡初心學人文'을 아십니까』(저서/강의, 정우서적, 2015)

←『계초심학인문 새로 읽기』(저서/강의, 정우서적, 2005)

←『계초심학인문』(저서/강의, 민족사, 1993)

←『불교를 처음 배우려는 사람들에게』(저서/강의, 민족사, 1993)

『바가바드기타의 철학적 이해』(저서/논문집, 올리브그린, 2015)

『경허의 얼굴』(저서/논문집, 불교시대사, 2014)

『관세음보살』(저서/강의, 민족사, 2010)

『불교해석학 연구』(저서/논문집, 민족사, 2009)

『불교, 소설과 영화를 말하다』(저서/평론, 정우서적, 2008)

『왜 인도에서 불교는 멸망했는가』(역서/논문집, 한걸음·더, 2008)

『일본불교의 빛과 그림자』(저서/평론, 정우서적, 2007)

『천수경과 관음신앙』(저서/에세이·강의, 동국대학교출판부, 2006)

『천수경의 새로운 연구』(저서/논문집, 민족사, 2006)

『인물로 보는 일본불교사』(역서, 동국대학교출판부, 2005)

『천수경의 비밀』(저서/강의, 민족사, 2005)

←『천수경 이야기』(저서/강의, 민족사, 1992)

『대승경전과 禪』(저서/학위논문, 민족사, 2002)

『배낭에 담아 온 인도』(저서/여행기, 여시아문, 2002)

『해설이 있는 우리말 법요집』(저서/편저, 민족사, 2000)

←『한글 불교의식집』(저서/편저, 민족사, 1993)

『법계도기총수록』(역서/공역, 동국역경원, 1998)

『화엄경탐현기 4』(역서, 동국역경원, 1997)

『원각경·승만경』(역서/공역, 민족사, 1996)

『책 안의 불교, 책 밖의 불교』(저서/서평집, 시공사, 1996)

『방한암 선사』(저서/인물탐구, 민족사, 1995)

『화엄경탐현기 3』(역서, 동국역경원, 1995)

『어린이 천수경』(저서/어린이, 불광출판부, 1994)

『화엄경탐현기 2』(역서/공역, 동국역경원, 1994)

『깨달음, 돈오점수인가 돈오돈수인가』(공편저, 민족사, 1992)

『초기 불교 교단과 계율』(역서, 민족사, 1991)

『이것이 불교다』(역서, 대원정사, 1987)

『선심초심』(역서, 해뜸, 1986)

처음 만난 『관무량수경觀無量壽經』

2019년 6월 25일 초판 1쇄 발행
2025년 12월 29일 초판 4쇄 발행

지은이 김호성
펴낸이 박기련
펴낸곳 동국대학교출판부

주소 04626 서울시 중구 퇴계로36길2 신관1층 105호
전화 02-2264-4714
팩스 02-2268-7851
Homepage https://dgpress.dongguk.edu
E-mail abook@jeongjincorp.com
출판등록 제1973-000004호
편집디자인 다름
인쇄처 건영프린텍

ISBN 978-89-7801-951-4 03220

값 13,000원